TensorFlow
实战

黄文坚　唐源　著

電子工業出版社·
Publishing House of Electronics Industry
北京·BEIJING

内 容 简 介

本书介绍了 TensorFlow 的基础原理和应用,并侧重于结合实际例子讲解使用 TensorFlow 的方法。TensorFlow 目前最主要的应用是在机器学习和深度学习领域,本书讲解了全连接神经网络、卷积神经网络、循环神经网络、深度强化学习等常见的深度学习模型,还介绍了 TensorBoard、单机多 GPU 并行、分布式并行,TF Learn 和其他 TensorFlow 辅助组件。

希望快速上手 TensorFlow、了解深度学习技术及其应用实践的人士,以及机器学习、分布式计算领域的学生、从业者。

图书在版编目(CIP)数据

TensorFlow 实战 / 黄文坚,唐源著. —北京:电子工业出版社,2017.2
ISBN 978-7-121-30912-0

Ⅰ. ①T… Ⅱ. ①黄… ②唐… Ⅲ. ①人工智能-算法-研究 Ⅳ. ①TP18

中国版本图书馆 CIP 数据核字(2017)第 024533 号

策划编辑:郑柳洁
责任编辑:郑柳洁
印　　刷:三河市鑫金马印装有限公司
装　　订:三河市鑫金马印装有限公司
出版发行:电子工业出版社
　　　　　北京市海淀区万寿路 173 信箱　邮编 100036
开　　本:720×1000　1/16　印张:19.5　字数:335 千字
版　　次:2017 年 2 月第 1 版
印　　次:2017 年 5 月第 6 次印刷
印　　数:29001~34000 册　定价:79.00 元

凡所购买电子工业出版社图书有缺损问题,请向购买书店调换。若书店售缺,请与本社发行部联系,联系及邮购电话:(010)88254888,88258888。

质量投诉请发邮件至 zlts@phei.com.cn,盗版侵权举报请发邮件至 dbqq@phei.com.cn。

本书咨询联系方式:010-51260888-819,faq@phei.com.cn。

好评袭来

TensorFlow 很好地降低了人工智能时代的入门门槛，提高了开发效率。本书的作者有丰富的 TensorFlow 实战经验，对框架有深刻理解。作为入门教材，这本书不可多得，值得有志于人工智能研发的学生和从业人员阅读。

创新工厂人工智能工程院院长，李开复

"AI and machine learning are going to be a key part of the future of many industries and areas of human endeavor.We built and open-sourced TensorFlow because we wanted everyone to be able to benefit from these technologies,and for the world to have a common language for expressing machine learning ideas.As part of this,we were hoping the community would work together to provide materials describing the concepts behind TensorFlow in a wide variety of languages,and this book is a great example of that. "

Google Senior Fellow, Leader of Google Brain Team, Jeff Dean

"AI and Machine Learning are going to be a key part of our future. We made TensorFlow open source to bring these technologies to everyone and help move the world forward. This book is a great example of the TensorFlow community giving back to multiply everyone's efforts. "

Engineering Director of TensorFlow, Rajat Monga

TensorFlow 的开源对整个学术界及工业界都产生了巨大的影响，可以比做机器学习的 Hadoop。本书涵盖了从多层感知机、CNN、RNN 到强化学习等一系列模型的 TensorFlow 实现；在详尽地介绍算法和模型的细节的同时穿插实际的代码，对帮助读者快速建立算法和代码的联系大有助益；对入门 TensorFlow 和深度学习的研究者来说是一份非常好的学习材料。

360 首席科学家，颜水成

TensorFlow 是基于 Computation Graph 的机器学习框架，支持 GPU 和分布式，是目前最有影响力的开源深度学习系统。TensorFlow 的工程实现非常优秀，拓展也非常灵活，对机器学习尤其是深度学习的推广大有裨益。本书结合了大量的实际例子，清晰地讲解了如何使用 TensorFlow 构筑常见的深度学习模型，可通读也可作为工具书查阅。在本书上市前，国内还没有介绍 TensorFlow 的技术书籍，推荐对 TensorFlow 或深度学习感兴趣的人士阅读此书。

北京大学计算机系教授 网络与信息系统研究所所长 长江学者，崔斌

深度学习乃至人工智能正逐渐在 FinTech 领域发挥巨大的作用，其应用包括自动报告生成、金融智能搜索、量化交易和智能投顾。而 TensorFlow 为金融业方便地使用深度学习提供了可能。本书介绍了通过 TensorFlow 实现各类神经网络的案例，非常适合初学者快速入门。

PPmoney CTO，康德胜

TensorFlow 是 Google 开源的一套深度学习框架，已发展成为最主流的深度学习框架，目前在市面上没有看到关于 TensorFlow 的中文书籍出版。本书一方面一步步地介绍了 TensorFlow 的使用方法，使得没有使用过的人可以很快上手使用；另一方面，讲解了诸如卷积神经网络、循环神经网络、强化学习、自编码器等深度学习知识，使得不懂深度学习的人也可以入门。本书在介绍基本知识和原理的同时，用实例进行讲解，比较适合初学者学习使用 TensorFlow 及深度学习知识。

格灵深瞳 CTO，邓亚峰

《TensorFlow 实战》由浅入深，透过大量的代码实例，为读者揭开深度学习的层层面纱，加深理论理解的同时，也更好地联系了实际应用。

小米图像算法资深工程师，万韶华

前言

AlphaGo 在 2017 年年初化身 Master，在弈城和野狐等平台上连胜中日韩围棋高手，其中包括围棋世界冠军井山裕太、朴廷桓、柯洁等，还有棋圣聂卫平，总计取得 60 连胜，未尝败绩。遥想 2016 年 3 月，当时 AlphaGo 挑战李世石还一度不被看好，到今日已经可以完胜各位高手。AlphaGo 背后神秘的推动力就是 TensorFlow——Google 于 2015 年 11 月开源的机器学习及深度学习框架。DeepMind 宣布全面迁移到 TensorFlow 后，AlphaGo 的算法训练任务就全部放在了 TensorFlow 这套分布式框架上。

TensorFlow 在 2015 年年底一出现就受到了极大的关注，在一个月内获得了 GitHub 上超过一万颗星的关注，目前在所有的机器学习、深度学习项目中排名第一，甚至在所有的 Python 项目中也排名第一。本书将重点从实用的层面，为读者讲解如何使用 TensorFlow 实现全连接神经网络、卷积神经网络、循环神经网络，乃至 Deep Q-Network。同时结合 TensorFlow 原理，以及深度学习的部分知识，尽可能让读者通过学习本书做出实际项目和成果。

本书各章节间没有太强的依赖关系，如果读者对某一章感兴趣，可以直接阅读。本书使用 TensorFlow 1.0.0-rc0 作为示例讲解，应该与最新版的 TensorFlow 兼容绝大部分代码，可能存在少数接口的更新，读者可参阅提示信息。书中大部分代码是 Python 代码，这也是 TensorFlow 支持的最全、最完整的接口语言。

本书的前两章介绍了 TensorFlow 的基础知识和概念。第 3 章和第 4 章介绍了简单的示例及全连接神经网络。第 5 章和第 6 章介绍了基础的卷积神经网络，以及目前比较经典的 AlexNet、VGGNet、Inception Net 和 ResNet。第 7 章介绍了 Word2Vec、RNN 和 LSTM。第 8 章介绍了强化学习，以及基于深度学习的策略网络和估值网络。第 9 章介绍了 TensorBoard、单机多 GPU 并行，以及分布式并行。

第 10 章介绍了 TensorFlow 里面的 contrib.learn 模块，包含许多类型的深度学习及流行的机器学习算法的使用方法，也解析了这个模块的分布式 Estimator 的基本架构，以及如何使用 Estimator 快速搭建自己的分布式机器学习模型架构，进行模型的训练和评估，也介绍了如何使用监督器更好地监测和跟踪模型的训练及使用 DataFrame 读取不同的数据格式。第 11 章介绍了 Contrib 模块，这个模块里提供了许多机器学习需要的功能，包括统计分布、机器学习层、优化函数、指标，等等。本章将简单介绍其中的一些功能让大家了解 TensorFlow 的涵盖范围，并感受到社区的积极参与和贡献度。第 10 章和第 11 章使用了 TensorFlow 0.11.0-rc0 版本作为示例讲解。

作者在写作本书时，获得了亲人、同事、好友的帮助，在此非常感谢你们的支持。

本书读者交流 QQ 群：594458272

作　者

读者服务

轻松注册成为博文视点社区用户（www.broadview.com.cn），您即可享受以下服务：

- **下载资源**：本书所提供的大段示例代码可在【下载资源】处下载。
- **提交勘误**：您对书中内容的修改意见可在【提交勘误】处提交，若被采纳，将获赠博文视点社区积分（在您购买电子书时，积分可用来抵扣相应金额）。
- **与作者交流**：在页面下方【读者评论】处留下您的疑问或观点，与作者和其他读者一同学习交流。

页面入口：http://www.broadview.com.cn/30912

二维码：

目录

1

TensorFlow 基础

1.1 TensorFlow 概要

Google 第一代分布式机器学习框架 DistBelief[1]，在内部大规模使用后并没有选择开源。而后第二代分布式机器学习系统 TensorFlow[2]终于选择于 2015 年 11 月在 GitHub 上开源，且在 2016 年 4 月补充了分布式版本，并于 2017 年 1 月发布了 1.0 版本的预览，API 接口趋于稳定。目前 TensorFlow 仍处于快速开发迭代中，有大量新功能及性能优化在持续研发。TensorFlow 最早由 Google Brain 的研究员和工程师开发，设计初衷是加速机器学习的研究，并快速地将研究原型转化为产品。Google 选择开源 TensorFlow 的原因也非常简单：第一是希望通过社区的力量，让大家一起完善 TensorFlow。之前 Google 内部 DistBelief 及 TensorFlow 的用户就贡献了非常多的意见和反馈，使得产品质量得到了快速提升；第二是回馈社区，Google 希望让这个优秀的工具得到更多的应用，从整体上提高学术界乃至工业界使用深度学习的效率。除了 TensorFlow，Google 也开源过大量成功的项目，包括大名鼎鼎的移动操作系统 Android、浏览器 Chromium、编程语言 Go、JavaScript 引擎 V8、数据交换框架 Protobuf、编译工具 Bazel、OCR 工具 Tesseract 等共计数百个高质量的项目。

TensorFlow 的官方网址：www.tensorflow.org

GitHub 网址：github.com/tensorflow/tensorflow

模型仓库网址：github.com/tensorflow/models

TensorFlow 既是一个实现机器学习算法的接口，同时也是执行机器学习算法的框架。它前端支持 Python、C++、Go、Java 等多种开发语言，后端使用 C++、CUDA 等写成。TensorFlow 实现的算法可以在众多异构的系统上方便地移植，比如 Android 手机、iPhone、普通的 CPU 服务器，乃至大规模 GPU 集群，如图 1-1 所示。除了执行深度学习算法，TensorFlow 还可以用来实现很多其他算法，包括线性回归、逻辑回归、随机森林等。TensorFlow 建立的大规模深度学习模型的应用场景也非常广，包括语音识别、自然语言处理、计算机视觉、机器人控制、信息抽取、药物研发、分子活动预测等，使用 TensorFlow 开发的模型也在这些领域获得了最前沿的成果。

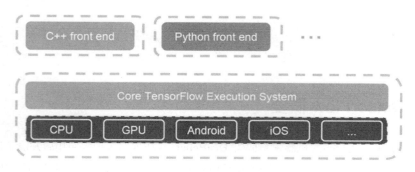

图 1-1　TensorFlow 基础架构

为了研究超大规模的深度神经网络，Google 在 2011 年启动了 Google Brain 项目，同时开发了第一代的分布式机器学习框架 DistBelief。有超过 50 个 Google 的团队在他们的产品中使用了 DistBelief，比如 Google Search 中的搜索结果排序、Google Photos 中的图片标注、Google Translate 中的自然语言处理等，都依赖于 DistBelief 建立的深度学习模型。Google 基于使用 DistBelief 时的经验及训练大规模分布式神经网络的需求，开发了 TensorFlow——第二代分布式机器学习算法实现框架和部署系统。Google 将著名的 Inception Net 从 DistBelief 移植到 TensorFlow 后，获得了 6 倍的训练速度提升。目前，在 Google 内部使用 TensorFlow 的项目呈爆炸性的增长趋势，在 2016 年已经有超过 2000 个项目使用了 TensorFlow 建立的深度学习模型，而且这个数字还在高速增长中，如图 1-2 所示。

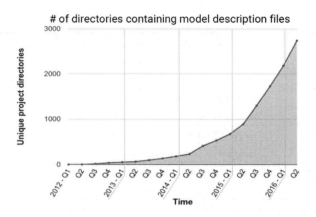

图 1-2　TensorFlow 在 Google 的使用趋势

TensorFlow 使用数据流式图来规划计算流程，它可以将计算映射到不同的硬件和操作系统平台。凭借着统一的架构，TensorFlow 可以方便地部署到各种平台，大大简化了真实场景中应用机器学习的难度。使用 TensorFlow 我们不需要给大规模的模型训练和小规模的应用部署开发两套不同的系统，避免了同时维护两套程序的成本，TensorFlow 给训练和预测的共同部分提供了一个恰当的抽象。TensorFlow 的计算可以表示为有状态的数据流式图，对于大规模的神经网络训练，TensorFlow 可以让用户简单地实现并行计算，同时使用不同的硬件资源进行训练，同步或异步地更新全局共享的模型参数和状态。将一个串行的 TensorFlow 算法改造成并行的成本也是非常低的，通常只需要对小部分代码进行改写。相比于 DistBelief，TensorFlow 的计算模型更简洁灵活，计算性能显著提升，同时支持更多的异构计算系统。大量 Google 内部的 DistBelief 用户转向了 TensorFlow，他们使用 TensorFlow 进行各种研究和产品开发，包括在手机上跑计算机视觉模型，或是训练有数百亿参数、数千亿数据的神经网络模型。虽然绝大多数的 TensorFlow 应用都在机器学习及深度学习领域，但 TensorFlow 抽象出的数据流式图也可以应用在通用数值计算和符号计算上，比如分形图计算或者偏微分方程数值求解。表 1-1 所示为 TensorFlow 的主要技术特性。

表 1-1　TensorFlow 的主要技术特性

编程模型	Dataflow-like model（数据流模型）
语言	Python、C++、Go、Rust、Haskell、Java（还有非官方的 Julia、JavaScript、R 的支持）
部署	Code once, run everywhere（一次编写，各处运行）

计算资源	CPU（Linux、Mac、Windows、Android、iOS）
	GPU（Linux、Mac、Windows）
	TPU（Tensor Processing Unit，张量计算单元，主要用作推断）
实现方式	Local Implementation（单机实现）
	Distributed Implementation（分布式实现）
平台支持	Google Cloud Platform（谷歌云平台）
	Hadoop File System（Hadoop 分布式文件系统）
数学表达	Math Graph Expression（数学计算图表达）
	Auto Differentiation（自动微分）
优化	Common Subexpression Elimination（共同子图消除）
	Asynchronous Kernel Optimization（异步核优化）
	Communication Optimization（通信优化）
	Model Parallelism（模型并行）
	Data Parallelism（数据并行）
	Pipeline（流水线）

1.2　TensorFlow 编程模型简介

1.2.1　核心概念

　　TensorFlow 中的计算可以表示为一个有向图（directed graph），或称计算图（computation graph），其中每一个运算操作（operation）将作为一个节点（node），节点与节点之间的连接称为边（edge）。这个计算图描述了数据的计算流程，它也负责维护和更新状态，用户可以对计算图的分支进行条件控制或循环操作。用户可以使用 Python、C++、Go、Java 等几种语言设计这个数据计算的有向图。计算图中每一个节点可以有任意多个输入和任意多个输出，每一个节点描述了一种运算操作，节点可以算是运算操作的实例化（instance）。在计算图的边中流动（flow）的数据被称为张量（tensor），故得名 TensorFlow。而 tensor 的数据类型，可以是事先定义的，也可以根据计算图的结构推断得到。有一类特殊的边中没有数据流动，这种边是依赖控制（control dependencies），作用是让它的起始节点执行完之后再执行目标节点，用户可以使用这样的边进行灵活的条件控制，比如限制内存使用的最高峰值。下面是用 Python 设计并执行计算图的示例。计算图示例如图 1-3 所示。

```
import tensorflow as tf
b=tf.Variable(tf.zeros([100]))          # 生成 100 维的向量，初始化为 0
W=tf.Variable(tf.random_uniform([784,100],-1,1))  # 生成 784x100 的随机矩阵 W
x=tf.placeholder(name="x")              # 输入的 Placeholder
relu=tf.nn.relu(tf.matmul(W, x)+b)  # ReLU(Wx+b)
C=[...]                                  # 根据 ReLU 函数的结果计算 Cost
s=tf.Session()
for step in range(0, 10):
    input=...construct 100-D input array... # 为输入创建一个 100 维的向量
    result=s.run(C, feed_dict={x: input})    # 获取 Cost，供给输入 x
    print(step, result)
```

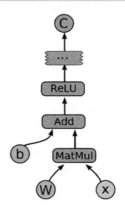

图 1-3　计算图示例

　　一个运算操作代表了一种类型的抽象运算，比如矩阵乘法或者向量加法。运算操作可以有自己的属性，但是所有属性必须被预先设置，或者能在创建计算图时被推断出来。通过设置运算操作的属性可以用来支持不同的 tensor 元素类型，比如让向量加法支持浮点数（float）或者整数（int）。运算核（kernel）是一个运算操作在某个具体硬件（比如在 CPU 或者 GPU 中）的实现。在 TensorFlow 中，可以通过注册机制加入新的运算操作或者运算核。表 1-2 所示为部分 TensorFlow 内建的运算操作。

表 1-2　TensorFlow 内建的运算操作

类　　　型	示　　　例
标量运算	Add、Sub、Mul、Div、Exp、Log、Greater、Less、Equal

续表

类　型	示　例
向量运算	Concat、Slice、Split、Constant、Rank、Shape、Shuffle
矩阵运算	MatMul、MatrixInverse、MatrixDeterminant
带状态的运算	Variable、Assign、AssignAdd
神经网络组件	SoftMax、Sigmoid、ReLU、Convolution2D、MaxPooling
储存、恢复	Save、Restore
队列及同步运算	Enqueue、Dequeue、MutexAcquire、MutexRelease
控制流	Merge、Switch、Enter、Leave、NextIteration

Session 是用户使用 TensorFlow 时的交互式接口。用户可以通过 Session 的 Extend 方法添加新的节点和边，用以创建计算图，然后就可以通过 Session 的 Run 方法执行计算图：用户给出需要计算的节点，同时提供输入数据，TensorFlow 就会自动寻找所有需要计算的节点并按依赖顺序执行它们。对绝大多数的用户来说，他们只会创建一次计算图，然后反复地执行整个计算图或是其中的一部分子图（sub-graph）。

在大多数运算中，计算图会被反复执行多次，而数据也就是 tensor 并不会被持续保留，只是在计算图中过一遍。Variable 是一类特殊的运算操作，它可以将一些需要保留的 tensor 储存在内存或显存中，比如神经网络模型中的系数。每一次执行计算图后，Variable 中的数据 tensor 将会被保存，同时在计算过程中这些 tensor 也可以被更新，比如神经网络每一次 mini-batch 训练时，神经网络的系数将会被更新并保存。使用 Variable，可以在计算图中实现一些特殊的操作，比如 Assign、AssignAdd（ += ）或 AssignMul（ *= ）。

1.2.2　实现原理

TensorFlow 有一个重要组件 client，顾名思义，就是客户端，它通过 Session 的接口与 master 及多个 worker 相连。其中每一个 worker 可以与多个硬件设备（device）相连，比如 CPU 或 GPU，并负责管理这些硬件。而 master 则负责指导所有 worker 按流程执行计算图。TensorFlow 有单机模式和分布式模式两种实现，其中单机指 client、master、worker 全部在一台机器上的同一个进程中；分布式的版本允许 client、master、worker 在不同机器的不同进程中，同时由集群调度系统统一管理各项任务。图 1-4 所示为单机版和分布式版本的示例图。

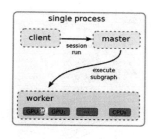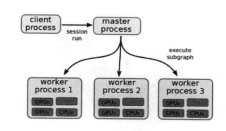

图 1-4　TensorFlow 单机版本和分布式版本的示例图

TensorFlow 中每一个 worker 可以管理多个设备,每一个设备的 name 包含硬件类别、编号、任务号（单机版本没有）,示例如下。

单机模式:/job:localhost/device:cpu:0

分布式模式:/job:worker/task:17/device:gpu:3

TensorFlow 为 CPU 和 GPU 提供了管理设备的对象接口,每一个对象负责分配、释放设备的内存,以及执行节点的运算核。TensorFlow 中的 tensor 是多维数组,数据类型支持 8 位至 64 位的 int,以及 IEEE 标准的 float、double 和复数型,同时还支持任意字符串。每一个设备有单独的 allocator 负责储存各种数据类型的 tensor,同时 tensor 的引用次数也会被记录,当引用数为 0 时,内存将被释放。如图 1-5 所示,TensorFlow 支持的设备包括 x86 架构 CPU、手机上的 ARM CPU、GPU、TPU（Tensor Processing Unit,Google 专门为大规模深度学习计算定制的芯片,但目前还没有公开发布的计划）, 例如 AlphaGo 在与李世石比赛时就大量使用了 TPU 集群的计算资源。

图 1-5　TensorFlow 支持的设备

TPU   TPU 集群

图 1-5　TensorFlow 支持的设备（续）

在只有一个硬件设备的情况下，计算图会按依赖关系被顺序执行。当一个节点的所有上游依赖都被执行完时（依赖数为 0），这个节点就会被加入 ready queue 以等待执行。同时，它下游所有节点的依赖数减 1，实际上这就是标准的计算拓扑序的方式。当有多个设备时，情况就变得复杂了，难点有二：

（1）每一个节点该让什么硬件设备执行。

（2）如何管理节点间的数据通信。

对第 1 个问题，TensorFlow 设计了一套为节点分配设备的策略。这个策略首先需要计算一个代价模型，这个代价模型估算每一个节点的输入、输出 tensor 的大小，以及所需要的计算时间。代价模型一部分由人工经验制定的启发式规则得到，另一部分则是由对一小部分数据进行实际运算而测量得到的。接下来，分配策略会模拟执行整个计算图，首先会从起点开始，按拓扑序执行。在模拟执行一个节点时，会把每一个能执行这个节点的设备都测试一遍，这个测试会考虑代价模型对这个节点的计算时间的估算，加上数据传到这个设备上所需要的通信时间，最后选择一个综合时间最短的设备作为这个节点的运算设备。可以看到这个策略是一个简单的贪婪策略，它不能确保找到全局最优解，但是可以用较快的速度找到一个不错的节点运算分配方案。同时除了运行时间，内存的最高使用峰值也会被考虑进来。目前 TensorFlow 的节点分配策略仍在不断研发、优化，将来可能使用一个强化学习（Reinforcement Learning）的神经网络来辅助决策。此外，TensorFlow 还允许用户对节点的分配设置限制条件，比如"只给这个节点分配 GPU 类型的设备"，"只给这个节点分配/job:worker/task:17 上的设备"，"这个节点分配的设备必须和 variable13 一致"。对于这些限制条件，TensorFlow 会先计算每个节点可以使用的设备，再使用并查集

（union-find）算法找到必须使用同一个设备的节点。

我们再来看第 2 个问题，当给节点分配设备的方案被确定，整个计算图就会被划分为许多子图，使用同一个设备并且相邻的节点会被划分到同一个子图。然后计算图中从 x 到 y 的边，会被取代为一个发送端的发送节点(send node)、一个接收端的接收节点(receive node)，以及从发送节点到接收节点的边，如图 1-6 所示。

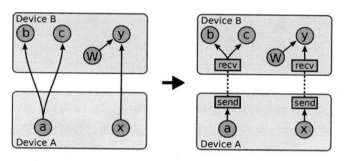

图 1-6　TensorFlow 的通信机制

这样就把数据通信的问题转变为发送节点和接收节点的实现问题，用户不需要为不同的硬件环境实现通信方法。同时两个子图之间可能会有多个接收节点，如果这些接收节点接收的都是同一个 tensor，那么所有这些接收节点会被自动合并为一个，避免了数据的反复传输或者重复占用设备内存。总结一下，TensorFlow 的通信机制很优秀，发送节点和接收节点的设计简化了底层的通信模式，用户无须设计节点之间的通信流程，可以让同一套代码，自动扩展到不同硬件环境并处理复杂的通信流程。图 1-7 所示为 CPU 与 GPU 之间通信的流程。

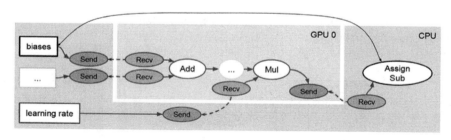

图 1-7　CPU 与 GPU 的通信过程

同时，从单机单设备的版本改造为单机多设备的版本也非常容易，下面的代码只添加了加粗的这一行，就实现了从一块 GPU 训练到多块 GPU 训练的改造。

```
for i in range(8):
    for d in range(4):
        with tf.device("/gpu:%d" % d):
            input = x[i] if d is 0 else m[d-1]
            m[d], c[d] = LSTMCell(input, mprev[d], cprev[d])
            mprev[d] = m[d]
            cprev[d] = c[d]
```

TensorFlow 分布式执行时的通信和单机设备间的通信很像，只不过是对发送节点和接收节点的实现不同：比如从单机的 CPU 到 GPU 的通信，变为不同机器之间使用 TCP 或者 RDMA 传输数据。同时，容错性也是分布式 TensorFlow 的一个特点。故障会在两种情况下被检测出来，一种是信息从发送节点传输到接收节点失败时，另一种是周期性的 worker 心跳检测失败时。当一个故障被检测到时，整个计算图会被终止并重启。其中 Variable node 可以被持久化，TensorFlow 支持检查点（checkpoint）的保存和恢复，每一个 Variable node 都会链接一个 Save node，每隔几轮迭代就会保存一次数据到持久化的储存系统，比如一个分布式文件系统。同样，每一个 Variable node 都会连接一个 Restore node，在每次重启时会被调用并恢复数据。这样在发生故障并重启后，模型的参数将得以保留，训练将从上一个 checkpoint 恢复而不需要完全从头再来。

图 1-8 所示为使用 TensorFlow 在 GPU 集群进行分布式训练的性能对比图，在 GPU 数量小于 16 时，基本没有性能损耗。直到 50 块 GPU 时，依然可以获得 80% 的效率，也就是 40 倍于单 GPU 的提速。在 100 块 GPU 时，最终可以获得 56 倍的提速，也就是 56% 的使用效率，可以看到 TensorFlow 在大规模分布式系统上有相当高的并行效率。

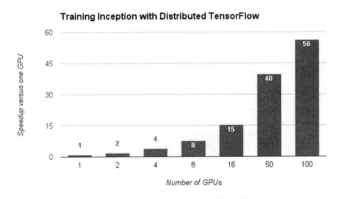

图 1-8   TensorFlow 分布式训练性能

1.2.3 拓展功能

在深度学习乃至机器学习中，计算 cost function 的梯度都是最基本的需求，因此 TensorFlow 也原生支持自动求导。比如一个 *tensor C* 在计算图中有一组依赖的 *tensor $\{X_k\}$*，那么在 TensorFlow 中可以自动求出$\{dC/dX_k\}$。这个求解梯度的过程也是通过在计算图拓展节点的方式实现的，只不过求梯度的节点对用户是透明的。

如图 1-9 所示，当 TensorFlow 计算一个 *tensor C* 关于 *tensor I* 的梯度时，会先寻找从 *I* 到 *C* 的正向路径，然后从 *C* 回溯到 *I*，对这条回溯路径上的每一个节点增加一个对应求解梯度的节点，并根据链式法则（chain rule）计算总的梯度，这就是大名鼎鼎的反向传播（back propagation，BP）算法。这些新增的节点会计算梯度函数（gradient function），比如[db,dW,dx] = tf.gradients(C, [b,W,x])。

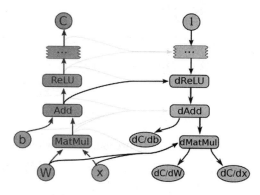

图 1-9　TensorFlow 自动求导示例

自动求导虽然对用户很方便，但伴随而来的是 TensorFlow 对计算的优化（比如为节点分配设备的策略）变得很麻烦，尤其是内存使用的问题。在正向执行计算图，也就是进行推断（inference）时，因为确定了执行顺序，使用经验的规则是比较容易取得好效果的，tensor 在产生后会迅速地被后续节点使用掉，不会持续占用内存。然而在进行反向传播计算梯度时，经常需要用到计算图开头的 tensor，这些 tensor 可能会占用大量的 GPU 显存，也限制了模型的规模。目前 TensorFlow 仍在持续改进这些问题，包括使用更好的优化方法；重新计算 tensor，而不是保存 tensor；将 tensor 从 GPU 显存移到 CPU 控制的主内存中。

TensorFlow 还支持单独执行子图，用户可以选择计算图的任意子图，并沿某些边输入数据，同时从另一些边获取输出结果。TensorFlow 用节点名加 port 的形式指定数据，例如 bar:0 表示名为 bar 的节点的第 1 个输出。在调用 Session 的 Run 方法执行子图时，用户**可以**选择一组输入数据的映射，比如 name:port -> tensor；同时用户**必须**指定一组输出数据，比如 name[:port]，来选择执行哪些节点，如果 port 也被选择，那么这些 port 输出的数据将会作为 Run 函数调用的结果返回。然后整个计算图会根据输入和输出进行调整，输入数据的节点会连接一个 feed node，输出数据的节点会连接一个 fetch node。TensorFlow 会根据输出数据自动推导出哪些节点需要被执行。如图 1-10 所示，我们选择用一些数据替换掉 **b**，那么 feed node 会替代 **b** 连接到 **c**。同时，我们只需要获取 **f:0** 的结果，所以一个 fetch node 便会连接到 **f**，这样 **d** 和 **e** 就不会被执行，所以最终需要执行的节点便只有 **a**、**c** 和 **f**。

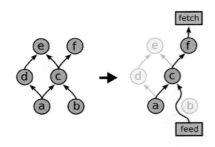

图 1-10　TensorFlow 子图的执行示例

TensorFlow 支持计算图的控制流，比如 if-condition 和 while-loop，因为大部分机器学习算法需要反复迭代，所以这个功能非常重要。TensorFlow 提供 Switch 和 Merge 两种 operator，可以根据某个布尔值跳过某段子图，然后把两段子图的结果合并，实现 if-else 的功能。同时还提供了 Enter、Leave 和 NextIteration 用来实现循环和迭代。在使用高阶语言（比如 Python）的 if-else、while、for 控制计算流程时，这些控制流会被自动编译为上述那些 operator，方便了用户。Loop 中的每一次循环会有唯一的 tag，它的执行结果会输出成 frame，这样用户可以方便地查询结果日志。同时，TensorFlow 的控制流支持分布式，每一轮循环中的节点可能分布在不同机器的不同设备上。分布式控制流的实现方式也是依靠计算图的改写，循环内的节点会被划分到不同的小的子图,每一个子图会连接控制节点，实现自己的循环，同时将循环终止等信号发送到其他子图。同时，控制流也提供了对计算图中隐含的梯度计算节点的支持,TensorFlow 会将控制流中的自动求导功能隐藏到底层，用户不需要考虑这部分功能的逻辑设计。

TensorFlow 的数据输入除了通过 feed node，也有特殊的 input node 可以让用户直接输入文件系统的路径，例如一个 Google Cloud Platform 的文件路径。如果从 feed node

输入数据，那么数据必须从 client 读取，并通过网络传到分布式系统的其他节点，这样会有较大的网络开销，直接使用文件路径，可以让 worker 节点读取本地的文件，提高效率。

队列（queue）也是 TensorFlow 任务调度的一个重要特性，这个特性可以让计算图的不同节点异步地执行。使用队列的一个目的是当一个 batch 的数据运算时，提前从磁盘读取下一个 batch 的数据，减少磁盘 I/O 阻塞时间。同时还可以异步地计算许多梯度，再组合成一个更复杂的整体梯度。除了传统的先进先出（FIFO）队列，TensorFlow 还实现了洗牌队列（shuffling queue），用以满足某些机器学习算法对随机性的要求，这对于损失函数优化或者模型收敛会有帮助。

容器（Container）是 TensorFlow 中一种特殊的管理长期变量的机制，例如 Variable 对象就储存在容器中。每一个进程会有一个默认的容器一直存在，直到进程结束。使用容器甚至可以允许不同计算图的不同 Session 之间共享一些状态值。

1.2.4 性能优化

在 TensorFlow 中有很多高度抽象的运算操作，这些运算操作可能是由很多层复杂的计算组合而成的，当有多个高阶运算操作同时存在时，它们的前几层可能是完全一致的重复计算（输入及运算内容均一致）。这时，TensorFlow 会自动识别这些重复计算，同时改写计算图，只执行一次重复的计算，然后把这几个高阶运算操作后续的计算连接到这些共有的计算上，避免冗余计算。

同时，巧妙地安排运算的顺序也可以极大地改善数据传输和内存占用的问题。比如适当调整顺序以错开某些数据同时存在于内存的时间，对于显存容量比较小的 GPU 来说至关重要。TensorFlow 也会精细地安排接收节点的执行时间，如果接收节点过早地接收数据，那么数据会堆积在设备的内存中，所以 TensorFlow 设计了策略让接收节点在刚好需要数据来计算时才开始接收数据。

TensorFlow 也提供异步计算的支持，这样线程执行时就无须一直等待某个节点计算完成。有一些节点，比如 receive、enqueue、dequeue 就是异步的实现，这些节点不必因等待 I/O 而阻塞一个线程继续执行其他任务。

TensorFlow 同时支持几种高度优化的第三方计算库。

线性代数计算库：

- Eigen[3]

矩阵乘法计算库:

- BLAS[4]
- cuBLAS (CUDA BLAS)[5]

深度学习计算库:

- cuda-convnet[6]
- cuDNN[7]

很多机器学习算法在数字精度较低时依然可以正常工作,TensorFlow 也支持对数据进行压缩。比如将 32-bit 浮点数有损地压缩为 16-bit 浮点数,这样做可以降低在不同机器、不同设备之间传输数据时的网络开销,提高数据通信效率。

TensorFlow 提供了三种不同的加速神经网络训练的并行计算模式。

(1)数据并行:通过将一个 mini-batch 的数据放在不同设备上计算,实现梯度计算的并行化。例如,将有 1000 条样本的 mini-batch 拆分成 10 份 100 条样本的数据并行计算,完成后将 10 份梯度数据合并得到最终梯度并更新到共享的参数服务器(parameter server)。这样的操作会产生许多完全一样的子图的副本,在 client 上可以用一个线程同步控制这些副本运算的循环。TensorFlow 中的数据并行如图 1-11 所示。

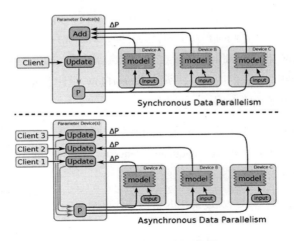

图 1-11　TensorFlow 中的数据并行

上述这个操作还可以改成异步的，使用多个线程控制梯度计算，每一个线程计算完后异步地更新模型参数。同步的方式相当于用了一个较大的 mini-batch（当然其中的批标准化（batch normalization）还是独立的），其优点是没有梯度干扰，缺点是容错性差，一台机器出现问题后可能需要重跑。异步的方式的优点是有一定的容错性，但是因为梯度干扰的问题，导致每一组梯度的利用效率都下降了。另外一种就是混合式，比如两组异步的，其中每组有 50 份同步的训练。从图 1-12 中可以看到，一般来说，同步训练的模型精度较好。

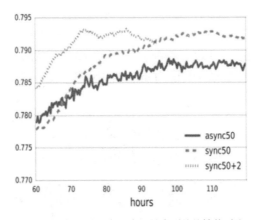

图 1-12　数据并行中同步、异步训练的性能对比

图 1-13 所示为使用 10 块 GPU 和 50 块 GPU 训练 Inception 时的对比图，要达到相同的精度，50 块 GPU 需要的时间只是 10 块的 1/4 左右。

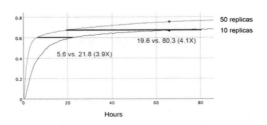

图 1-13　10 快 GPU 和 50 块 GPU 的训练效率对比

相比于模型并行，数据并行的计算性能损耗非常小，尤其是对于 sparse 的 model。因为不同 mini-batch 之间干扰的概率很小，所以经常可以同时进行很多份（replicas）数据并行，甚至可高达上千份。表 1-3 所示为 Google 的各个项目中使用的数据并行的份数或者 GPU 数目。

表 1-3　Google 使用数据并行的项目

RankBrain	500 份数据并行
ImageNet Inception Model	50 块 GPU，40 倍提速
SmartReply	16 份数据并行，每一份包含多块 GPU
Language model on "One Billion Word"	32 块 GPU

（2）模型并行：将计算图的不同部分放在不同的设备上运算，可以实现简单的模型并行，其目标在于减少每一轮训练迭代的时间，不同于数据并行同时进行多份数据的训练。模型并行需要模型本身有大量可以并行，且互相不依赖或者依赖程度不高的子图。在不同的硬件环境上性能损耗不同，比如在单核的 CPU 上使用 SIMD 是没有额外开销的，在多核 CPU 上使用多线程也基本上没有额外开销，在多 GPU 上的限制主要在 PCIe 的带宽，在多机之间的限制则主要在网络开销。TensorFlow 中的模型并行如图 1-14 所示。

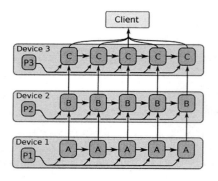

图 1-14　TensorFlow 中的模型并行

（3）流水线并行：和异步的数据并行很像，只不过是在同一个硬件设备上实现并行。大致思路是将计算做成流水线，在一个设备上连续地并行执行，提高设备的利用率，如图 1-15 所示。

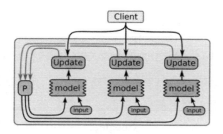

图 1-15　TensorFlow 中的流水线并行

　　未来，TensorFlow 会支持把任意子图独立出来，封装成一个函数，并让不同的前端语言（比如 Python 或者 C++）来调用。这样将设计好的子图发布在开源社区中，大家的工作就可以方便地被分享了。TensorFlow 也计划推出优化计算图执行的 just-in-time 编译器（目前在 TensorFlow 1.0.0-rc0 中已有试验性的 XLA 组件，可提供 JIT 及 AOT 编译优化），期望可以自动推断出 tensor 的类型、大小，并自动生成一条高度优化过的流水线。同时，TensorFlow 还会持续优化为运算节点分配硬件设备的策略，以及节点执行排序的策略。

2

TensorFlow 和其他深度学习框架的对比

2.1　主流深度学习框架对比

深度学习研究的热潮持续高涨，各种开源深度学习框架也层出不穷，其中包括 TensorFlow、Caffe[8]、Keras[9]、CNTK[10]、Torch7[11]、MXNet[12]、Leaf[13]、Theano[14]、DeepLearning4[15]、Lasagne[16]、Neon[17]，等等。然而 TensorFlow 却杀出重围，在关注度和用户数上都占据绝对优势，大有一统江湖之势。表 2-1 所示为各个开源框架在 GitHub 上的数据统计（数据统计于 2017 年 1 月 3 日），可以看到 TensorFlow 在 star 数量、fork 数量、contributor 数量这三个数据上都完胜其他对手。究其原因，主要是 Google 在业界的号召力确实强大，之前也有许多成功的开源项目，以及 Google 强大的人工智能研发水平，都让大家对 Google 的深度学习框架充满信心，以至于 TensorFlow 在 2015 年 11 月刚开源的第一个月就积累了 10000+的 star。其次，TensorFlow 确实在很多方面拥有优异的表现，比如设计神经网络结构的代码的简洁度，分布式深度学习算法的执行效率，还有部署的便利性，都是其得以胜出的亮点。如果一直关注着 TensorFlow 的开发进度，就会发现基本上每星期 TensorFlow 都会有 1 万行以上的代码更新，多则数万行。产品本身优异的质量、快速的迭代更新、活跃的社区和积极的反馈，形成了良性循环，可以想见 TensorFlow 未来将继续在各种深度学习框架中独占鳌头。

表 2-1　各个开源框架在 GitHub 上的数据统计

框　　架	机　　构	支持语言	Stars	Forks	Contributors
TensorFlow	Google	Python/C++/Go/...	41628	19339	568
Caffe	BVLC	C++/Python	14956	9282	221
Keras	fchollet	Python	10727	3575	322
CNTK	Microsoft	C++	9063	2144	100
MXNet	DMLC	Python/C++/R/...	7393	2745	241
Torch7	Facebook	Lua	6111	1784	113
Theano	U. Montreal	Python	5352	1868	271
Deeplearning4J	DeepLearning4J	Java/Scala	5053	1927	101
Leaf	AutumnAI	Rust	4562	216	14
Lasagne	Lasagne	Python	2749	761	55
Neon	NervanaSystems	Python	2633	573	52

观察表 2-1 还可以发现，Google、Microsoft、Facebook 等巨头都参与了这场深度学习框架大战，此外，还有毕业于伯克利大学的贾扬清主导开发的 Caffe，蒙特利尔大学 Lisa Lab 团队开发的 Theano，以及其他个人或商业组织贡献的框架。另外，可以看到各大主流框架基本都支持 Python，目前 Python 在科学计算和数据挖掘领域可以说是独领风骚。虽然有来自 R、Julia 等语言的竞争压力，但是 Python 的各种库实在是太完善了，Web 开发、数据可视化、数据预处理、数据库连接、爬虫等无所不能，有一个完美的生态环境。仅在数据挖掘工具链上，Python 就有 NumPy、SciPy、Pandas、Scikit-learn、XGBoost 等组件，做数据采集和预处理都非常方便，并且之后的模型训练阶段可以和 TensorFlow 等基于 Python 的深度学习框架完美衔接。

表 2-2 和图 2-1 所示为对主流的深度学习框架 TensorFlow、Caffe、CNTK、Theano、Torch 在各个维度的评分，本书 2.2 节会对各个深度学习框架进行比较详细的介绍。

表 2-2　主流深度学习框架在各个维度的评分

	模型设计	接　口	部　署	性　能	架构设计	总体评分
TensorFlow	80	80	90	90	100	88
Caffe	60	60	90	80	70	72

续表

	模型设计	接　口	部　署	性　能	架构设计	总体评分
CNTK	50	50	70	100	60	66
Theano	80	70	40	50	50	58
Torch	90	70	60	70	90	76
MXNet	70	100	80	80	90	84
DeepLearning4J	60	70	80	80	70	72

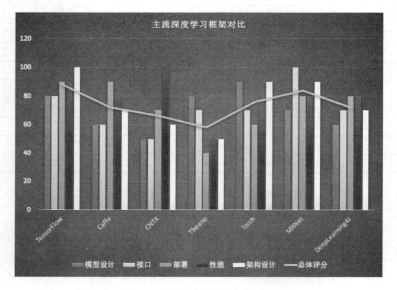

图 2-1　主流深度学习框架对比图

2.2　各深度学习框架简介

在本节，我们先来看看目前各流行框架的异同，以及各自的特点和优势。

2.2.1　TensorFlow

TensorFlow 是相对高阶的机器学习库，用户可以方便地用它设计神经网络结构，而不必为了追求高效率的实现亲自写 C++或 CUDA[18] 代码。它和 Theano 一样都支持自动求导，用户不需要再通过反向传播求解梯度。其核心代码和 Caffe 一样是用 C++编写的，使用 C++简化了线上部署的复杂度，并让手机这种内存和 CPU 资源都紧张的设备可以运行复杂模型（Python 则会比较消耗资源，并且执行效率不高）。除了核心代码的 C++接口，TensorFlow 还有官方的 Python、Go 和 Java 接口，是通过 SWIG（Simplified Wrapper and Interface Generator）实现的，这样用户就可以在一个硬件配置较好的机器中用 Python 进行实验，并在资源比较紧张的嵌入式环境或需要低延迟的环境中用 C++部署模型。SWIG 支持给 C/C++代码提供各种语言的接口，因此其他脚本语言的接口未来也可以通过 SWIG 方便地添加。不过使用 Python 时有一个影响效率的问题是，每一个 mini-batch 要从 Python 中 feed 到网络中，这个过程在 mini-batch 的数据量很小或者运算时间很短时，可能会带来影响比较大的延迟。现在 TensorFlow 还有非官方的 Julia、Node.js、R 的接口支持，地址如下。

　　Julia：github.com/malmaud/TensorFlow.jl

　　Node.js：github.com/node-tensorflow/node-tensorflow

　　R：github.com/rstudio/tensorflow

　　TensorFlow 也有内置的 TF.Learn 和 TF.Slim 等上层组件可以帮助快速地设计新网络，并且兼容 Scikit-learn estimator 接口，可以方便地实现 evaluate、grid search、cross validation 等功能。同时 TensorFlow 不只局限于神经网络，其数据流式图支持非常自由的算法表达，当然也可以轻松实现深度学习以外的机器学习算法。事实上，只要可以将计算表示成计算图的形式，就可以使用 TensorFlow。用户可以写内层循环代码控制计算图分支的计算，TensorFlow 会自动将相关的分支转为子图并执行迭代运算。TensorFlow 也可以将计算图中的各个节点分配到不同的设备执行，充分利用硬件资源。定义新的节点只需要写一个 Python 函数，如果没有对应的底层运算核，那么可能需要写 C++或者 CUDA 代码实现运算操作。

　　在数据并行模式上，TensorFlow 和 Parameter Server 很像，但 TensorFlow 有独立的 Variable node，不像其他框架有一个全局统一的参数服务器，因此参数同步更自由。TensorFlow 和 Spark 的核心都是一个数据计算的流式图，Spark 面向的是大规模的数据，支持 SQL 等操作，而 TensorFlow 主要面向内存足以装载模型参数的环境，这样可以最大化计算效率。

　　TensorFlow 的另外一个重要特点是它灵活的移植性，可以将同一份代码几乎不经过修改就轻松地部署到有任意数量 CPU 或 GPU 的 PC、服务器或者移动设备上。相比于 Theano，TensorFlow 还有一个优势就是它极快的编译速度，在定义新网络结构时，Theano

通常需要长时间的编译，因此尝试新模型需要比较大的代价，而 TensorFlow 完全没有这个问题。TensorFlow 还有功能强大的可视化组件 TensorBoard，能可视化网络结构和训练过程，对于观察复杂的网络结构和监控长时间、大规模的训练很有帮助。TensorFlow 针对生产环境高度优化，它产品级的高质量代码和设计都可以保证在生产环境中稳定运行，同时一旦 TensorFlow 广泛地被工业界使用，将产生良性循环，成为深度学习领域的事实标准。

除了支持常见的网络结构[卷积神经网络（Convolutional Neural Network，CNN）、循环神经网络（Recurent Neural Network，RNN）]外，TensorFlow 还支持深度强化学习乃至其他计算密集的科学计算（如偏微分方程求解等）。TensorFlow 此前不支持 symbolic loop，需要使用 Python 循环而无法进行图编译优化，但最近新加入的 XLA 已经开始支持 JIT 和 AOT，另外它使用 bucketing trick 也可以比较高效地实现循环神经网络。TensorFlow 的一个薄弱地方可能在于计算图必须构建为静态图，这让很多计算变得难以实现，尤其是序列预测中经常使用的 beam search。

TensorFlow 的用户能够将训练好的模型方便地部署到多种硬件、操作系统平台上，支持 Intel 和 AMD 的 CPU，通过 CUDA 支持 NVIDIA 的 GPU（最近也开始通过 OpenCL 支持 AMD 的 GPU，但没有 CUDA 成熟），支持 Linux 和 Mac，最近在 0.12 版本中也开始尝试支持 Windows。在工业生产环境中，硬件设备有些是最新款的，有些是用了几年的老机型，来源可能比较复杂，TensorFlow 的异构性让它能够全面地支持各种硬件和操作系统。同时，其在 CPU 上的矩阵运算库使用了 Eigen 而不是 BLAS 库，能够基于 ARM 架构编译和优化，因此在移动设备（Android 和 iOS）上表现得很好。

TensorFlow 在最开始发布时只支持单机，而且只支持 CUDA 6.5 和 cuDNN v2，并且没有官方和其他深度学习框架的对比结果。在 2015 年年底，许多其他框架做了各种性能对比评测，每次 TensorFlow 都会作为较差的对照组出现。那个时期的 TensorFlow 真的不快，性能上仅和普遍认为很慢的 Theano 比肩，在各个框架中可以算是垫底。但是凭借 Google 强大的开发实力，很快支持了新版的 cuDNN（目前支持 cuDNN v5.1），在单 GPU 上的性能追上了其他框架。表 2-3 所示为 https://github.com/soumith/convnet-benchmarks 给出的各个框架在 AlexNet 上单 GPU 的性能评测。

表 2-3 各深度学习框架在 AlexNet 上的性能对比

Library（库）	Class（类）	总时间（ms）	前馈时间（ms）	反馈时间（ms）
CuDNN[R4]-fp16 (Torch)	cudnn.SpatialConvolution	71	25	46
Nervana-neon-fp16	ConvLayer	78	25	52
CuDNN[R4]-fp32 (Torch)	cudnn.SpatialConvolution	81	27	53
TensorFlow	conv2d	81	26	55
Nervana-neon-fp32	ConvLayer	87	28	58
fbfft (Torch)	fbnn.SpatialConvolution	104	31	72
Chainer	Convolution2D	177	40	136
cudaconvnet2*	ConvLayer	177	42	135
CuDNN[R2] *	cudnn.SpatialConvolution	231	70	161
Caffe (native)	ConvolutionLayer	324	121	203
Torch-7 (native)	SpatialConvolutionMM	342	132	210
CL-nn (Torch)	SpatialConvolutionMM	963	388	574
Caffe-CLGreenTea	ConvolutionLayer	1442	210	1232

目前在单 GPU 的条件下，绝大多数深度学习框架都依赖于 cuDNN，因此只要硬件计算能力或者内存分配差异不大，最终训练速度不会相差太大。但是对于大规模深度学习来说，巨大的数据量使得单机很难在有限的时间完成训练。这时需要分布式计算使 GPU 集群乃至 TPU 集群并行计算，共同训练出一个模型，所以框架的分布式性能是至关重要的。TensorFlow 在 2016 年 4 月开源了分布式版本，使用 16 块 GPU 可达单 GPU 的 15 倍提速，在 50 块 GPU 时可达到 40 倍提速，分布式的效率很高。目前原生支持的分布式深度学习框架不多，只有 TensorFlow、CNTK、DeepLearning4J、MXNet 等。不过目前 TensorFlow 的设计对不同设备间的通信优化得不是很好，其单机的 reduction 只能用 CPU 处理，分布式的通信使用基于 socket 的 RPC，而不是速度更快的 RDMA，所以其分布式性能可能还没有达到最优。

Google 在 2016 年 2 月开源了 TensorFlow Serving[19]，这个组件可以将 TensorFlow 训练好的模型导出，并部署成可以对外提供预测服务的 RESTful 接口，如图 2-2 所示。有了这个组件，TensorFlow 就可以实现应用机器学习的全流程：从训练模型、调试参数，到打包模型，最后部署服务，名副其实是一个从研究到生产整条流水线都齐备的框架。这里引用 TensorFlow 内部开发人员的描述："TensorFlow Serving 是一个为生产环境而设计的高性能的机器学习服务系统。它可以同时运行多个大规模深度学习模型，支持模型生命周期管理、算法实验，并可以高效地利用 GPU 资源，让 TensorFlow 训练好的模型更快捷方便地投入到实际生产环境"。除了 TensorFlow 以外的其他框架都缺少为生产环境部署的考虑，而 Google 作为广泛在实际产品中应用深度学习的巨头可能也意识到了这个机会，因此开发了这个部署服务的平台。TensorFlow Serving 可以说是一副王牌，将会帮 TensorFlow 成为行业标准做出巨大贡献。

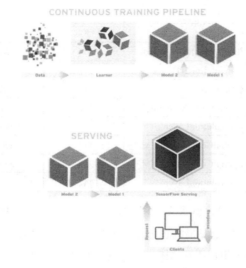

图 2-2　TensorFlow Serving 架构

　　TensorBoard 是 TensorFlow 的一组 Web 应用，用来监控 TensorFlow 运行过程，或可视化 Computation Graph。TensorBoard 目前支持 5 种可视化：标量（scalars）、图片（images）、音频（audio）、直方图（histograms）和计算图（Computation Graph）。TensorBoard 的 Events Dashboard 可以用来持续地监控运行时的关键指标，比如 loss、学习速率（learning rate）或是验证集上的准确率（accuracy）；Image Dashboard 则可以展示训练过程中用户设定保存的图片，比如某个训练中间结果用 Matplotlib 等绘制（plot）出来的图片；Graph Explorer 则可以完全展示一个 TensorFlow 的计算图，并且支持缩放拖曳和查看节点属性。TensorBoard 的可视化效果如图 2-3 和图 2-4 所示。

图 2-3　TensorBoard 的 loss 标量的可视化

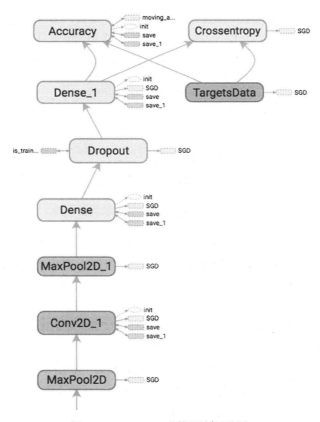

图 2-4　TensorBoard 的模型结构可视化

　　TensorFlow 拥有产品级的高质量代码，有 Google 强大的开发、维护能力的加持，整体架构设计也非常优秀。相比于同样基于 Python 的老牌对手 Theano，TensorFlow 更成熟、更完善，同时 Theano 的很多主要开发者都去了 Google 开发 TensorFlow（例如书籍 *Deep Learning* 的作者 Ian Goodfellow，他后来去了 OpenAI）。Google 作为巨头公司有比高校或者个人开发者多得多的资源投入到 TensorFlow 的研发，可以预见，TensorFlow 未来的发展将会是飞速的，可能会把大学或者个人维护的深度学习框架远远甩在身后。

2.2.2 Caffe

官方网址：caffe.berkeleyvision.org/

GitHub：github.com/BVLC/caffe

Caffe 全称为 Convolutional Architecture for Fast Feature Embedding，是一个被广泛使用的开源深度学习框架（在 TensorFlow 出现之前一直是深度学习领域 GitHub star 最多的项目），目前由伯克利视觉学中心（Berkeley Vision and Learning Center，BVLC）进行维护。Caffe 的创始人是加州大学伯克利的 Ph.D.贾扬清，他同时也是 TensorFlow 的作者之一，曾工作于 MSRA、NEC 和 Google Brain，目前就职于 Facebook FAIR 实验室。Caffe 的主要优势包括如下几点。

（1）容易上手，网络结构都是以配置文件形式定义，不需要用代码设计网络。

（2）训练速度快，能够训练 state-of-the-art 的模型与大规模的数据。

（3）组件模块化，可以方便地拓展到新的模型和学习任务上。

Caffe 的核心概念是 Layer，每一个神经网络的模块都是一个 Layer。Layer 接收输入数据，同时经过内部计算产生输出数据。设计网络结构时，只需要把各个 Layer 拼接在一起构成完整的网络（通过写 protobuf 配置文件定义）。比如卷积的 Layer，它的输入就是图片的全部像素点，内部进行的操作是各种像素值与 Layer 参数的 convolution 操作，最后输出的是所有卷积核 filter 的结果。每一个 Layer 需要定义两种运算，一种是正向(forward)的运算，即从输入数据计算输出结果，也就是模型的预测过程；另一种是反向(backward)的运算，从输出端的 gradient 求解相对于输入的 gradient，即反向传播算法，这部分也就是模型的训练过程。实现新 Layer 时，需要将正向和反向两种计算过程的函数都实现，这部分计算需要用户自己写 C++或者 CUDA（当需要运行在 GPU 时）代码，对普通用户来说还是非常难上手的。正如它的名字 Convolutional Architecture for Fast Feature Embedding 所描述的，Caffe 最开始设计时的目标只针对于图像，没有考虑文本、语音或者时间序列的数据，因此 Caffe 对卷积神经网络的支持非常好，但对时间序列 RNN、LSTM

等支持得不是特别充分。同时，基于 Layer 的模式也对 RNN 不是非常友好，定义 RNN 结构时比较麻烦。在模型结构非常复杂时，可能需要写非常冗长的配置文件才能设计好网络，而且阅读时也比较费力。

Caffe 的一大优势是拥有大量的训练好的经典模型（AlexNet、VGG、Inception）乃至其他 state-of-the-art（ResNet 等）的模型，收藏在它的 Model Zoo（github.com/BVLC/caffe/wiki/Model-Zoo）。因为知名度较高，Caffe 被广泛地应用于前沿的工业界和学术界，许多提供源码的深度学习的论文都是使用 Caffe 来实现其模型的。在计算机视觉领域 Caffe 应用尤其多，可以用来做人脸识别、图片分类、位置检测、目标追踪等。虽然 Caffe 主要是面向学术圈和研究者的，但它的程序运行非常稳定，代码质量比较高，所以也很适合对稳定性要求严格的生产环境，可以算是第一个主流的工业级深度学习框架。因为 Caffe 的底层是基于 C++的，因此可以在各种硬件环境编译并具有良好的移植性，支持 Linux、Mac 和 Windows 系统，也可以编译部署到移动设备系统如 Android 和 iOS 上。和其他主流深度学习库类似，Caffe 也提供了 Python 语言接口 pycaffe，在接触新任务，设计新网络时可以使用其 Python 接口简化操作。不过，通常用户还是使用 Protobuf 配置文件定义神经网络结构，再使用 command line 进行训练或者预测。Caffe 的配置文件是一个类似 JSON 类型的.prototxt 文件，其中使用许多顺序连接的 Layer 来描述神经网络结构。Caffe 的二进制可执行程序会提取这些.prototxt 文件并按其定义来训练神经网络。理论上，Caffe 的用户可以完全不写代码，只是定义网络结构就可以完成模型训练了。Caffe 完成训练之后，用户可以把模型文件打包制作成简单易用的接口，比如可以封装成 Python 或 MATLAB 的 API。不过在.prototxt 文件内部设计网络结构可能会比较受限，没有像 TensorFlow 或者 Keras 那样在 Python 中设计网络结构方便、自由。更重要的是，Caffe 的配置文件不能用编程的方式调整超参数，也没有提供像 Scikit-learn 那样好用的 estimator 可以方便地进行交叉验证、超参数的 Grid Search 等操作。Caffe 在 GPU 上训练的性能很好（使用单块 GTX 1080 训练 AlexNet 时一天可以训练上百万张图片），但是目前仅支持单机多 GPU 的训练，没有原生支持分布式的训练。庆幸的是，现在有很多第三方的支持，比如雅虎开源的 CaffeOnSpark，可以借助 Spark 的分布式框架实现 Caffe 的大规模分布式训练。

2.2.3 Theano

官方网址：http://www.deeplearning.net/software/theano/

GitHub：github.com/Theano/Theano

Theano 诞生于 2008 年，由蒙特利尔大学 Lisa Lab 团队开发并维护，是一个高性能的符号计算及深度学习库。因其出现时间早，可以算是这类库的始祖之一，也一度被认为是深度学习研究和应用的重要标准之一。Theano 的核心是一个数学表达式的编译器，专门为处理大规模神经网络训练的计算而设计。它可以将用户定义的各种计算编译为高效的底层代码，并链接各种可以加速的库，比如 BLAS、CUDA 等。Theano 允许用户定义、优化和评估包含多维数组的数学表达式，它支持将计算装载到 GPU（Theano 在 GPU 上性能不错，但是 CPU 上较差）。与 Scikit-learn 一样，Theano 也很好地整合了 NumPy，对 GPU 的透明让 Theano 可以较为方便地进行神经网络设计，而不必直接写 CUDA 代码。Theano 的主要优势如下。

（1）集成 NumPy，可以直接使用 NumPy 的 ndarray，API 接口学习成本低。

（2）计算稳定性好，比如可以精准地计算输出值很小的函数（像 $\log(1+x)$）。

（3）动态地生成 C 或者 CUDA 代码，用以编译成高效的机器代码。

因为 Theano 非常流行，有许多人为它编写了高质量的文档和教程，用户可以方便地查找 Theano 的各种 FAQ，比如如何保存模型、如何运行模型等。不过 Theano 更多地被当作一个研究工具，而不是当作产品来使用。虽然 Theano 支持 Linux、Mac 和 Windows，但是没有底层 C++的接口，因此模型的部署非常不方便，依赖于各种 Python 库，并且不支持各种移动设备，所以几乎没有在工业生产环境的应用。Theano 在调试时输出的错误信息非常难以看懂，因此 DEBUG 时非常痛苦。同时，Theano 在生产环境使用训练好的模型进行预测时性能比较差，因为预测通常使用服务器 CPU（生产环境服务器一般没有 GPU，而且 GPU 预测单条样本延迟高反而不如 CPU），但是 Theano 在 CPU 上的执行性能比较差。

Theano 在单 GPU 上执行效率不错，性能和其他框架类似。但是运算时需要将用户的 Python 代码转换成 CUDA 代码，再编译为二进制可执行文件，编译复杂模型的时间非常久。此外，Theano 在导入时也比较慢，而且一旦设定了选择某块 GPU，就无法切换到其他设备。目前，Theano 在 CUDA 和 cuDNN 上不支持多 GPU，只在 OpenCL 和 Theano 自己的 gpuarray 库上支持多 GPU 训练，速度暂时还比不上 CUDA 的版本，并且 Theano 目前还没有分布式的实现。不过，Theano 在训练简单网络（比如很浅的 MLP）时性能可能比 TensorFlow 好，因为全部代码都是运行时编译，不需要像 TensorFlow 那样每次 feed mini-batch 数据时都得通过低效的 Python 循环来实现。

Theano 是一个完全基于 Python（C++/CUDA 代码也是打包为 Python 字符串）的符号计算库。用户定义的各种运算，Theano 可以自动求导，省去了完全手工写神经网络反向传播算法的麻烦，也不需要像 Caffe 一样为 Layer 写 C++或 CUDA 代码。Theano 对卷积神经网络的支持很好，同时它的符号计算 API 支持循环控制（内部名 scan），让 RNN 的实现非常简单并且高性能，其全面的功能也让 Theano 可以支持大部分 state-of-the-art 的网络。Theano 派生出了大量基于它的深度学习库，包括一系列的上层封装，其中有大名鼎鼎的 Keras，Keras 对神经网络抽象得非常合适，以至于可以随意切换执行计算的后端（目前同时支持 Theano 和 TensorFlow）。Keras 比较适合在探索阶段快速地尝试各种网络结构，组件都是可插拔的模块，只需要将一个个组件（比如卷积层、激活函数等）连接起来，但是设计新模块或者新的 Layer 就不太方便了。除 Keras 外，还有学术界非常喜爱的 Lasagne，同样也是 Theano 的上层封装，它对神经内网络的每一层的定义都非常严谨。另外，还有 scikit-neuralnetwork、nolearn 这两个基于 Lasagne 的上层封装，它们将神经网络抽象为兼容 Scikit-learn 接口的 classifier 和 regressor，这样就可以方便地使用 Scikit-learn 中经典的 fit、transform、score 等操作。除此之外，Theano 的上层封装库还有 blocks、deepy、pylearn2 和 Scikit-theano，可谓是一个庞大的家族。如果没有 Theano，可能根本不会出现这么多好用的 Python 深度学习库。同样，如果没有 Python 科学计算的基石 NumPy，就不会有 SciPy、Scikit-learn 和 Scikit-image，可以说 Theano 就是深度学习界的 NumPy，是其他各类 Python 深度学习库的基石。虽然 Theano 非常重要，但是直接使用 Theano 设计大型的神经网络还是太烦琐了，用 Theano 实现 Google Inception 就像用 NumPy 实现一个支持向量机（SVM）。且不说很多用户做不到用 Theano 实现一个 Inception 网络，即使能做到但是否有必要花这个时间呢？毕竟不是所有人都是基础科学工作者，大部分使用场景还是在工业应用中。所以简单易用是一个很重要的特性，这也就是其他上层封装库的价值所在：不需要总是从最基础的 tensor 粒度开始设计网络，而是从更上层的 Layer 粒度设计网络。

2.2.4　Torch

官方网址：http://torch.ch/

GitHub：github.com/torch/torch7

Torch 给自己的定位是 LuaJIT 上的一个高效的科学计算库，支持大量的机器学习算法，同时以 GPU 上的计算优先。Torch 的历史非常悠久，但真正得到发扬光大是在 Facebook 开源了其深度学习的组件之后，此后包括 Google、Twitter、NYU、IDIAP、Purdue 等组织都大量使用 Torch。Torch 的目标是让设计科学计算算法变得便捷，它包含了大量的机器学习、计算机视觉、信号处理、并行运算、图像、视频、音频、网络处理的库，同时和 Caffe 类似，Torch 拥有大量的训练好的深度学习模型。它可以支持设计非常复杂的神经网络的拓扑图结构，再并行化到 CPU 和 GPU 上，在 Torch 上设计新的 Layer 是相对简单的。它和 TensorFlow 一样使用了底层 C++加上层脚本语言调用的方式，只不过 Torch 使用的是 Lua。Lua 的性能是非常优秀的（该语言经常被用来开发游戏），常见的代码可以通过透明的 JIT 优化达到 C 的性能的 80%；在便利性上，Lua 的语法也非常简单易读，拥有漂亮和统一的结构，易于掌握，比写 C/C++简洁很多；同时，Lua 拥有一个非常直接的调用 C 程序的接口，可以简便地使用大量基于 C 的库，因为底层核心是 C 写的，因此也可以方便地移植到各种环境。Lua 支持 Linux、Mac，还支持各种嵌入式系统（iOS、Android、FPGA 等），只不过运行时还是必须有 LuaJIT 的环境，所以工业生产环境的使用相对较少，没有 Caffe 和 TensorFlow 那么多。

为什么不简单地使用 Python 而是使用 LuaJIT 呢？官方给出了以下几点理由。

（1）LuaJIT 的通用计算性能远胜于 Python，而且可以直接在 LuaJIT 中操作 C 的 pointers。

（2）Torch 的框架，包含 Lua 是自洽的，而完全基于 Python 的程序对不同平台、系统移植性较差，依赖的外部库较多。

（3）LuaJIT 的 FFI 拓展接口非常易学，可以方便地链接其他库到 Torch 中。Torch 中还专门设计了 N-Dimension array type 的对象 Tensor，Torch 中的 Tensor 是一块内存的视图，同时一块内存可能有许多视图（Tensor）指向它，这样的设计同时兼顾了性能（直接面向内存）和便利性。同时，Torch 还提供了不少相关的库，包括线性代数、卷积、傅里叶变换、绘图和统计等，如图 2-5 所示。

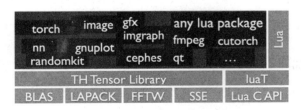

图 2-5　Torch 提供的各种数据处理的库

Torch 的 nn 库支持神经网络、自编码器、线性回归、卷积网络、循环神经网络等，同时支持定制的损失函数及梯度计算。Torch 因为使用了 LuaJIT，因此用户在 Lua 中做数据预处理等操作可以随意使用循环等操作，而不必像在 Python 中那样担心性能问题，也不需要学习 Python 中各种加速运算的库。不过，Lua 相比 Python 还不是那么主流，对大多数用户有学习成本。Torch 在 CPU 上的计算会使用 OpenMP、SSE 进行优化，GPU 上使用 CUDA、cutorch、cunn、cuDNN 进行优化，同时还有 cuda-convnet 的 wrapper。Torch 有很多第三方的扩展可以支持 RNN，使得 Torch 基本支持所有主流的网络。和 Caffe 类似的是，Torch 也是主要基于 Layer 的连接来定义网络的。Torch 中新的 Layer 依然需要用户自己实现，不过定义新 Layer 和定义网络的方式很相似，非常简便，不像 Caffe 那么麻烦，用户需要使用 C++或者 CUDA 定义新 Layer。同时，Torch 属于命令式编程模式，不像 Theano、TensorFlow 属于声明性编程（计算图是预定义的静态的结构），所以用它实现某些复杂操作（比如 beam search）比 Theano 和 TensorFlow 方便很多。

2.2.5　Lasagne

官网网址：http://lasagne.readthedocs.io/

GitHub：github.com/Lasagne/Lasagne

Lasagne 是一个基于 Theano 的轻量级的神经网络库。它支持前馈神经网络，比如卷积网络、循环神经网络、LSTM 等，以及它们的组合；支持许多优化方法，比如 Nesterov momentum、RMSprop、ADAM 等；它是 Theano 的上层封装，但又不像 Keras 那样进行了重度的封装，Keras 隐藏了 Theano 中所有的方法和对象，而 Lasagne 则是借用了 Theano 中很多的类，算是介于基础的 Theano 和高度抽象的 Keras 之间的一个轻度封装，简化了操作同时支持比较底层的操作。Lasagne 设计的六个原则是简洁、透明、模块化、实用、聚焦和专注。

2.2.6　Keras

官方网址：keras.io

GitHub：github.com/fchollet/keras

Keras 是一个崇尚极简、高度模块化的神经网络库，使用 Python 实现，并可以同时运行在 TensorFlow 和 Theano 上。它旨在让用户进行最快速的原型实验，让想法变为结果的这个过程最短。Theano 和 TensorFlow 的计算图支持更通用的计算，而 Keras 则专精于深度学习。Theano 和 TensorFlow 更像是深度学习领域的 NumPy，而 Keras 则是这个领域的

Scikit-learn。它提供了目前为止最方便的 API，用户只需要将高级的模块拼在一起，就可以设计神经网络，它大大降低了编程开销（code overhead）和阅读别人代码时的理解开销（cognitive overhead）。它同时支持卷积网络和循环网络，支持级联的模型或任意的图结构的模型（可以让某些数据跳过某些 Layer 和后面的 Layer 对接，使得创建 Inception 等复杂网络变得容易），从 CPU 上计算切换到 GPU 加速无须任何代码的改动。因为底层使用 Theano 或 TensorFlow，用 Keras 训练模型相比于前两者基本没有什么性能损耗（还可以享受前两者持续开发带来的性能提升），只是简化了编程的复杂度，节约了尝试新网络结构的时间。可以说模型越复杂，使用 Keras 的收益就越大，尤其是在高度依赖权值共享、多模型组合、多任务学习等模型上，Keras 表现得非常突出。Keras 所有的模块都是简洁、易懂、完全可配置、可随意插拔的，并且基本上没有任何使用限制，神经网络、损失函数、优化器、初始化方法、激活函数和正则化等模块都是可以自由组合的。Keras 也包括绝大部分 state-of-the-art 的 Trick，包括 Adam、RMSProp、Batch Normalization、PReLU、ELU、LeakyReLU 等。同时，新的模块也很容易添加，这让 Keras 非常适合最前沿的研究。Keras 中的模型也都是在 Python 中定义的，不像 Caffe、CNTK 等需要额外的文件来定义模型，这样就可以通过编程的方式调试模型结构和各种超参数。在 Keras 中，只需要几行代码就能实现一个 MLP，或者十几行代码实现一个 AlexNet，这在其他深度学习框架中基本是不可能完成的任务。Keras 最大的问题可能是目前无法直接使用多 GPU，所以对大规模的数据处理速度没有其他支持多 GPU 和分布式的框架快。Keras 的编程模型设计和 Torch 很像，但是相比 Torch，Keras 构建在 Python 上，有一套完整的科学计算工具链，而 Torch 的编程语言 Lua 并没有这样一条科学计算工具链。无论从社区人数，还是活跃度来看，Keras 目前的增长速度都已经远远超过了 Torch。

2.2.7　MXNet

官网网址：mxnet.io

GitHub：github.com/dmlc/mxnet

MXNet 是 DMLC（Distributed Machine Learning Community）开发的一款开源的、轻量级、可移植的、灵活的深度学习库，它让用户可以混合使用符号编程模式和指令式编程模式来最大化效率和灵活性，目前已经是 AWS 官方推荐的深度学习框架。MXNet 的很多作者都是中国人，其最大的贡献组织为百度，同时很多作者来自 cxxnet、minerva 和 purine2 等深度学习项目，可谓博采众家之长。它是各个框架中率先支持多 GPU 和分布式的，同时其分布式性能也非常高。MXNet 的核心是一个动态的依赖调度器，支持自动将计算任务并行化到多个 GPU 或分布式集群（支持 AWS、Azure、Yarn 等）。它上层的计算图优化算法可以让符号计算执行得非常快，而且节约内存，开启 mirror 模式会更加省内存，甚至可以在某些小内存 GPU 上训练其他框架因显存不够而训练不了的深度学习模型，也可以在移动设备（Android、iOS）上运行基于深度学习的图像识别等任务。此外，MXNet 的一个很大的优点是支持非常多的语言封装，比如 C++、Python、R、Julia、Scala、Go、MATLAB 和 JavaScript 等，可谓非常全面，基本主流的脚本语言全部都支持了。在 MXNet 中构建一个网络需要的时间可能比 Keras、Torch 这类高度封装的框架要长，但是比直接用 Theano 等要快。MXNet 的各级系统架构（下面为硬件及操作系统底层，逐层向上为越来越抽象的接口）如图 2-6 所示。

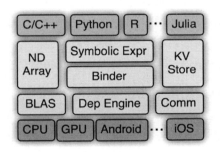

图 2-6　MXNet 系统架构

2.2.8　DIGITS

官方网址：developer.nvidia.com/digits

GitHub: github.com/NVIDIA/DIGITS

DIGITS（Deep Learning GPU Training System）不是一个标准的深度学习库，它可以算是一个 Caffe 的高级封装（或者 Caffe 的 Web 版培训系统）。因为封装得非常重，以至于你不需要（也不能）在 DIGITS 中写代码，即可实现一个深度学习的图片识别模型。在 Caffe 中，定义模型结构、预处理数据、进行训练并监控训练过程是相对比较烦琐的，DIGITS 把所有这些操作都简化为在浏览器中执行。它可以算作 Caffe 在图片分类上的一个漂亮的用户可视化界面（GUI），计算机视觉的研究者或者工程师可以非常方便地设计深度学习模型、测试准确率，以及调试各种超参数。同时使用它也可以生成数据和训练结果的可视化统计报表，甚至是网络的可视化结构图。训练好的 Caffe 模型可以被 DIGITS

直接使用，上传图片到服务器或者输入 url 即可对图片进行分类。

2.2.9　CNTK

官方网址：cntk.ai

GitHub：github.com/Microsoft/CNTK

CNTK（Computational Network Toolkit）是微软研究院（MSR）开源的深度学习框架。它最早由 *start the deep learning craze* 的演讲人创建，目前已经发展成一个通用的、跨平台的深度学习系统，在语音识别领域的使用尤其广泛。CNTK 通过一个有向图将神经网络描述为一系列的运算操作，这个有向图中子节点代表输入或网络参数，其他节点代表各种矩阵运算。CNTK 支持各种前馈网络，包括 MLP、CNN、RNN、LSTM、Sequence-to-Sequence 模型等，也支持自动求解梯度。CNTK 有丰富的细粒度的神经网络组件，使得用户不需要写底层的 C++或 CUDA，就能通过组合这些组件设计新的复杂的 Layer。CNTK 拥有产品级的代码质量，支持多机、多 GPU 的分布式训练。

CNTK 设计是性能导向的，在 CPU、单 GPU、多 GPU，以及 GPU 集群上都有非常优异的表现。同时微软最近推出的 1-bit compression 技术大大降低了通信代价，让大规模并行训练拥有了很高的效率。CNTK 同时宣称拥有很高的灵活度，它和 Caffe 一样通过配置文件定义网络结构，再通过命令行程序执行训练，支持构建任意的计算图，支持 AdaGrad、RmsProp 等优化方法。它的另一个重要特性就是拓展性，CNTK 除了内置的大量运算核，还允许用户定义他们自己的计算节点，支持高度的定制化。CNTK 在 2016 年 9 月发布了对强化学习的支持，同时，除了通过写配置文件的方式定义网络结构，CNTK 还将支持其他语言的绑定，包括 Python、C++和 C#，这样用户就可以用编程的方式设计网络结构。CNTK 与 Caffe 一样也基于 C++并且跨平台，大部分情况下，它的部署非常简单。PC 上支持 Linux、Mac 和 Windows，但是它目前不支持 ARM 架构，限制了其在移动设备上的发挥。图 2-7 所示为 CNTK 目前的总体架构图。

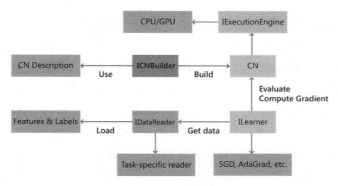

图 2-7　CNTK 的总体架构图

　　CNTK 原生支持多 GPU 和分布式，从官网公布的对比评测来看，性能非常不错。在多 GPU 方面，CNTK 相对于其他的深度学习库表现得更突出，它实现了 1-bit SGD 和自适应的 mini-batching。图 2-8 所示为 CNTK 官网公布的在 2015 年 12 月的各个框架的性能对比。在当时，CNTK 是唯一支持单机 8 块 GPU 的框架，并且在分布式系统中可以超越 8 块 GPU 的性能。

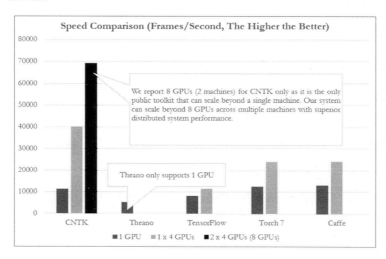

图 2-8　CNTK 与各个框架的性能对比

2.2.10　Deeplearning4J

　　官方网址：http://deeplearning4j.org/

　　GitHub：github.com/deeplearning4j/deeplearning4j

Deeplearning4J（简称 DL4J）是一个基于 Java 和 Scala 的开源的分布式深度学习库，由 Skymind 于 2014 年 6 月发布，其核心目标是创建一个即插即用的解决方案原型。埃森哲、雪弗兰、博斯咨询和 IBM 等都是 DL4J 的客户。DL4J 拥有一个多用途的 n-dimensional array 的类，可以方便地对数据进行各种操作；拥有多种后端计算核心，用以支持 CPU 及 GPU 加速，在图像识别等训练任务上的性能与 Caffe 相当；可以与 Hadoop 及 Spark 自动整合，同时可以方便地在现有集群（包括但不限于 AWS，Azure 等）上进行扩展，同时 DL4J 的并行化是根据集群的节点和连接自动优化，不像其他深度学习库那样可能需要用户手动调整。DL4J 选择 Java 作为其主要语言的原因是，目前基于 Java 的分布式计算、云计算、大数据的生态非常庞大。用户可能拥有大量的基于 Hadoop 和 Spark 的集群，因此在这类集群上搭建深度学习平台的需求便很容易被 DL4J 满足。同时 JVM 的生态圈内还有数不胜数的 Library 的支持，而 DL4J 也创建了 ND4J，可以说是 JVM 中的 NumPy，支持大规模的矩阵运算。此外，DL4J 还有商业版的支持，付费用户在出现问题时可以通过电话咨询寻求支持。

2.2.11　Chainer

官方网址：chainer.org

GitHub：github.com/pfnet/chainer

Chainer 是由日本公司 Preferred Networks 于 2015 年 6 月发布的深度学习框架。Chainer 对自己的特性描述如下。

（1）Powerful：支持 CUDA 计算，只需要几行代码就可以使用 GPU 加速，同时只需少许改动就可以运行在多 GPU 上。

（2）Flexible：支持多种前馈神经网络，包括卷积网络、循环网络、递归网络，支持运行中动态定义的网络（Define-by-Run）。

（3）Intuitive：前馈计算可以引入 Python 的各种控制流，同时反向传播时不受干扰，简化了调试错误的难度。

绝大多数的深度学习框架是基于"Define-and-Run"的，也就是说，需要首先定义一个网络，再向网络中 feed 数据（mini-batch）。因为网络是预先静态定义的，所有的控制逻辑都需要以 data 的形式插入网络中，包括像 Caffe 那样定义好网络结构文件，或者像 Theano、Torch、TensorFlow 等使用编程语言定义网络。而 Chainer 则相反，网络是在实际运行中定义的，Chainer 存储历史运行的计算结果，而不是网络的结构逻辑，这样就可以方便地使用 Python 中的控制流，所以无须其他工作就可以直接在网络中使用条件控制和循环。

2.2.12　Leaf

官方网址：autumnai.com/leaf/book

GitHub：github.com/autumnai/leaf

Leaf 是一个基于 Rust 语言的直观的跨平台的深度学习乃至机器智能框架，它拥有一个清晰的架构，除了同属 Autumn AI 的底层计算库 Collenchyma，Leaf 没有其他依赖库。它易于维护和使用，并且拥有非常高的性能。Leaf 自身宣传的特点是为 Hackers 定制的，这里的 Hackers 是指希望用最短的时间和最少的精力实现机器学习算法的技术极客。它的可移植性非常好，可以运行在 CPU、GPU 和 FPGA 等设备上，可以支持有任何操作系统的 PC、服务器，甚至是没有操作系统的嵌入式设备，并且同时支持 OpenCL 和 CUDA。Leaf 是 Autumn AI 计划的一个重要组件，后者的目标是让人工智能算法的效率提高 100 倍。凭借其优秀的设计，Leaf 可以用来创建各种独立的模块，比如深度强化学习、可视化监控、网络部署、自动化预处理和大规模产品部署等。

Leaf 拥有最简单的 API，希望可以最简化用户需要掌握的技术栈。虽然才刚诞生不久，Leaf 就已经跻身最快的深度学习框架之一了。图 2-9 所示为 Leaf 官网公布的各个框架在单 GPU 上训练 VGG 网络的计算时间（越小越好）的对比（这是和早期的 TensorFlow 对比，最新版的 TensorFlow 性能已经非常好了）。

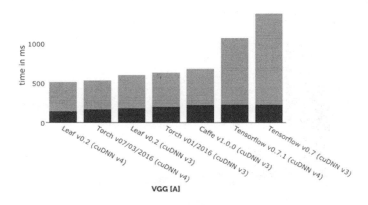

图 2-9　Leaf 和各深度学习框架的性能对比（深色为 forawrd，浅色为 backward）

2.2.13　DSSTNE

GitHub：github.com/amznlabs/amazon-dsstne

DSSTNE（Deep Scalable Sparse Tensor Network Engine）是亚马逊开源的稀疏神经网络框架，在训练非常稀疏的数据时具有很大的优势。DSSTNE 目前只支持全连接的神经网络，不支持卷积网络等。和 Caffe 类似，它也是通过写一个 JSON 类型的文件定义模型结构，但是支持非常大的 Layer（输入和输出节点都非常多）；在激活函数、初始化方式及优化器方面基本都支持了 state-of-the-art 的方法，比较全面；支持大规模分布式的 GPU 训练，不像其他框架一样主要依赖数据并行，DSSTNE 支持自动的模型并行（使用数据并行需要在训练速度和模型准确度上做一定的 trade-off，模型并行没有这个问题）。

在处理特征非常多（上亿维）的稀疏训练数据时（经常在推荐、广告、自然语言处理任务中出现），即使一个简单的 3 个隐层的 MLP（Multi-Layer Perceptron）也会变成一个有非常多参数的模型（可能高达上万亿）。以传统的稠密矩阵的方式训练方法很难处理这么多的模型参数，更不必提超大规模的数据量，而 DSSTNE 有整套的针对稀疏数据的优化，率先实现了对超大稀疏数据训练的支持，同时在性能上做了非常大的改进。

在 DSSTNE 官方公布的测试中，DSSTNE 在 MovieLens 的稀疏数据上，在单 M40 GPU 上取得了比 TensorFlow 快 14.8 倍的性能提升（注意是和老版的 TensorFlow 比较），如图 2-10 所示。一方面是因为 DSSTNE 对稀疏数据的优化；另一方面是 TensorFlow 在数据传输到 GPU 上时花费了大量时间，而 DSSTNE 则优化了数据在 GPU 内的保留；同时 DSSTNE 还拥有自动模型并行功能，而 TensorFlow 中则需要手动优化，没有自动支持。

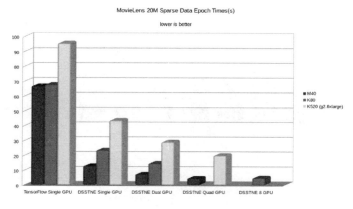

图 2-10　DSSTNE 在稀疏数据上与 TensorFlow 的性能对比

3

TensorFlow 第一步

前两章我们讲了 TensorFlow 的核心概念和编程模型，又谈了 TensorFlow 和其他深度学习框架的异同。本章将直奔主题，我们将学会安装 TensorFlow，然后使用 TensorFlow（1.0.0-rc0）训练一个手写数字识别（MNIST）的模型。

3.1 TensorFlow 的编译及安装

TensorFlow 的安装方式没有 Theano 那么直接，因为它并不是全部由 Python 写成的库，底层有很多 C++乃至 CUDA 的代码，因此某些情况下可能需要编译安装（比如你的 gcc 版本比较新，硬件环境比较特殊，或者你使用的 CUDA 版本不是 realease 版预编译的）。通常安装 TensorFlow 分为两种情况，一种是只使用 CPU，安装相对容易；另一种是使用 GPU，这种情况还需要安装 CUDA 和 cuDNN，情况相对复杂。然而不管哪种情况，我们都推荐使用 Anaconda[20] 作为 Python 环境，因为可以避免大量的兼容性问题。另外，本书默认使用 Python 3.5 作为 Python 的基础版本，相比 Python 2.7，它更代表了 Python 未来的趋势发展。TensorFlow 目前支持得比较完善的是 Linux 和 Mac（对 Windows 的支持还不太全面）。因为 Mac 系统主要使用 CPU 版本（Mac 系统很少有使用 NVIDIA 显卡的，而目前 TensorFlow 对 CUDA 支持得比较好，对 OpenCL 的支持还属于实验性质），安装方式和 Linux 的 CPU 版基本一致，而 Mac 一般没有 NVIDIA 的显卡，所以不适合使用

GPU 版本。本章将主要讲解在 Linux 下安装 TensorFlow 的过程。另外，本书基于 2017 年 1 月发布的 TensorFlow 1.0.0-rc0 版，旧版本在运行本书的代码时可能会有不兼容的情况，所以建议读者都安装这个版本或更新版本的 TensorFlow。此外，本书推荐有条件的读者使用 GPU 版本，因为在训练大型网络或者大规模数据时，CPU 版本的速度可能会很慢。

3.1.1　安装 Anaconda

Anaconda 是 Python 的一个科学计算发行版，内置了数百个 Python 经常会使用的库，也包括许多我们做机器学习或数据挖掘的库，包括 Scikit-learn、NumPy、SciPy 和 Pandas 等，其中可能有一些还是 TensorFlow 的依赖库。我们在安装这些库时，通常都需要花费不少时间编译，而且经常容易出现兼容性问题，Anaconda 提供了一个编译好的环境可以直接安装。同时 Anaconda 自动集成了最新版的 MKL（Math Kernel Libaray）库，这是 Intel 推出的底层数值计算库，功能上包含了 BLAS（Basic Linear Algebra Software）等矩阵运算库的功能，可以作为 NumPy、SciPy、Scikit-learn、NumExpr 等库的底层依赖，加速这些库的矩阵运算和线性代数运算。简单来说，Anaconda 是目前最好的科学计算的 Python 环境，方便了安装，也提高了性能。本书强烈推荐安装 Anaconda，接下来的章节也将默认读者使用 Anaconda 作为 TensorFlow 的 Python 环境。

（1）我们在 Anaconda 的官网上（www.continuum.io/downloads）下载 Anaconda3 4.2.0 版，请读者根据自己的操作系统下载对应版本的 64 位的 Python 3.5 版。

（2）我们在 Anaconda 的下载目录执行以下命令（请根据下载的文件替换对应的文件名）。

```
bash Anaconda3-4.2.0-Linux-x86_64.sh
```

（3）接下来我们会看到安装提示，直接按回车键确认进入下一步。然后我们会进入 Anaconda 的 License 文档，这里直接按 q 键跳过，然后输入 yes 确认。下面的这一步会让我们输入 anaconda3 的安装路径，没有特殊情况的话，我们可以按回车键使用默认路径，然后安装就自动开始了。

（4）安装完成后，程序提示我们是否把 anaconda3 的 binary 路径加入到.bashrc，读者可以根据自己的情况考虑，建议添加，这样以后 python 和 ipython 命令就会自动使用 Anaconda Python3.5 的环境了。

3.1.2 TensorFlow CPU 版本的安装

TensorFlow 的 CPU 版本相对容易安装，一般分为两种情况：第一种情况，安装编译好的 release 版本，推荐大部分用户安装这种版本；第二种情况，使用 1.0.0-rc0 分支源码编译安装，当用户的系统比较特殊，比如 gcc 版本比较新（gcc 6 以上），或者不支持使用编译好的 release 版本，才推荐这样安装。

第一种情况，安装编译好的 release 版本，我们可以简单地执行下面这个命令。python 的默认包管理器是 pip，直接使用 pip 来安装 TensorFlow。对于 Mac 或 Windows 系统，可在 TensorFlow 的 GitHub 仓库上的 Download and Setup 页面查看编译好的程序的地址。

```
export TF_BINARY_URL=https://storage.googleapis.com/tensorflow/linux/cpu/ten
sorflow-1.0.0rc0-cp35-cp35m-linux_x86_64.whl
pip install --upgrade $TF_BINARY_URL
```

第二种情况，使用 1.0.0-rc0 分支的源码编译安装。

此时，确保系统安装了 gcc（版本最好介于 4.8～5.4 之间），如果没有安装，请根据自己的系统情况先安装 gcc，本节不再赘述。此外，为了编译 TensorFlow，我们还需要有 Google 自家的编译工具 bazel（github.com/bazelbuild/bazel），根据其安装教程（www.bazel.io/versions/master/docs/install.html）直接安装它的 v0.43 release 版本即可，不需要使用最新的 dev 版本的功能。

在正确地安装完 gcc 和 bazel 之后，接下来我们正式开始编译安装 TensorFlow，首先先下载 TensorFlow 1.0.0-rc0 的源码：

```
wget https://github.com/tensorflow/tensorflow/archive/v1.0.0-rc0.tar.gz
tar -xzvf v1.0.0-rc0.tar.gz
```

完成下载之后，进入 TensorFlow 代码仓库的目录，然后执行下面的命令进行配置：

```
cd tensorflow-1.0.0-rc0
./configure
```

接下来的输出要选择 python 路径，确保是 anaconda 的 python 路径即可：

```
Please specify the location of python. [Default is /home/wenjian/anaconda3/b
in/python]:
```

这里选择 CPU 编译优化选项,默认的-march=native 将选择本地 CPU 能支持的最佳配置，比如 SSE4.2、AVX 等。建议选择默认值。

```
Please specify optimization flags to use during compilation [Default is -m
arch=native]:
```

选择是否使用 jemalloc 作为默认的 malloc 实现(仅限 Linux),建议选择默认设置。

```
Do you wish to use jemalloc as the malloc implementation? (Linux only) [Y/
n]
```

然后它会让我们选择是否开启对 Google Cloud Platform 的支持，这个在国内一般是访问不到的，有需要的用户可以选择支持，通常选 N 即可：

```
Do you wish to build TensorFlow with Google Cloud Platform support? [y/N]
```

它会询问是否需要支持 Hadoop File System，如果有读取 HDFS 数据的需求，请选 y 选项，否则就选默认的 N 即可：

```
Do you wish to build TensorFlow with Hadoop File System support? [y/N]
```

选择是否开启XLA JIT编译功能支持。这里XLA 是 TensorFlow 目前实验性的JIT(Just in Time)、AOT（Ahead of Time）编译优化功能，还不太成熟，有探索欲望的读者可以尝试开启。

```
Do you wish to build TensorFlow with the XLA just-in-time compiler (experi
mental)? [y/N]
```

然后它会让我们选择 python 的 library 路径，这里依然选择 anaconda 的路径：

```
Please input the desired Python library path to use. Default is
[/home/wenjian/anaconda3/lib/python3.5/site-packages]
```

接着选择不需要使用 GPU，即 OpenCL 和 CUDA 全部选 N：

```
Do you wish to build TensorFlow with OpenCL support? [y/N]
Do you wish to build TensorFlow with CUDA support? [y/N]
```

之后可能需要下载一些依赖库的文件，完成后 configure 就顺利结束了，接下来使用编译命令执行编译：

```
bazel build --copt=-march=native -c opt //tensorflow/tools/pip_package:build
_pip_package
```

编译结束后，使用下面的命令生成 pip 安装包：

```
bazel-bin/tensorflow/tools/pip_package/build_pip_package /tmp/tensorflow_pkg
```

最后，使用 pip 命令安装 TensorFlow：

```
pip install /tmp/tensorflow_pkg/tensorflow-1.0.0rc0-cp35-cp35m-linux_x86_64.
whl
```

3.1.3　TensorFlow GPU 版本的安装

TensorFlow 的 GPU 版本安装相对复杂。目前 TensorFlow 仅对 CUDA 支持较好，因此我们首先需要一块 NVIDIA 显卡，AMD 的显卡只能使用实验性支持的 OpenCL，效果不是很好。接下来，我们需要安装显卡驱动、CUDA 和 cuDNN。

CUDA 是 NVIDIA 推出的使用 GPU 资源进行通用计算（Genral Purpose GPU）的 SDK，CUDA 的安装包里一般集成了显卡驱动，我们直接去官网下载 NVIDIA CUDA（https://developer.nvidia.com/cuda-toolkit）。

在安装前，我们需要暂停当前 NVIDIA 驱动的 X server，如果是远程连接的 Linux 机器，可以使用下面这个命令关闭 X server：

```
sudo init 3
```

之后，我们将 CUDA 的安装包权限设置成可执行的，并执行安装程序：

```
chmod u+x cuda_8.0.44_linux.run
sudo ./cuda_8.0.44_linux.run
```

接下来我们正式进入 CUDA 的安装过程，先按 q 键跳过开头的 license 说明，接着输入 accept 接收协议，然后按 y 键选择安装驱动程序：

```
Install NVIDIA Accelerated Graphics Driver for Linux-x86_64 367.48?
(y)es/(n)o/(q)uit:
```

按 y 键选择安装 CUDA 并确认安装路径，一般可直接使用默认地址：

```
Install the CUDA 8.0 Toolkit?
```

```
(y)es/(n)o/(q)uit:
Enter Toolkit Location
[ default is /usr/local/cuda-8.0 ]:
```

按 n 键不选择安装 CUDA samples（我们只是通过 TensorFlow 调用 CUDA，不直接写 CUDA 代码）：

```
Install the CUDA 8.0 Samples?
(y)es/(n)o/(q)uit:
```

最后等待安装程序完成。

接下来安装 cuDNN，cuDNN 是 NVIDIA 推出的深度学习中 CNN 和 RNN 的高度优化的实现。因为底层使用了很多先进技术和接口（没有对外开源），因此比其他 GPU 上的神经网络库性能要高不少，目前绝大多数的深度学习框架都使用 cuDNN 来驱动 GPU 计算。我们先从官网下载 cuDNN（https://developer.nvidia.com/rdp/cudnn-download），这一步可能需要先注册 NVIDIA 的账号并等待审核（需要一段时间）。

接下来再安装 cuDNN，我们到 cuda 的安装目录执行解压命令：

```
cd /usr/local
sudo tar -xzvf ~/downloads/cudnn-8.0-linux-x64-v5.1.tgz
```

这样就完成了 cuDNN 的安装，但我们可能还需要在系统环境里设置 CUDA 的路径：

```
vim ~/.bashrc
export LD_LIBRARY_PATH=/usr/local/cuda-8.0/lib64:/usr/local/cuda-8.0/extras/
CUPTI/lib64:$LD_LIBRARY_PATH
export CUDA_HOME=/usr/local/cuda-8.0
export PATH=/usr/local/cuda-8.0/bin:$PATH
source ~/.bashrc
```

接下来，我们开始安装 TensorFlow。对 GPU 版的 TensorFlow，官网也提供了预编译的包，但是这个预编译版对本地的各种依赖环境支持可能不是最佳的，如果读者试用过没有任何兼容性问题，可以直接安装预编译版的 TensorFlow：

```
export TF_BINARY_URL=https://storage.googleapis.com/tensorflow/linux/gpu/ten
sorflow_gpu-1.0.0rc0-cp35-cp35m-linux_x86_64.whl
```

```
pip install --upgrade $TF_BINARY_URL
```

如果预编译的版本不支持当前的 CUDA、cuDNN 版本，或者存在其他兼容性问题，可以进行编译安装，和前面提到的 CPU 版本的编译安装类似，我们需要先安装 gcc 和 bazel，接下来下载 TensorFlow 1.0.0-rc0 的代码，然后使用配置程序(./configure)进行编译配置，前面几步和 CPU 版本的安装完全一致，直到选择是否支持 CUDA 这一步：

```
Do you wish to build TensorFlow with CUDA support? [y/N]
```

我们按 y 键选择支持 GPU，接下来选择指定的 gcc 编译器，一般选默认设置就好。

```
Please specify which gcc should be used by nvcc as the host compiler. [Defau
lt is /usr/bin/gcc]:
```

接下来选择要使用的 CUDA 版本、CUDA 安装路径、cuDNN 版本和 cuDNN 的安装路径，这里使用的是 CUDA 8.0 版本，所以 CUDA SDK Version 设置为 8.0，路径设置为 /usr/local/cuda-8.0，cuDNN Version 设置为 5.1，cuDNN 路径也设置为 /usr/local/cuda-8.0：

```
Please specify the Cuda SDK version you want to use, e.g. 7.0. [Leave empty
to use system default]:
Please specify the location where CUDA toolkit is installed. Refer to README.
md for more details. [Default is /usr/local/cuda]:
Please specify the Cudnn version you want to use. [Leave empty to use system
 default]:
Please specify the location where cuDNN library is installed. Refer to READM
E.md for more details. [Default is /usr/local/cuda]:
```

最后将选择 GPU 的 compute capability (CUDA 的计算兼容性)，不同的 GPU 可能有不同的 compute capability，我们可以在官网查到具体数值，比如 GTX 1080 和新 Titan X 是 6.1，而 GTX 980 和旧版的 GTX Titan X 是 5.2。

```
Please note that each additional compute capability significantly increases
your build time and binary size.
[Default is: "3.5,5.2"]:
```

至此，配置完成，配置程序可能会开始下载对应的需要其他库的代码仓库，我们耐心等待一会儿就好。

接下来，开始编译 GPU 版本的 TensorFlow，执行下面这个命令，注意和 CPU 版本的编译相比，这里多了一个--config=cuda：

```
bazel build --copt=-march=native -c opt --config=cuda //tensorflow/tools/pip
_package:build_pip_package
```

编译大概需要花费一段时间，之后执行命令生成 pip 安装包并进行安装：

```
bazel-bin/tensorflow/tools/pip_package/build_pip_package /tmp/tensorflow_pkg
pip install /tmp/tensorflow_pkg/tensorflow-1.0.0rc0-cp35-cp35m-linux_x86_64.
whl
```

3.2 TensorFlow 实现 Softmax Regression 识别手写数字

3.1 节介绍了安装 TensorFlow，接下来我们就以一个机器学习领域的 Hello World 任务——MNIST 手写数字识别来探索 TensorFlow。MNIST[21]（Mixed National Institute of Standards and Technology database）是一个非常简单的机器视觉数据集，如图 3-1 所示，它由几万张 28 像素×28 像素的手写数字组成，这些图片只包含灰度值信息。我们的任务就是对这些手写数字的图片进行分类，转成 0～9 一共 10 类。

图 3-1　MNIST 手写数字图片示例

首先对 MNIST 数据进行加载，TensorFlow 为我们提供了一个方便的封装，可以直接加载 MNIST 数据成我们期望的格式，在 ipython 命令行或者 spyder 中直接运行下面的代码。本节代码主要来自 TensorFlow 的开源实现[22]。

```
from tensorflow.examples.tutorials.mnist import input_data
mnist = input_data.read_data_sets("MNIST_data/", one_hot=True)
```

然后查看 mnist 这个数据集的情况，可以看到训练集有 55000 个样本，测试集有 10000 个样本，同时验证集有 5000 个样本。每一个样本都有它对应的标注信息，即 label。我们将在训练集上训练模型，在验证集上检验效果并决定何时完成训练，最后我们在测试集评测模型的效果（可通过准确率、召回率、F1-score 等评测）。

```
print(mnist.train.images.shape, mnist.train.labels.shape)
print(mnist.test.images.shape, mnist.test.labels.shape)
print(mnist.validation.images.shape, mnist.validation.labels.shape)
```

前面提到我们的图像是 28 像素×28 像素大小的灰度图片，如图 3-2 所示。空白部分全部为 0，有笔迹的地方根据颜色深浅有 0 到 1 之间的取值。同时，我们可以发现每个样本有 784 维的特征，也就是 28×28 个点的展开成 1 维的结果（28×28=784）。因此，这里丢弃了图片的二维结构方面的信息，只是把一张图片变成一个很长的 1 维向量。读者可能会问，图片的空间结构信息不是很有价值吗，为什么我们要丢弃呢？因为这个数据集的分类任务比较简单，同时也是我们使用 TensorFlow 的第一次尝试，我们不需要建立一个太复杂的模型，所以简化了问题，丢弃空间结构的信息。后面的章节将使用卷积神经网络对空间结构信息进行利用，并取得更高的准确率。我们将图片展开成 1 维向量时，顺序并不重要，只要每一张图片都是用同样的顺序进行展开的就可以。

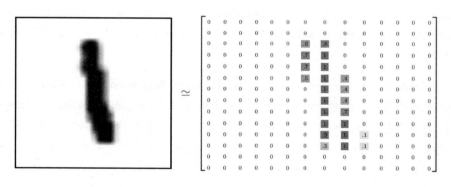

图 3-2　手写数字灰度信息示例

我们的训练数据的特征是一个 55000×784 的 Tensor，第一个维度是图片的编号，第二个维度是图片中像素点的编号，如图 3-3 所示。同时训练的数据 Label 是一个 55000×10 的 Tensor，如图 3-4 所示，这里是对 10 个种类进行了 one-hot 编码，Label 是一个 10 维的向量，只有 1 个值为 1，其余为 0。比如数字 0，对应的 Label 就是[1,0,0,0,0,0,0,0,0,0]，数字 5 对应的 Label 就是[0,0,0,0,0,1,0,0,0,0]，数字 n 就代表对应位置的值为 1。

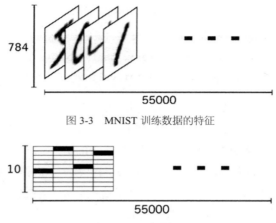

图 3-3　MNIST 训练数据的特征

图 3-4　MNIST 训练数据的 Label

　　准备好数据后，接下来就要设计算法了，这里使用一个叫作 Softmax Regression 的算法训练手写数字识别的分类模型。我们的数字都是 0~9 之间的，所以一共有 10 个类别，当我们的模型对一张图片进行预测时，Softmax Regression 会对每一种类别估算一个概率：比如预测是数字 3 的概率为 80%，是数字 5 的概率为 5%，最后取概率最大的那个数字作为模型的输出结果。

　　当我们处理多分类任务时，通常需要使用 Softmax Regression 模型。即使后面章节的卷积神经网络或者循环神经网络，如果是分类模型，最后一层也同样是 Softmax Regression。它的工作原理很简单，将可以判定为某类的特征相加，然后将这些特征转化为判定是这一类的概率。上述特征可以通过一些简单的方法得到，比如对所有像素求一个加权和，而权重是模型根据数据自动学习、训练出来的。比如某个像素的灰度值大代表很可能是数字 n 时，这个像素的权重就很大；反之，如果某个像素的灰度值大代表不太可能是数字 n 时，这个像素的权重就可能是负的。图 3-5 所示为这样的一些特征，其中明亮区域代表负的权重，灰暗区域代表正的权重。

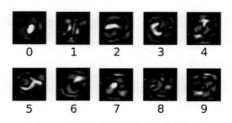

图 3-5　不同数字可能对应的特征权重

我们可以将这些特征写成如下公式：i 代表第 i 类，j 代表一张图片的第 j 个像素。b_i 是 bias，顾名思义就是这个数据本身的一些倾向，比如大部分数字都是 0，那么 0 的特征对应的 bias 就会很大。

$$\text{feature}_i = \sum_j W_{i,j} x_j + b_i$$

接下来对所有特征计算 softmax，结果如下。简单说就是都计算一个 exp 函数，然后再进行标准化（让所有类别输出的概率值和为 1）。

$$\text{softmax}(x) = \text{normalize}(\exp(x))$$

其中判定为第 i 类的概率就可由下面的公式得到。

$$\text{softmax}(x)_i = \frac{\exp(x_i)}{\sum_j \exp(x_j)}$$

我们先对各个类的特征求 exp 函数，然后对它们标准化，使得和为 1，特征的值越大的类，最后输出的概率也越大；反之，特征的值越小的类，输出的概率也越小。最后的标准化操作保证所有的概率没有为 0 或者为负数的，同时它们的和为 1，也满足了概率的分布。如果将整个计算过程可视化，结果如图 3-6 所示。

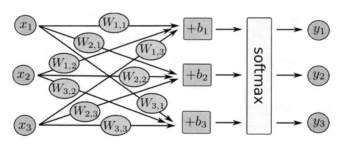

图 3-6　Softmax Regression 的流程

接着，如果将图 3-6 中的连线变成公式，结果如图 3-7 所示，最后将元素相乘变成矩阵乘法，结果如图 3-8 所示。

$$\begin{bmatrix} y_1 \\ y_2 \\ y_3 \end{bmatrix} = \text{softmax}\begin{pmatrix} W_{1,1}x_1 + W_{1,2}x_2 + W_{1,3}x_3 + b_1 \\ W_{2,1}x_1 + W_{2,2}x_2 + W_{2,3}x_3 + b_2 \\ W_{3,1}x_1 + W_{3,2}x_2 + W_{3,3}x_3 + b_3 \end{pmatrix}$$

图 3-7　Softmax Regression 元素乘法示例

$$\begin{bmatrix} y_1 \\ y_2 \\ y_3 \end{bmatrix} = \text{softmax}\left(\begin{bmatrix} W_{1,1} & W_{1,2} & W_{1,3} \\ W_{2,1} & W_{2,2} & W_{2,3} \\ W_{3,1} & W_{3,2} & W_{3,3} \end{bmatrix} \cdot \begin{bmatrix} x_1 \\ x_2 \\ x_3 \end{bmatrix} + \begin{bmatrix} b_1 \\ b_2 \\ b_3 \end{bmatrix} \right)$$

图 3-8　Softmax Regression 矩阵乘法示例

上述矩阵运算表达写成公式的话，可以用下面这样简洁的一行表达。

$$y = \text{softmax}(Wx + b)$$

接下来就使用 TensorFlow 实现一个 Softmax Regression。其实在 Python 中，当还没有 TensorFlow 时，通常使用 NumPy 做密集的运算操作。因为 NumPy 是使用 C 和一部分 fortran 语言编写的，并且调用 openblas、mkl 等矩阵运算库，因此效率很高。其中每一个运算操作的结果都要返回到 Python 中，但不同语言之间传输数据可能会带来比较大的延迟。TensorFlow 同样也把密集的复杂运算搬到 Python 外执行，不过做得更彻底。TensorFlow 通过定义一个计算图将所有的运算操作全部运行在 Python 外面，比如通过 C++运行在 CPU 上或者通过 CUDA 运行在 GPU 上，而不需要每次把运算完的数据传回 Python。

首先载入 TensorFlow 库，并创建一个新的 InteractiveSession，使用这个命令会将这个 session 注册为默认的 session，之后的运算也默认跑在这个 session 里，不同 session 之间的数据和运算应该都是相互独立的。接下来创建一个 Placeholder，即输入数据的地方。Placeholder 的第一个参数是数据类型，第二个参数[None, 784]代表 tensor 的 shape，也就是数据的尺寸，这里 None 代表不限条数的输入，784 代表每条输入是一个 784 维的向量。

```
import tensorflow as tf
sess = tf.InteractiveSession()
x = tf.placeholder(tf.float32, [None, 784])
```

接下来要给 Softmax Regression 模型中的 weights 和 biases 创建 Variable 对象，第 1 章中提到 Variable 是用来存储模型参数的。不同于存储数据的 tensor 一旦使用掉就会消失，Variable 在模型训练迭代中是持久化的（比如一直存放在显存中），它可以长期存在并且在每轮迭代中被更新。我们把 weights 和 biases 全部初始化为 0，因为模型训练时会自动学习合适的值，所以对这个简单模型来说初始值不太重要。不过对复杂的卷积网络、循环网络或者比较深的全连接网络，初始化的方法就比较重要，甚至可以说至关重要。注意这里 W 的 shape 是[784,10]，784 是特征的维数，而后面的 10 代表有 10 类，因为 Label 在 one-hot 编码后是 10 维的向量。

```
W = tf.Variable(tf.zeros([784, 10]))
b = tf.Variable(tf.zeros([10]))
```

接下来就要实现 Softmax Regression 算法，我们回忆一下上面提到的公式：$y = \text{softmax}(Wx + b)$。改写成 TensorFlow 的语言就是下面这行代码。

```
y = tf.nn.softmax(tf.matmul(x, W) + b)
```

Softmax 是 tf.nn 下面的一个函数，而 tf.nn 则包含了大量神经网络的组件，tf.matmul 是 TensorFlow 中的矩阵乘法函数。我们使用一行简单的代码就定义了 Softmax Regression，语法和直接写数学公式很像。然而 TensorFlow 最厉害的地方还不是定义公式，而是将 forward 和 backward 的内容都自动实现（无论 CPU 或是 GPU 上），只要接下来定义好 loss，训练时将会自动求导并进行梯度下降，完成对 Softmax Regression 模型参数的自动学习。

为了训练模型，我们需要定义一个 loss function 来描述模型对问题的分类精度。Loss 越小，代表模型的分类结果与真实值的偏差越小，也就是说模型越精确。我们一开始给模型填充了全零的参数，这样模型会有一个初始的 loss，而训练的目的是不断将这个 loss 减小，直到达到一个全局最优或者局部最优解。对多分类问题，通常使用 cross-entropy 作为 loss function。Cross-entropy 最早出自信息论（Information Theory）中的信息熵（与压缩比率等有关），然后被用到很多地方，包括通信、纠错码、博弈论、机器学习等。Cross-entropy 的定义如下，其中 y 是预测的概率分布，y' 是真实的概率分布（即 Label 的 one-hot 编码），通常可以用它来判断模型对真实概率分布估计的准确程度。

$$H_{y'}(y) = -\sum_i y'_i \log(y_i)$$

在 TensorFlow 中定义 cross-entropy 也很容易，代码如下。

```
y_ = tf.placeholder(tf.float32, [None, 10])
cross_entropy = tf.reduce_mean(-tf.reduce_sum(y_ * tf.log(y),
                                              reduction_indices=[1]))
```

先定义一个 placeholder，输入是真实的 label，用来计算 cross-entropy。这里的 y_ * tf.log(y) 也就是前面公式中的 $y'_i \log(y_i)$，tf.reduce_sum 也就是求和的 $\sum$，而 tf.reduce_mean 则用来对每个 batch 数据结果求均值。

现在我们有了算法 Softmax Regression 的定义，又有了损失函数 cross-entropy 的定义，只需要再定义一个优化算法即可开始训练。我们采用常见的随机梯度下降 SGD（Stochastic Gradient Descent）。定义好优化算法后，TensorFlow 就可以根据我们定义的整个计算图（我们前面定义的各个公式已经自动构成了计算图）自动求导，并根据反向传播（Back Propagation）算法进行训练，在每一轮迭代时更新参数来减小 loss。在后台 TensorFlow 会自动添加许多运算操作（Operation）来实现刚才提到的反向传播和梯度下降，而给我们提供的就是一个封装好的优化器，只需要每轮迭代时 feed 数据给它就好。我们直接调用 tf.train.GradientDescentOptimizer，并设置学习速率为 0.5，优化目标设定为 cross-entropy，得到进行训练的操作 train_step。当然，TensorFlow 中也有很多其他的优化器，使用起来也非常方便，只需要修改函数名即可。

```
train_step = tf.train.GradientDescentOptimizer(0.5).minimize(cross_entropy)
```

下一步使用 TensorFlow 的全局参数初始化器 tf.global_variables_initializer，并直接执行它的 run 方法。

```
tf.global_variables_initializer().run()
```

最后一步，我们开始迭代地执行训练操作 train_step。这里每次都随机从训练集中抽取 100 条样本构成一个 mini-batch，并 feed 给 placeholder，然后调用 train_step 对这些样本进行训练。使用一小部分样本进行训练称为随机梯度下降，与每次使用全部样本的传统的梯度下降对应。如果每次训练都使用全部样本，计算量太大，有时也不容易跳出局部最优。因此，对于大部分机器学习问题，我们都只使用一小部分数据进行随机梯度下降，这种做法绝大多数时候会比全样本训练的收敛速度快很多。

```
for i in range(1000):
    batch_xs, batch_ys = mnist.train.next_batch(100)
    train_step.run({x: batch_xs, y_: batch_ys})
```

现在我们已经完成了训练，接下来就可以对模型的准确率进行验证。下面代码中的 tf.argmax 是从一个 tensor 中寻找最大值的序号，tf.argmax(y, 1)就是求各个预测的数字中概率最大的那一个，而 tf.argmax(y_, 1)则是找样本的真实数字类别。而 tf.equal 方法则用来判断预测的数字类别是否就是正确的类别，最后返回计算分类是否正确的操作 correct_prediction。

```
correct_prediction = tf.equal(tf.argmax(y, 1), tf.argmax(y_, 1))
```

我们统计全部样本预测的 accuracy，这里需要先用 tf.cast 将之前 correct_prediction 输出的 bool 值转换为 float32，再求平均。

```
accuracy = tf.reduce_mean(tf.cast(correct_prediction, tf.float32))
```

我们将测试数据的特征和 Label 输入评测流程 accuracy，计算模型在测试集上的准确率，再将结果打印出来。使用 Softmax Regression 对 MNIST 数据进行分类识别，在测试集上平均准确率可达 92%左右。

```
print(accuracy.eval({x: mnist.test.images, y_: mnist.test.labels}))
```

通过上面的这个简单例子，我们使用 TensorFlow 实现了一个简单的机器学习算法 Softmax Regression，这可以算作是一个没有隐含层的最浅的神经网络。我们来回忆一下整个流程，我们做的事情可以分为 4 个部分。

（1）定义算法公式，也就是神经网络 forward 时的计算。

（2）定义 loss，选定优化器，并指定优化器优化 loss。

（3）迭代地对数据进行训练。

（4）在测试集或验证集上对准确率进行评测。

这几个步骤是我们使用 TensorFlow 进行算法设计、训练的核心步骤，也将会贯穿之后其他类型神经网络的章节。需要注意的是，TensorFlow 和 Spark 类似，我们定义的各个公式其实只是 Computation Graph，在执行这行代码时，计算还没有实际发生，只有等调用 run 方法，并 feed 数据时计算才真正执行。比如 cross_entropy、train_step、accuracy 等都是计算图中的节点，而并不是数据结果，我可以通过调用 run 方法执行这些节点或者说运算操作来获取结果。

我们再来看看 Softmax Regression 达到的效果，准确率为 92%，虽然是一个还不错的数字，但是还达不到实用的程度。手写数字的识别的主要应用场景是识别银行支票，如果准确率不够高，可能会引起严重的后果。后面我们将讲解使用多层感知机和卷积网络，来解决 MNIST 手写数字识别问题的方法。事实上，MNIST 数字识别也算是卷积神经网络的首个经典应用，LeCun 的 LeNet5 在 20 世纪 90 年代就已经提出，而且可以达到 99%的准确率，可以说是领先时代的重大突破。可惜后面因为计算能力制约，卷积神经网络的研究一直没有太大突破，神经网络也一度被 SVM 等超越而陷入低谷。在 20 世纪初的很多年里，神经网络几乎被大家遗忘，相关研究一直不受重视，这一段是深度学习的一次冰期（神经网络的研究一共有三次大起大落）。2006 年，Hinton 等人提出逐层预训练来初始化权重的方法及利用多层 RBM 堆叠的神经网络 DBN，神经网络才逐渐重回大家视野。Hinton 揭示了神经网络的最大价值在于对特征的自动提取和抽象，它免去了人工提取特征的烦琐，可以自动找出复杂且有效的高阶特征。这一点类似人的学习过程，先理解简单概念，再逐渐递进到复杂概念，神经网络每加深一层，可以提取的特征就更抽象。随着 2012 年 Hinton 学生的研究成果 AlexNet 以巨大优势摘得了当年 ImageNet ILSVRC 比赛的第一名，深度学习的热潮被再次点燃。ImageNet 是一个非常著名的图片数据集，大致有几百万张图片和 1000 类（大部分是动物，约有几百类的动物）。官方会每年举办一次大型的比赛，有图片分类、目标位置检测、视频检测、图像分割等任务。在此之前，参赛读物都是做特征工程，然后使用 SVM 等模型进行分类。而 AlexNet 夺冠后，每一年 ImageNet ILSVRC 的冠军都是依靠深度学习、卷积神经网络，而且趋势是层数越深，效果越好。2015 年，微软研究院提出的 ResNet 甚至达到惊人的 152 层深，并在分类准确率上有了突破性的进展。至此，深度学习在复杂机器学习任务上的巨大优势正式确立，现在基本在任何问题上，仔细设计的神经网络都可以取得比其他算法更好的准确率和泛化性，前提是有足够多的数据。

接下来的章节，我们会继续使用其他算法在 MNIST 数据集上进行训练，事实上，现在的 Softmax Regression 加入隐含层变成一个正统的神经网络后，再结合 Dropout、Adagrad、ReLU 等技术准确率就可以达到 98%。引入卷积层、池化层后，也可以达到 99% 的正确率。而目前基于卷积神经网络的 state-of-the-art 的方法已经可以达到 99.8% 的正确率。

4

TensorFlow 实现自编码器及多层感知机

4.1 自编码器简介

传统机器学习任务很大程度上依赖于好的特征工程,比如对数值型、日期时间型、种类型等特征的提取。特征工程往往是非常耗时耗力的,在图像、语音和视频中提取到有效的特征就更难了,工程师必须在这些领域有非常深入的理解,并且使用专业算法提取这些数据的特征。深度学习则可以解决人工难以提取有效特征的问题,它可以大大缓解机器学习模型对特征工程的依赖。深度学习在早期一度被认为是一种无监督的特征学习(Unsupervised Feature Learning),模仿了人脑的对特征逐层抽象提取的过程。这其中有两点很重要:一是无监督学习,即我们不需要标注数据就可以对数据进行一定程度的学习,这种学习是对数据内容的组织形式的学习,提取的是频繁出现的特征;二是逐层抽象,特征是需要不断抽象的,就像人总是从简单基础的概念开始学习,再到复杂的概念。学生们要从加减乘除开始学起,再到简单函数,然后到微积分,深度学习也是一样,它从简单的微观的特征开始,不断抽象特征的层级,逐渐往复杂的宏观特征转变。

例如在图像识别问题中,假定我们有许多汽车的图片,要如何判定这些图片是汽车呢?

如果我们从像素级特征开始进行训练分类器，那么绝大多数算法很难有效地工作。如果我们提取出高阶的特征，比如汽车的车轮、汽车的车窗、汽车的车身，那么使用这些高阶特征便可以非常准确地对图片进行分类，这就是高阶特征的效果。不过任何高阶特征都是由底层特征组合而成的，比如车轮由橡胶轮胎、车轴、轮辐等组成。而其中每一个组件都是由更小单位的特征组合而成的，比如橡胶轮胎由许多黑色的同心圆组成，而这些同心圆也都由许多圆弧曲线组成，圆弧曲线都由像素组成。我们将前面的过程逆过来，将一张图片的原始像素慢慢抽象，从像素组成点、线，再将点、线组合成小零件，再将小零件组成车轮、车窗、车身等高阶特别，这便是深度学习在训练过程中所做的特征学习。

早年由学者们研究稀疏编码（Sparse Coding）时，他们收集了大量黑白风景照，并从中提取了许多 16 像素×16 像素的图像碎片。他们发现几乎所有的图像碎片都可以由 64 种正交的边组合得到，如图 4-1 所示，并且组合出一张图像碎片需要的边的数量是很少的，即稀疏的。学者同时发现声音也存在这种情况，他们从大量的未标注音频中发现了 20 种基本结构，绝大多数声音可以由这些基本结构线性组合得到。这其实就是特征的稀疏表达，使用少量的基本特征组合拼装得到更高层抽象的特征。通常我们也需要多层的神经网络，对每一层神经网络来说，前一层的输出都是未加工的像素，而这一层则是对像素进行加工组织成更高阶的特征（即前面提到的将边组合成图像碎片）。

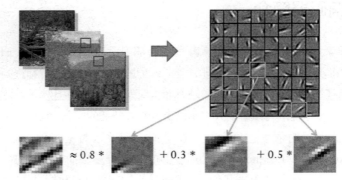

$[a_1, ..., a_{64}] = [0, 0, ..., 0, \mathbf{0.8}, 0, ..., 0, \mathbf{0.3}, 0, ..., 0, \mathbf{0.5}, 0]$
(feature representation)

图 4-1　图像碎片可由少量的基本结构稀疏表达

我们来看一下实际的例子。假如我们有许多基本结构，比如指向各个方向的边、白块、黑块等，如图 4-2 所示，我们可以通过不同方式组合出不同的高阶特征，并最终拼出不同的目标物体。这些基本结构就是 basis，在人脸识别任务中，我们可以使用它们拼出人脸的不同器官，比如鼻子、嘴、眼睛、眉毛、脸颊等，这些器官又可以向上一层拼出不同样式的人脸，最后模型通过在图片中匹配这些不同样式的人脸（即高阶特征）来进行识别。同样，basis 可以拼出汽车上不同的组件，最终拼出各式各样的车型；也可以拼出大象身体的不同部位，最后组成各种尺寸、品种、颜色的大象；还可以拼出椅子的凳、座、靠背等，最后组成不同款式的椅子。特征是可以不断抽象转为高一级的特征的，那我们如何找到这些基本结构，然后如何抽象呢？如果我们有很多标注的数据，则可以训练一个深层的神经网络。如果没有标注的数据呢？这种情况下，我们依然可以使用无监督的自编码器来提取特征。自编码器（AutoEncoder），顾名思义，即可以使用自身的高阶特征编码自己。自编码器其实也是一种神经网络，它的输入和输出是一致的，它借助稀疏编码的思想，目标是使用稀疏的一些高阶特征重新组合来重构自己。因此，它的特点非常明显：第一，期望输入/输出一致；第二，希望使用高阶特征来重构自己，而不只是复制像素点。

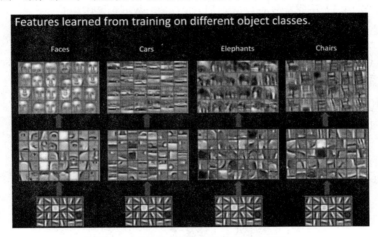

图 4-2　由基本结构不断抽象为高阶特征

Hinton 教授在 *Science* 发表文章 *Reducing the dimensionality of data with neural networks*[23]，讲解了使用自编码器对数据进行降维的方法。Hinton 还提出了基于深度信念网络（Deep Belief Networks[24]，DBN，由多层 RBM 堆叠而成）可使用无监督的逐层训练的贪心算法，为训练很深的网络提供了一个可行方案：我们可能很难直接训练极深的网络，但是可以用无监督的逐层训练提取特征，将网络的权重初始化到一个比较好的位置，辅助后面的监督训练。无监督的逐层训练，其思想和自编码器（AutoEncoder）非常相似。后者的目标是让神经网络的输出能和原始输入一致，相当于学习一个恒等式 $y = x$，如图 4-3 所示。自编码器的输入节点和输出节点的数量是一致的，但如果只是单纯地逐个复制输入节点则没有意义,像前面提到的,自编码器通常希望使用少量稀疏的高阶特征来重构输入,所以我们可以加入几种限制。

(1)如果限制中间隐含层节点的数量,比如让中间隐含层节点的数量小于输入/输出节点的数量,就相当于一个降维的过程。此时已经不可能出现复制所有节点的情况,因为中间节点数小于输入节点数,那只能学习数据中最重要的特征复原,将可能不太相关的内容去除。此时,如果再给中间隐含层的权重加一个 L1 的正则,则可以根据惩罚系数控制隐含节点的稀疏程度,惩罚系数越大,学到的特征组合越稀疏,实际使用(非零权重)的特征数量越少。

(2)如果给数据加入噪声,那么就是 Denoising AutoEncoder(去噪自编码器),我们将从噪声中学习出数据的特征。同样,我们也不可能完全复制节点,完全复制并不能去除我们添加的噪声,无法完全复原数据。所以唯有学习数据频繁出现的模式和结构,将无规律的噪声略去,才可以复原数据。

去噪自编码器中最常使用的噪声是加性高斯噪声(Additive Gaussian Noise,AGN),其结构如图 4-3 所示。当然也可以使用 Masking Noise,即有随机遮挡的噪声,这种情况下,图像中的一部分像素被置为 0,模型需要从其他像素的结构推测出这些被遮挡的像素是什么,因此模型依然需要学习图像中抽象的高阶特征。

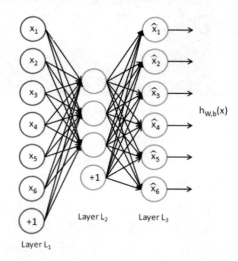

图 4-3　自编码器结构图,学习目标是使用少量高阶特征重构输入

如果自编码器的隐含层只有一层,那么其原理类似于主成分分析(PCA)。Hinton 提

出的 DBN 模型有多个隐含层，每个隐含层都是限制性玻尔兹曼机 RBM（Restricted Boltzman Machine，一种具有特殊连接分布的神经网络）。DBN 训练时，需要先对每两层间进行无监督的预训练（pre-training），这个过程其实就相当于一个多层的自编码器，可以将整个网络的权重初始化到一个理想的分布。最后，通过反向传播算法调整模型权重，这个步骤会使用经过标注的信息来做监督性的分类训练。当年 DBN 给训练深层的神经网络提供了可能性，它能解决网络过深带来的梯度弥散（Gradient Vanishment）问题，让训练变得容易。简单地说，Hinton 的思路就是先用自编码器的方法进行无监督的预训练，提取特征并初始化权重，然后使用标注信息进行监督式的训练。当然自编码器的作用不仅局限于给监督训练做预训练，直接使用自编码器进行特征提取和分析也是可以的。现实中数据最多的还是未标注的数据，因此自编码器拥有许多用武之地。

4.2　TensorFlow 实现自编码器

下面我们就开始实现最具代表性的去噪自编码器。去噪自编码器的使用范围最广也最通用。而其他几种自编码器，读者可以对代码加以修改自行实现，其中无噪声的自编码器只需要去掉噪声，并保证隐含层节点小于输入层节点；Masking Noise 的自编码器只需要将高斯噪声改为随机遮挡噪声；Variational AutoEncoder（VAE）则相对复杂，VAE 对中间节点的分布有强假设，拥有额外的损失项，且会使用特殊的 SGVB（Stochastic Gradient Variational Bayes）算法进行训练。目前 VAE 还在生成模型中发挥了很大的作用。

这里我们依然是先导入常用库 NumPy，还有 Scikit-learn 中的 preprocessing 模块，这是一个对数据进行预处理的常用模块，之后我们会使用其中的数据标准化功能。同时本节依然使用 MNIST 数据集，因此也导入 TensorFlow 中 MNIST 数据的加载模块。本节代码主要来自 TensorFlow 的开源实现 [25]。

```
import numpy as np
import sklearn.preprocessing as prep
import tensorflow as tf
from tensorflow.examples.tutorials.mnist import input_data
```

我们的自编码器中会使用到一种参数初始化方法 xavier initialization[26]，需要先定义好它。Xavier 初始化器在 Caffe 的早期版本中被频繁使用，它的特点是会根据某一层网络的输入、输出节点数量自动调整最合适的分布。Xaiver Glorot 和深度学习三巨头之一的

Yoshua Bengio 在一篇论文中指出，如果深度学习模型的权重初始化得太小，那信号将在每层间传递时逐渐缩小而难以产生作用，但如果权重初始化得太大，那信号将在每层间传递时逐渐放大并导致发散和失效。而 Xaiver 初始化器做的事情就是让权重被初始化得不大不小，正好合适。从数学的角度分析，Xavier 就是让权重满足 0 均值，同时方差为 $\frac{2}{n_{in}+n_{out}}$，分布可以以用均匀分布或者高斯分布。如下代码所示，我们通过 tf.random_uniform 创建了一个 $\left(-\sqrt{\frac{6}{n_{in}+n_{out}}}, \sqrt{\frac{6}{n_{in}+n_{out}}}\right)$ 范围内的均匀分布，而它的方差根据公式 $D(x) = (max - min)^2/12$ 刚好等于 $\frac{2}{n_{in}+n_{out}}$。因此，这里实现的就是标准的均匀分布的 Xaiver 初始化器，其中 fan_in 是输入节点的数量，fan_out 是输出节点的数量。

```python
def xavier_init(fan_in, fan_out, constant = 1):
    low = -constant * np.sqrt(6.0 / (fan_in + fan_out))
    high = constant * np.sqrt(6.0 / (fan_in + fan_out))
    return tf.random_uniform((fan_in, fan_out),
                             minval = low, maxval = high,
                             dtype = tf.float32)
```

下面我们就开始定义一个去噪自编码的 class，方便以后使用。这个类会包含一个构建函数__init__()，还有一些常用的成员函数，因此会比较长，下面会分为几个代码段讲解，我们先来看构建函数。

__init__ 函数包含这样几个输入：n_input（输入变量数）、n_hidden（隐含层节点数）、transfer_function（隐含层激活函数，默认为 softplus）、optimizer（优化器，默认为 Adam）、scale（高斯噪声系数，默认为 0.1）。其中，class 内的 scale 参数做成了一个 placeholder，参数初始化则使用了接下来定义的_initialize_weights 函数。这里需要注意的是，我们只使用了一个隐含层，有需要的读者可以自行尝试多添加几个隐含层。

```python
class AdditiveGaussianNoiseAutoencoder(object):
    def __init__(self, n_input, n_hidden, transfer_function=tf.nn.softplus,
                 optimizer = tf.train.AdamOptimizer(), scale=0.1):
        self.n_input = n_input
        self.n_hidden = n_hidden
        self.transfer = transfer_function
        self.scale = tf.placeholder(tf.float32)
        self.training_scale = scale
```

```
network_weights = self._initialize_weights()
self.weights = network_weights
```

接下来开始定义网络结构，我们为输入 x 创建一个维度为 n_input 的 placeholder。然后建立一个能提取特征的隐含层，我们先将输入 x 加上噪声，即 self.x + scale * tf.random_normal((n_input,))，然后用 tf.matmul 将加了噪声的输入与隐含层的权重 w1 相乘，并使用 tf.add 加上隐含层的偏置 b1，最后使用 self.transfer 对结果进行激活函数处理。经过隐含层后，我们需要在输出层进行数据复原、重建操作（即建立 reconstruction 层），这里我们就不需要激活函数了，直接将隐含层的输出 self.hidden 乘上输出层的权重 w2，再加上输出层的偏置 b2 即可。

```
self.x = tf.placeholder(tf.float32, [None, self.n_input])
self.hidden = self.transfer(tf.add(tf.matmul(
                    self.x + scale * tf.random_normal((n_input,)),
                    self.weights['w1']), self.weights['b1']))
self.reconstruction = tf.add(tf.matmul(self.hidden,
                            self.weights['w2']), self.weights['b2'])
```

接下来定义自编码器的损失函数，这里直接使用平方误差（Squared Error）作为 cost，即用 tf.subtract 计算输出（self.reconstruction）与输入（self.x）之差，再使用 tf.pow 求差的平方，最后使用 tf.reduce_sum 求和即可得到平方误差。再定义训练操作为优化器 self.optimizer 对损失 self.cost 进行优化。最后创建 Session，并初始化自编码器的全部模型参数。

```
self.cost = 0.5 * tf.reduce_sum(tf.pow(tf.subtract(
                        self.reconstruction, self.x), 2.0))
self.optimizer = optimizer.minimize(self.cost)


init = tf.global_variables_initializer()
self.sess = tf.Session()
self.sess.run(init)
```

下面来看一下参数初始化函数_initialize_weights，先创建一个名为 all_weights 的字典 dict，然后将 w1、b1、w2、b2 全部存入其中，最后返回 all_weights。其中 w1 需要使用前面定义的 xavier_init 函数初始化，我们直接传入输入节点数和隐含层节点数，然后 xavier

即可返回一个比较适合于 softplus 等激活函数的权重初始分布，而偏置 b1 只需要使用 tf.zeros 全部置为 0 即可。对于输出层 self.reconstruction，因为没有使用激活函数，这里将 w2、b2 全部初始化为 0 即可。

```
def _initialize_weights(self):
    all_weights = dict()
    all_weights['w1'] = tf.Variable(xavier_init(self.n_input,
                                                 self.n_hidden))
    all_weights['b1'] = tf.Variable(tf.zeros([self.n_hidden],
                                              dtype = tf.float32))
    all_weights['w2'] = tf.Variable(tf.zeros([self.n_hidden,
                        self.n_input], dtype = tf.float32))
    all_weights['b2'] = tf.Variable(tf.zeros([self.n_input],
                                              dtype = tf.float32))
    return all_weights
```

我们定义计算损失 cost 及执行一步训练的函数 partial_fit。函数里只需让 Session 执行两个计算图的节点，分别是损失 cost 和训练过程 optimizer，输入的 feed_dict 包括输入数据 x，以及噪声的系数 scale。函数 partial_fit 做的就是用一个 batch 数据进行训练并返回当前的损失 cost。

```
def partial_fit(self, X):
    cost, opt = self.sess.run((self.cost, self.optimizer),
        feed_dict = {self.x: X, self.scale: self.training_scale})
    return cost
```

我们也需要一个只求损失 cost 的函数 calc_total_cost，这里就只让 Session 执行一个计算图节点 self.cost，传入的参数和前面的 partial_fit 一致。这个函数是在自编码器训练完毕后，在测试集上对模型性能进行评测时会用到的，它不会像 partial_fit 那样触发训练操作。

```
def calc_total_cost(self, X):
    return self.sess.run(self.cost, feed_dict = {self.x: X,
        self.scale: self.training_scale
    })
```

我们还定义了 transform 函数，它返回自编码器隐含层的输出结果。它的目的是提供一个接口来获取抽象后的特征,自编码器的隐含层的最主要功能就是学习出数据中的高阶特征。

```
def transform(self, X):
    return self.sess.run(self.hidden, feed_dict = {self.x: X,
        self.scale: self.training_scale
    })
```

我们再定义 generate 函数,它将隐含层的输出结果作为输入,通过之后的重建层将提取到的高阶特征复原为原始数据。这个接口和前面的 transform 正好将整个自编码器拆分为两部分,这里的 generate 接口是后半部分,将高阶特征复原为原始数据的步骤。

```
def generate(self, hidden = None):
    if hidden is None:
        hidden = np.random.normal(size = self.weights["b1"])
    return self.sess.run(self.reconstruction,
                    feed_dict = {self.hidden: hidden})
```

接下来定义 reconstruct 函数,它整体运行一遍复原过程,包括提取高阶特征和通过高阶特征复原数据,即包括 transform 和 generate 两块。输入数据是原数据,输出数据是复原后的数据。

```
def reconstruct(self, X):
    return self.sess.run(self.reconstruction, feed_dict = {self.x: X,
        self.scale: self.training_scale
    })
```

这里的 getWeights 函数作用是获取隐含层的权重 w1。

```
def getWeights(self):
    return self.sess.run(self.weights['w1'])
```

而 getBiases 函数则是获取隐含层的偏置系数 b1。

```
def getBiases(self):
    return self.sess.run(self.weights['b1'])
```

至此,去噪自编码器的 class 就全部定义完了,包括神经网络的设计、权重的初始化,以及几个常用的成员函数（transform、generate 等，他们属于计算图中的子图）。接下来使用定义好的 AGN 自编码器在 MNIST 数据集上进行一些简单的性能测试，看看模型对数据的复原效果究竟如何。

接下来依然使用 TensorFlow 提供的读取示例数据的函数载入 MNIST 数据集。

```
mnist = input_data.read_data_sets('MNIST_data', one_hot = True)
```

先定义一个对训练、测试数据进行标准化处理的函数。标准化即让数据变成 0 均值，且标准差为 1 的分布。方法就是先减去均值，再除以标准差。我们直接使用 sklearn.preprossing 的 StandardScaler 这个类，先在训练集上进行 fit，再将这个 Scaler 用到训练数据和测试数据上。这里需要注意的是，必须保证训练、测试数据都使用完全相同的 Scaler，这样才能保证后面模型处理数据时的一致性，这也就是为什么先在训练数据上 fit 出一个共用的 Scaler 的原因。

```
def standard_scale(X_train, X_test):
    preprocessor = prep.StandardScaler().fit(X_train)
    X_train = preprocessor.transform(X_train)
    X_test = preprocessor.transform(X_test)
    return X_train, X_test
```

再定义一个获取随机 block 数据的函数：取一个从 0 到 len(data) − batch_size 之间的随机整数，再以这个随机数作为 block 的起始位置，然后顺序取到一个 batch size 的数据。需要注意的是，这属于不放回抽样，可以提高数据的利用效率。

```
def get_random_block_from_data(data, batch_size):
    start_index = np.random.randint(0, len(data) - batch_size)
    return data[start_index:(start_index + batch_size)]
```

使用之前定义的 standard_scale 函数对训练集、测试集进行标准化变换。

```
X_train, X_test = standard_scale(mnist.train.images, mnist.test.images)
```

接下来定义几个常用参数，总训练样本数，最大训练的轮数（epoch）设为 20，batch_size 设为 128，并设置每隔一轮（epoch）就显示一次损失 cost。

```
n_samples = int(mnist.train.num_examples)
training_epochs = 20
```

```
batch_size = 128
display_step = 1
```

创建一个 AGN 自编码器的实例，定义模型输入节点数 n_input 为 784，自编码器的隐含层节点数 n_hidden 为 200，隐含层的激活函数 transfer_function 为 softplus，优化器 optimizer 为 Adam 且学习速率为 0.001，同时将噪声的系数 scale 设为 0.01。

```
autoencoder = AdditiveGaussianNoiseAutoencoder(n_input = 784,
                n_hidden = 200,
                transfer_function = tf.nn.softplus,
                optimizer = tf.train.AdamOptimizer(learning_rate = 0.001),
                scale = 0.01)
```

下面开始训练过程，在每一轮（epoch）循环开始时，我们将平均损失 avg_cost 设为 0，并计算总共需要的 batch 数（通过样本总数除以 batch 大小），注意这里使用的是不放回抽样，所以并不能保证每个样本都被抽到并参与训练。然后在每一个 batch 的循环中，先使用 get_random_block_from_data 函数随机抽取一个 block 的数据，然后使用成员函数 partial_fit 训练这个 batch 的数据并计算当前的 cost，最后将当前的 cost 整合到 avg_cost 中。在每一轮迭代后，显示当前的迭代数和这一轮迭代的平均 cost。我们在第一轮迭代时，cost 大约为 19000，在最后一轮迭代时，cost 大约为 7000，再接着训练 cost 也很难继续降低了。读者如果感兴趣，可以通过调整 batch_size、epoch 数、优化器、自编码器的隐含层数、隐含节点数等，来尝试获得更低的 cost。

```
for epoch in range(training_epochs):
    avg_cost = 0.
    total_batch = int(n_samples / batch_size)
    for i in range(total_batch):
        batch_xs = get_random_block_from_data(X_train, batch_size)

        cost = autoencoder.partial_fit(batch_xs)
        avg_cost += cost / n_samples * batch_size

    if epoch % display_step == 0:
        print("Epoch:", '%04d' % (epoch + 1), "cost=",
            "{:.9f}".format(avg_cost))
```

最后对训练完的模型进行性能测试，这里使用之前定义的成员函数 cal_total_cost 对测试集 X_test 进行测试，评价指标依然是平方误差，如果使用示例中的参数，损失值约为 60 万。

```
print("Total cost: " + str(autoencoder.calc_total_cost(X_test)))
```

至此，去噪自编码器的 TensorFlow 实现就全部结束了。读者可以发现，实现自编码器和实现一个单隐含层的神经网络差不多，只不过是在数据输入时做了标准化，并加上了一个高斯噪声，同时我们的输出结果不是数字分类结果，而是复原的数据，因此不需要用标注过的数据进行监督训练。自编码器作为一种无监督学习的方法，它与其他无监督学习的主要不同在于，它不是对数据进行聚类，而是提取其中最有用、最频繁出现的高阶特征，根据这些高阶特征重构数据。在深度学习发展早期非常流行的 DBN，也是依靠这种思想，先对数据进行无监督的学习，提取到一些有用的特征，将神经网络权重初始化到一个较好的分布，然后再使用有标注的数据进行监督训练，即对权重进行 fine-tune。

现在，无监督式预训练的使用场景比以前少了许多，训练全连接的 MLP 或者 CNN、RNN 时，我们都不需要先使用无监督训练提取特征。但是无监督学习乃至 AutoEncoder 依然是非常有用的。现实生活中，大部分的数据都是没有标注信息的，但人脑就很擅长处理这些数据，我们会提取其中的高阶抽象特征，并使用在其他地方。自编码器作为深度学习在无监督领域的尝试是非常成功的，同时无监督学习也将是深度学习接下来的一个重要发展方向。

4.3 多层感知机简介

在第 3 章中我们使用 TensorFlow 实现了一个简单的 Softmax Regression 模型，这个线性模型最大的特点就是简单易用，但是拟合能力不强。Softmax Regression 可以算是多分类问题 logistic regression，它和传统意义上的神经网络的最大区别是没有隐含层。隐含层是神经网络的一个重要概念，它是指除输入、输出层外，中间的那些层。输入层和输出层是对外可见的，因此也被称作可视层，而中间层不直接暴露出来，是模型的黑箱部分，通常也比较难具有可解释性，所以一般被称作隐含层。有了隐含层，神经网络就具有了一些特殊的属性，比如引入非线性的隐含层后，理论上只要隐含节点足够多，即使只有一个隐含层的神经网络也可以拟合任意函数。同时隐含层越多，越容易拟合复杂函数。有理论研究表明，为了拟合复杂函数需要的隐含节点的数目，基本上随着隐含层的数量增多呈指数下降趋势。也就是说层数越多，神经网络所需要的隐含节点可以越少。这也是深度学习的特点之一，层数越深，概念越抽象，需要背诵的知识点（神经网络隐含节点）就越少。不过实际使用中，使用层数较深的神经网络会遇到许多困难，比如容易过拟合、参数难以调试、梯度弥散，等等。对这些问题我们需要很多 Trick 来解决，在最近几年的研究中，越来越多的方法，比如 Dropout[27]、Adagrad[28]、ReLU[29] 等，逐渐帮助我们解决了一部分问题。

　　过拟合是机器学习中一个常见的问题，它是指模型预测准确率在训练集上升高，但是在测试集上反而下降了，这通常意味着泛化性不好，模型只是记忆了当前数据的特征，不具备推广能力。尤其在神经网络中，因为参数众多，经常出现参数比数据还要多的情况，这就非常容易出现只是记忆了训练集特征的情况。为了解决这个问题，Hinton 教授团队提出了一个思路简单但是非常有效的方法，Dropout。在使用复杂的卷积神经网络训练图像数据时尤其有效，它的大致思路是在训练时，将神经网络某一层的输出节点数据随机丢弃一部分。我们可以理解成随机把一张图片 50%的点删除掉（即随机将 50%的点变成黑点），此时人还是很可能识别出这张图片的类别，当然机器也是可以的。这种做法实质上等于创造出了很多新的随机样本，通过增大样本量、减少特征数量来防止过拟合。Dropout其实也算是一种 bagging 方法，我们可以理解成每次丢弃节点数据是对特征的一种采样。相当于我们训练了一个 ensemble 的神经网络模型，对每个样本都做特征采样，只不过没有训练多个神经网络模型，只有一个融合的神经网络。

　　参数难以调试是神经网络的另一大痛点，尤其是 SGD 的参数，对 SGD 设置不同的学习速率，最后得到的结果可能差异巨大。神经网络通常不是一个凸优化的问题，它处处充满了局部最优。SGD 本身也不是一个比较稳定的算法，结果可能会在最优解附近波动，而不同的学习速率可能导致神经网络落入截然不同的局部最优之中。不过，通常我们也并不指望能达到全局最优，有理论表示，神经网络可能有很多个局部最优解都可以达到比较好的分类效果，而全局最优反而容易是过拟合的解。我们也可以从人来类推，不同的人有各自迥异的脑神经连接，没有两个人的神经连接方式能完全一致，就像没有两个人的见解能完全相同，但是每个人的脑神经网络（局部最优解）对识别图片中物体类别都有很不错的效果。对 SGD，一开始我们可能希望学习速率大一些，可以加速收敛，但是训练的后期又希望学习速率可以小一些，这样可以比较稳定地落入一个局部最优解。不同的机器学习问题所需要的学习速率也不太好设置，需要反复调试，因此就有像 Adagrad、Adam[30]、Adadelta[31] 等自适应的方法可以减轻调试参数的负担。对于这些优化算法，通常我们使用它默认的参数设置就可以取得一个比较好的效果。而 SGD 则需要对学习速率、Momentum[32]、Nesterov[33] 等参数进行比较复杂的调试，当调试的参数较为适合问题时，才能达到比较好的效果。

梯度弥散（Gradient Vanishment）是另一个影响深层神经网络训练的问题，在 ReLU 激活函数出现之前，神经网络训练全部都是用 Sigmoid 作为激活函数。这可能是因为 Sigmoid 函数具有限制性，输出数值在 0～1，最符合概率输出的定义。非线性的 Sigmoid 函数在信号的特征空间映射上，对中央区的信号增益较大，对两侧区的信号增益小。从生物神经科学的角度来看，中央区酷似神经元的兴奋态，两侧区酷似神经元的抑制态。因而在神经网络训练时，可以将重要特征置于中央区，将非重要特征置于两侧区。可以说，Sigmoid 比最初期的线性激活函数 $y = x$，阶梯激活函数 $y = \begin{cases} -1 & (x<0) \\ 1 & (x\geqslant0) \end{cases}$ 和 $y = \begin{cases} 0 & (x<0) \\ 1 & (x\geqslant0) \end{cases}$ 好了不少。但是当神经网络层数较多时，Sigmoid 函数在反向传播中梯度值会逐渐减小，经过多层的传递后会呈指数级急剧减小，因此梯度值在传递到前面几层时就变得非常小了。这种情况下，根据训练数据的反馈来更新神经网络的参数将会非常缓慢，基本起不到训练的作用。直到 ReLU 的出现，才比较完美地解决了梯度弥散的问题。ReLU 是一个简单的非线性函数 $y = \max(0, x)$，它在坐标轴上是一条折线（如图 4-4(B) 所示），当 $x\leqslant0$ 时，$y = 0$；当 $x > 0$ 时，$y = x$，非常类似于人脑的阈值响应机制（如图 4-4(A) 所示）。信号在超过某个阈值时，神经元才会进入兴奋和激活的状态，平时则处于抑制状态。ReLU 可以很好地传递梯度，经过多层的反向传播，梯度依旧不会大幅缩小，因此非常适合训练很深的神经网络。ReLU 从正面解决了梯度弥散的问题，而不需要通过无监督的逐层训练初始化权重来绕行。ReLU 对比 Sigmoid 的主要变化有如下 3 点。

（1）单侧抑制。

（2）相对宽阔的兴奋边界。

（3）稀疏激活性。

神经科学家在进行大脑能量消耗的研究中发现，神经元编码的工作方式具有稀疏性，推测大脑同时被激活的神经元只有 1%～4%。神经元只会对输入信号有少部分的选择性响应，大量不相关的信号被屏蔽，这样可以更高效地提取重要特征。传统的 Sigmoid 函数则有接近一半的神经元被激活，不符合神经科学的研究。Softplus 虽然有单侧抑制，却没有稀疏激活性，因而 ReLU 函数 max(0,x) 成了最符合实际神经元的模型。目前，ReLU 及其变种（ElU[34]，PReLU[35]，RReLU[36]）已经成为了最主流的激活函数。实践中大部分情况下

（包括 MLP 和 CNN，RNN 内部主要还是使用 Sigmoid、Tanh、Hard Sigmoid）将隐含层的激活函数从 Sigmoid 替换为 ReLU 都可以带来训练速度及模型准确率的提升。当然神经网络的输出层一般都还是 Sigmoid 函数，因为它最接近概率输出分布。

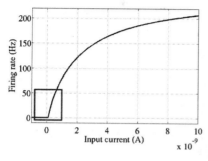
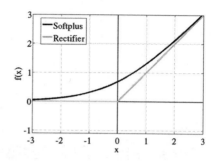

图 4-4(A)　神经科学家提出的神经元激活模型　　图 4-4(B)　ReLU 激活函数及 Softplus 激活函数

上面三段分别提到了可以解决多层神经网络问题的 Dropout、Adagrad、ReLU 等，那么多层神经网络到底有什么显著的能力值得大家探索呢？或者说神经网络的隐含层到底有什么用呢？隐含层的一个代表性的功能是可以解决 XOR 问题。在早期神经网络的研究中，有学者提出一个尖锐的问题，当时（没有隐含层）的神经网络无法解决 XOR 的问题。如图 4-5 所示，假设我们有两个维度的特征，并且有两类样本，（0，0）、（1，1）是灰色，（0，1）、（1，0）是黑色，在这个特征空间中这两类样本是线性不可分的，也就是说，我们无法用一条直线把灰、黑两类分开。没有隐含层的神经网络是线性的，所以不可能对这两类样本进行正确地区分。这是早期神经网络的致命缺点，也直接导致了当时神经网络研究的低谷。当引入了隐含层并使用非线性的激活函数（如 Sigmoid、ReLU）后，我们可以使用曲线划分两类样本，可以轻松解决 XOR 异或函数的分类问题。神经网络的隐含层越多，就可以对原有特征进行越抽象的变换，模型的拟合能力就越强。这就是多层神经网络（或多层感知机，Multi-Layer Perceptron，MLP）的功能所在。

接下来，我们通过例子展示在仅加入一个隐含层的情况下，神经网络对 MNIST 数据集的分类性能就有显著提升，可以达到 98%的准确率。当然，其中使用了 Dropout、Adagrad、ReLU 等辅助性组件。

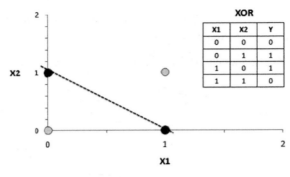

图 4-5　XOR 分类问题

4.4　TensorFlow 实现多层感知机

在第 3 章中我们讲解了使用 TensorFlow 实现一个完整的 Softmax Regression（无隐含层），并在 MNIST 数据集上取得了大约 92%的正确率。现在，我们要给神经网络加上隐含层，并使用 4.3 节提到的减轻过拟合的 Dropout、自适应学习速率的 Adagrad，以及可以解决梯度弥散的激活函数 ReLU。在 TensorFlow 中实现这些都是非常方便的，通常只需要调用相应的类或者函数即可。

首先，载入 TensorFlow 并加载 MNIST 数据集，创建一个 TensorFlow 默认的 Interactive Session，这样后面执行各项操作就无须指定 Session 了。

```
from tensorflow.examples.tutorials.mnist import input_data
import tensorflow as tf
mnist = input_data.read_data_sets("MNIST_data/", one_hot=True)
sess = tf.InteractiveSession()
```

接下来我们要给隐含层的参数设置 Variable 并进行初始化，这里 in_units 是输入节点数，h1_units 即隐含层的输出节点数设为 300（在此模型中隐含节点数设在 200~1000 范围内的结果区别都不大）。W1、b1 是隐含层的权重和偏置，我们将偏置全部赋值为 0，并将权重初始化为截断的正态分布，其标准差为 0.1，这一步可以通过 tf.truncated_normal 方便地实现。因为模型使用的激活函数是 ReLU，所以需要使用正态分布给参数加一点噪声，来打破完全对称并且避免 0 梯度。在其他一些模型中，有时还需要给偏置赋上一些小的非零值来避免 dead neuron（死亡神经元），不过在这里作用不太明显。而对最后输出层的

Softmax，直接将权重 W2 和偏置 b2 全部初始化为 0 即可（上面提到过，对于 Sigmoid，在 0 附近最敏感、梯度最大）。

```
in_units = 784
h1_units = 300
W1 = tf.Variable(tf.truncated_normal([in_units, h1_units], stddev=0.1))
b1 = tf.Variable(tf.zeros([h1_units]))
W2 = tf.Variable(tf.zeros([h1_units, 10]))
b2 = tf.Variable(tf.zeros([10]))
```

接下来定义输入 x 的 placeholder。另外因为在训练和预测时，Dropout 的比率 keep_prob（即保留节点的概率）是不一样的，通常在训练时小于 1，而预测时则等于 1，所以也把 Dropout 的比率作为计算图的输入，并定义成一个 placeholder。

```
x = tf.placeholder(tf.float32, [None, in_units])
keep_prob = tf.placeholder(tf.float32)
```

下面定义模型结构。首先需要一个隐含层，命名为 hidden1，可以通过 tf.nn.relu(tf.matmul(x,W_1)+b_1)实现一个激活函数为 ReLU 的隐含层，这个隐含层的计算公式就是$y = relu(W_1 x + b_1)$。接下来，调用 tf.nn.dropout 实现 Dropout 的功能，即随机将一部分节点置为 0，这里的 keep_prob 参数即为保留数据而不置为 0 的比例，在训练时应该是小于 1 的，用以制造随机性，防止过拟合；在预测时应该等于 1，即使用全部特征来预测样本的类别。最后是输出层，也就是第 3 章介绍的 Softmax，这一行代码的功能和之前是一致的。

```
hidden1 = tf.nn.relu(tf.matmul(x, W1) + b1)
hidden1_drop = tf.nn.dropout(hidden1, keep_prob)
y = tf.nn.softmax(tf.matmul(hidden1_drop, W2) + b2)
```

第 3 章提到的使用 TensorFlow 训练神经网络的 4 个步骤，到目前为止，我们已经完成了 4 步中的第 1 步：定义算法公式，即神经网络 forward 时的计算。接下来继续第 2 步，定义损失函数和选择优化器来优化 loss，这里的损失函数继续使用交叉信息熵，和之前一致，但是优化器选择自适应的优化器 Adagrad，并把学习速率设为 0.3，这里我们直接使用 tf.train.AdagradOptimizer 就可以了。类似地，还有 Adadelta 及 Adam 等优化器，读者可以自行尝试，不过学习速率可能需要调整。

```
y_ = tf.placeholder(tf.float32, [None, 10])
cross_entropy = tf.reduce_mean(-tf.reduce_sum(y_ * tf.log(y),
                                              reduction_indices=[1]))
train_step = tf.train.AdagradOptimizer(0.3).minimize(cross_entropy)
```

　　然后进行第 3 步，训练步骤，这里有一点和之前不同，我们加入了 keep_prob 作为计算图的输入，并且在训练时设为 0.75，即保留 75%的节点，其余的 25%置为 0。一般来说，对越复杂越大规模的神经网络，Dropout 的效果越显著。另外，因为加入了隐含层，我们需要更多的训练迭代来优化模型参数以达到一个比较好的效果。所以一共采用了 3000 个 bacth，每个 batch 包含 100 条样本，一共 30 万的样本，相当于是对全数据集进行了 5 轮（epoch）迭代。读者也可以尝试增大循环次数，准确率会略有提高。

```
tf.global_variables_initializer().run()
for i in range(3000):
    batch_xs, batch_ys = mnist.train.next_batch(100)
    train_step.run({x: batch_xs, y_: batch_ys, keep_prob: 0.75})
```

　　最后我们进行第 4 步，对模型进行准确率评测，这里的代码和第 3 章讲解的评测代码基本一致，但还是需要加入一个 keep_prob 作为输入。因为是预测部分，所以我们直接令 keep_prob 等于 1 即可，这样可以达到模型最好的预测效果。

```
correct_prediction = tf.equal(tf.argmax(y, 1), tf.argmax(y_, 1))
accuracy = tf.reduce_mean(tf.cast(correct_prediction, tf.float32))
print(accuracy.eval({x: mnist.test.images, y_: mnist.test.labels,
                     keep_prob: 1.0}))
```

　　最终，我们在测试集上可以达到 98%的准确率。相比之前的 Softmax，我们的误差率由 8%下降到 2%，对识别银行账单这种精确度要求很高的场景，可以说是飞跃性的提高。而这个提升仅靠增加一个隐含层就实现了，可见多层神经网络的效果有多显著。当然，其中我们也使用了一些 Trick 进行辅助，比如 Dropout、Adagrad、ReLU 等，但是起决定性作用的还是隐含层本身，它能对特征进行抽象和转化。

　　没有隐含层的 Softmax Regression 只能直接从图像的像素点推断是哪个数字，而没有特征抽象的过程。多层神经网络依靠隐含层，则可以组合出高阶特征，比如横线、竖线、圆圈等，之后可以将这些高阶特征或者说组件再组合成数字，就能实现精准的匹配和分类。隐含层输出的高阶特征（组件）经常是可以复用的，所以每一类的判别、概率输出都共享这些高阶特征，而不是各自连接独立的高阶特征。

同时我们可以发现，新加了一个隐含层，并使用了 Dropout、Adagrad 和 ReLU，而代码没有增加很多，这就是 TensorFlow 的优势之一。它的代码非常简洁，没有太多的冗余，可以方便地将有用的模块拼装在一起。

总结一下，本节我们介绍了如何实现包含一个隐含层的 MLP，对于有更多个隐含层的 MLP，读者可以如法炮制。我们讲解了 Dropout、Adagrad、ReLU 的原理和作用，以及如何在 TensorFlow 中使用它们。

不过，使用全连接神经网络（Fully Connected Network，FCN，MLP 的另一种说法）也是有局限的，即使我们使用很深的网络、很多的隐藏节点、很大的迭代轮数，也很难在 MNIST 数据集上达到 99% 以上的准确率。因此第 5 章我们将介绍卷积神经网络，以及如何在 MNIST 数据集上使用 CNN 达到 99% 以上的准确率，真正满足识别银行支票这种高精度系统的需求。

5

TensorFlow 实现卷积神经网络

5.1 卷积神经网络简介

卷积神经网络（Convolutional Neural Network，CNN）最初是为解决图像识别等问题设计的，当然其现在的应用不仅限于图像和视频，也可用于时间序列信号，比如音频信号、文本数据等。在早期的图像识别研究中，最大的挑战是如何组织特征，因为图像数据不像其他类型的数据那样可以通过人工理解来提取特征。在股票预测等模型中，我们可以从原始数据中提取过往的交易价格波动、市盈率、市净率、盈利增长等金融因子，这即是特征工程。但是在图像中，我们很难根据人为理解提取出有效而丰富的特征。在深度学习出现之前，我们必须借助 SIFT、HoG 等算法提取具有良好区分性的特征，再集合 SVM 等机器学习算法进行图像识别。如图 5-1 所示，SIFT 对一定程度内的缩放、平移、旋转、视角改变、亮度调整等畸变，都具有不变性，是当时最重要的图像特征提取方法之一。可以说，在之前只能依靠 SIFT 等特征提取算法才能勉强进行可靠的图像识别。

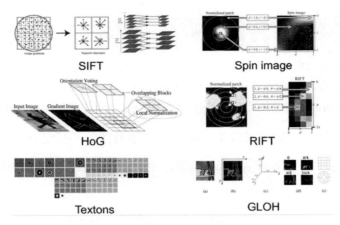

图 5-1　SIFT、HoG 等图像特征提取方法

　　然而 SIFT 这类算法提取的特征还是有局限性的，在 ImageNet ILSVRC 比赛的最好结果的错误率也有 26%以上，而且常年难以产生突破。卷积神经网络提取的特征则可以达到更好的效果，同时它不需要将特征提取和分类训练两个过程分开，它在训练时就自动提取了最有效的特征。CNN 作为一个深度学习架构被提出的最初诉求，是降低对图像数据预处理的要求，以及避免复杂的特征工程。CNN 可以直接使用图像的原始像素作为输入，而不必先使用 SIFT 等算法提取特征，减轻了使用传统算法如 SVM 时必需要做的大量重复、烦琐的数据预处理工作。和 SIFT 等算法类似，CNN 训练的模型同样对缩放、平移、旋转等畸变具有不变性，有着很强的泛化性。CNN 的最大特点在于卷积的权值共享结构，可以大幅减少神经网络的参数量，防止过拟合的同时又降低了神经网络模型的复杂度。CNN 的权值共享其实也很像早期的延时神经网络（TDNN），只不过后者是在时间这一个维度上进行权值共享，降低了学习时间序列信号的复杂度。

　　卷积神经网络的概念最早出自 19 世纪 60 年代科学家提出的感受野（Receptive Field[37]）。当时科学家通过对猫的视觉皮层细胞研究发现，每一个视觉神经元只会处理一小块区域的视觉图像，即感受野。到了 20 世纪 80 年代，日本科学家提出神经认知机（Neocognitron[38]）的概念，可以算作是卷积网络最初的实现原型。神经认知机中包含两类神经元，用来抽取特征的 S-cells，还有用来抗形变的 C-cells，其中 S-cells 对应我们现在主流卷积神经网络中的卷积核滤波操作，而 C-cells 则对应激活函数、最大池化（Max-Pooling）等操作。同时，CNN 也是首个成功地进行多层训练的网络结构，即前面章节提到的 LeCun 的 LeNet5[39]，而全连接的网络因为参数过多及梯度弥散等问题，在早期很难顺利地进行多层的训练。卷积神经网络可以利用空间结构关系减少需要学习的参数量，从而提高反向传播算法的训练效率。在卷积神经网络中，第一个卷积层会直接接受图像像素级的输入，每一个卷积操作只处理一小块图像，进行卷积变化后再传到后面的网络，每一层卷积（也可以说是滤波器）都会提取数据中最有效的特征。这种方法可以提取到图像中最基础的特征，比如不同方向的边或者拐角，而后再进行组合和抽象形成更高阶的特征，因此 CNN 可以应对各种情况，理论上具有对图像缩放、平移和旋转的不变性。

一般的卷积神经网络由多个卷积层构成，每个卷积层中通常会进行如下几个操作。

（1）图像通过多个不同的卷积核的滤波，并加偏置（bias），提取出局部特征，每一个卷积核会映射出一个新的 2D 图像。

（2）将前面卷积核的滤波输出结果，进行非线性的激活函数处理。目前最常见的是使用 ReLU 函数，而以前 Sigmoid 函数用得比较多。

（3）对激活函数的结果再进行池化操作（即降采样，比如将 2×2 的图片降为 1×1 的图片），目前一般是使用最大池化，保留最显著的特征，并提升模型的畸变容忍能力。

这几个步骤就构成了最常见的卷积层，当然也可以再加上一个 LRN[40](Local Response Normalization，局部响应归一化层）层，目前非常流行的 Trick 还有 Batch Normalization 等。

一个卷积层中可以有多个不同的卷积核，而每一个卷积核都对应一个滤波后映射出的新图像，同一个新图像中每一个像素都来自完全相同的卷积核，这就是卷积核的权值共享。那我们为什么要共享卷积核的权值参数呢？答案很简单，降低模型复杂度，减轻过拟合并降低计算量。举个例子，如图 5-2 所示，如果我们的图像尺寸是 1000 像素×1000 像素，并且假定是黑白图像，即只有一个颜色通道，那么一张图片就有 100 万个像素点，输入数据的维度也是 100 万。接下来，如果连接一个相同大小的隐含层（100 万个隐含节点），那么将产生 100 万×100 万=一万亿个连接。仅仅一个全连接层(Fully Connected Layer)，就有一万亿连接的权重要去训练，这已经超出了普通硬件的计算能力。我们必须减少需要训练的权重数量，一是降低计算的复杂度，二是过多的连接会导致严重的过拟合，减少连接数可以提升模型的泛化性。

图像在空间上是有组织结构的，每一个像素点在空间上和周围的像素点实际上是有紧密联系的，但是和太遥远的像素点就不一定有什么关联了。这就是前面提到的人的视觉感受野的概念，每一个感受野只接受一小块区域的信号。这一小块区域内的像素是互相关联的，每一个神经元不需要接收全部像素点的信息，只需要接收局部的像素点作为输入，而后将所有这些神经元收到的局部信息综合起来就可以得到全局的信息。这样就可以将之前的全连接的模式修改为局部连接，之前隐含层的每一个隐含节点都和全部像素相连，现在我们只需要将每一个隐含节点连接到局部的像素节点。假设局部感受野大小是 10×10，即每个隐含节点只与 10×10 个像素点相连，那么现在就只需要 10×10×100 万=1 亿个连接，相比之前的 1 万亿缩小了 10000 倍。

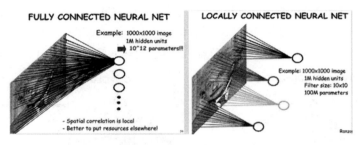

图 5-2　全连接（左）和局部连接（右）

　　上面我们通过局部连接（Locally Connect）的方法，将连接数从 1 万亿降低到 1 亿，但仍然偏多，需要继续降低参数量。现在隐含层每一个节点都与 10×10 的像素相连，也就是每一个隐含节点都拥有 100 个参数。假设我们的局部连接方式是卷积操作，即默认每一个隐含节点的参数都完全一样，那我们的参数不再是 1 亿，而是 100。不论图像有多大，都是这 10×10=100 个参数，即卷积核的尺寸，这就是卷积对缩小参数量的贡献。我们不需要再担心有多少隐含节点或者图片有多大，参数量只跟卷积核的大小有关，这也就是所谓的权值共享。但是如果我们只有一个卷积核，我们就只能提取一种卷积核滤波的结果，即只能提取一种图片特征，这不是我们期望的结果。好在图像中最基本的特征很少，我们可以增加卷积核的数量来多提取一些特征。图像中的基本特征无非就是点和边，无论多么复杂的图像都是点和边组合而成的。人眼识别物体的方式也是从点和边开始的，视觉神经元接受光信号后，每一个神经元只接受一个区域的信号，并提取出点和边的特征，然后将点和边的信号传递给后面一层的神经元，再接着组合成高阶特征，比如三角形、正方形、直线、拐角等，再继续抽象组合，得到眼睛、鼻子和嘴等五官，最后再将五官组合成一张脸，完成匹配识别。因此我们的问题就很好解决了，只要我们提供的卷积核数量足够多，能提取出各种方向的边或各种形态的点，就可以让卷积层抽象出有效而丰富的高阶特征。每一个卷积核滤波得到的图像就是一类特征的映射，即一个 Feature Map。一般来说，我们使用 100 个卷积核放在第一个卷积层就已经很充足了。那这样的话，如图 5-3 所示，我们的参数量就是 100×100=1 万个，相比之前的 1 亿又缩小了 10000 倍。因此，依靠卷积，我们就可以高效地训练局部连接的神经网络了。卷积的好处是，不管图片尺寸如何，我们需要训练的权值数量只跟卷积核大小、卷积核数量有关，我们可以使用非常少的参数量处理任意大小的图片。每一个卷积层提取的特征，在后面的层中都会抽象组合成更高阶的特征。而且多层抽象的卷积网络表达能力更强，效率更高，相比只使用一个隐含层提取全部高阶特征，反而可以节省大量的参数。当然，我们需要注意的是，虽然需要训练的参数量下降了，但是隐含节点的数量并没有下降，隐含节点的数量只跟卷积的步长有关。如果步长为 1，那么隐含节点的数量和输入的图像像素数量一致；如果步长为 5，那么每 5×5 的像素才需要一个隐含节点，我们隐含节点的数量就是输入像素数量的 1/25。

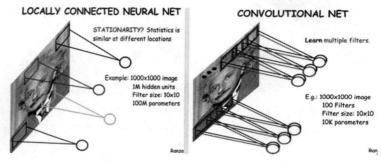

图 5-3　局部连接（左）和卷积操作（右）

我们再总结一下，卷积神经网络的要点就是局部连接（Local Connection）、权值共享（Weight Sharing）和池化层（Pooling）中的降采样（Down-Sampling）。其中，局部连接和权值共享降低了参数量，使训练复杂度大大下降，并减轻了过拟合。同时权值共享还赋予了卷积网络对平移的容忍性，而池化层降采样则进一步降低了输出参数量，并赋予模型对轻度形变的容忍性，提高了模型的泛化能力。卷积神经网络相比传统的机器学习算法，无须手工提取特征，也不需要使用诸如 SIFT 之类的特征提取算法，可以在训练中自动完成特征的提取和抽象，并同时进行模式分类，大大降低了应用图像识别的难度；相比一般的神经网络，CNN 在结构上和图片的空间结构更为贴近，都是 2D 的有联系的结构，并且 CNN 的卷积连接方式和人的视觉神经处理光信号的方式类似。

大名鼎鼎的 LeNet5 诞生于 1994 年，是最早的深层卷积神经网络之一，并且推动了深度学习的发展。从 1988 年开始，在多次成功的迭代后，这项由 Yann LeCun 完成的开拓性成果被命名为 LeNet5。LeCun 认为，可训练参数的卷积层是一种用少量参数在图像的多个位置上提取相似特征的有效方式，这和直接把每个像素作为多层神经网络的输入不同。像素不应该被使用在输入层，因为图像具有很强的空间相关性，而使用图像中独立的像素直接作为输入则利用不到这些相关性。

LeNet5 当时的特性有如下几点。

- 每个卷积层包含三个部分：卷积、池化和非线性激活函数
- 使用卷积提取空间特征
- 降采样（Subsample）的平均池化层（Average Pooling）
- 双曲正切（Tanh）或 S 型（Sigmoid）的激活函数
- MLP 作为最后的分类器
- 层与层之间的稀疏连接减少计算复杂度

LeNet5 中的诸多特性现在依然在 state-of-the-art 卷积神经网络中使用，可以说 LeNet5 是奠定了现代卷积神经网络的基石之作。Lenet-5 的结构如图 5-4 所示。它的输入图像为 32×32 的灰度值图像，后面有三个卷积层，一个全连接层和一个高斯连接层。它的第一个卷积层 C1 包含 6 个卷积核，卷积核尺寸为 5×5，即总共（5×5+1）×6=156 个参数，括号中的 1 代表 1 个 bias，后面是一个 2×2 的平均池化层 S2 用来进行降采样，再之后是一个 Sigmoid激活函数用来进行非线性处理。而后是第二个卷积层 C3，同样卷积核尺寸是 5×5，这里使用了 16 个卷积核，对应 16 个 Feature Map。需要注意的是，这里的 16 个 Feature Map 不是全部连接到前面的 6 个 Feature Map 的输出的，有些只连接了其中的几个 Feature Map，这样增加了模型的多样性。下面的第二个池化层 S4 和第一个池化层 S2 一致，都是 2×2 的降采样。接下来的第三个卷积层 C5 有 120 个卷积核，卷积大小同样为 5×5，因为输入图像的大小刚好也是 5×5，因此构成了全连接，也可以算作全连接层。F6 层是一个全连接层，拥有 84 个隐含节点，激活函数为 Sigmoid。LeNet-5 最后一层由欧式径向基函数（Euclidean Radial Basis Function）单元组成，它输出最后的分类结果。

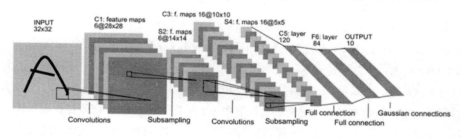

图 5-4　LeNet-5 结构示意图

5.2 TensorFlow 实现简单的卷积网络

本节将讲解如何使用 TensorFlow 实现一个简单的卷积神经网络，使用的数据集依然是 MNIST，预期可以达到 99.2%左右的准确率。本节将使用两个卷积层加一个全连接层构建一个简单但是非常有代表性的卷积神经网络，读者应该能通过这个例子掌握设计卷积神经网络的要点。

首先载入 MNIST 数据集，并创建默认的 Interactive Session。本节代码主要来自 TensorFlow 的开源实现 [41]。

```
from tensorflow.examples.tutorials.mnist import input_data
import tensorflow as tf
mnist = input_data.read_data_sets("MNIST_data/", one_hot=True)
sess = tf.InteractiveSession()
```

接下来要实现的这个卷积神经网络会有很多的权重和偏置需要创建，因此我们先定义好初始化函数以便重复使用。我们需要给权重制造一些随机的噪声来打破完全对称，比如截断的正态分布噪声，标准差设为 0.1。同时因为我们使用 ReLU，也给偏置增加一些小的正值（0.1）用来避免死亡节点（dead neurons）。

```
def weight_variable(shape):
    initial = tf.truncated_normal(shape, stddev=0.1)
    return tf.Variable(initial)


def bias_variable(shape):
    initial = tf.constant(0.1, shape=shape)
    return tf.Variable(initial)
```

卷积层、池化层也是接下来要重复使用的，因此也为他们分别定义创建函数。这里的 tf.nn.conv2d 是 TensorFlow 中的 2 维卷积函数，参数中 x 是输入，W 是卷积的参数，比如 [5,5,1,32]：前面两个数字代表卷积核的尺寸；第三个数字代表有多少个 channel。因为我们只有灰度单色，所以是 1，如果是彩色的 RGB 图片，这里应该是 3。最后一个数字代表卷积核的数量，也就是这个卷积层会提取多少类的特征。Strides 代表卷积模板移动的步长，都是 1 代表会不遗漏地划过图片的每一个点。Padding 代表边界的处理方式，这里的 SAME 代表给边界加上 Padding 让卷积的输出和输入保持同样（SAME）的尺寸。

tf.nn.max_pool 是 TensorFlow 中的最大池化函数，我们这里使用 2×2 的最大池化，即将一个 2×2 的像素块降为 1×1 的像素。最大池化会保留原始像素块中灰度值最高的那一个像素，即保留最显著的特征。因为希望整体上缩小图片尺寸，因此池化层的 strides 也设为横竖两个方向以 2 为步长。如果步长还是 1，那么我们会得到一个尺寸不变的图片。

```
def conv2d(x, W):
    return tf.nn.conv2d(x, W, strides=[1, 1, 1, 1], padding='SAME')

def max_pool_2x2(x):
    return tf.nn.max_pool(x, ksize=[1, 2, 2, 1], strides=[1, 2, 2, 1],
                          padding='SAME')
```

在正式设计卷积神经网络的结构之前，先定义输入的 placeholder，x 是特征，y_是真实的 label。因为卷积神经网络会利用到空间结构信息，因此需要将 1D 的输入向量转为 2D 的图片结构，即从 1×784 的形式转为原始的 28×28 的结构。同时因为只有一个颜色通道，故最终尺寸为[-1,28,28,1]，前面的-1 代表样本数量不固定，最后的 1 代表颜色通道数量。这里我们使用的 tensor 变形函数是 tf.reshape。

```
x = tf.placeholder(tf.float32, [None, 784])
y_ = tf.placeholder(tf.float32, [None, 10])
x_image = tf.reshape(x, [-1,28,28,1])
```

接下来定义我们的第一个卷积层。我们先使用前面写好的函数进行参数初始化，包括 weights 和 bias，这里的[5,5,1,32]代表卷积核尺寸为 5×5，1 个颜色通道，32 个不同的卷积核。然后使用 conv2d 函数进行卷积操作，并加上偏置，接着再使用 ReLU 激活函数进行非线性处理。最后，使用最大池化函数 max_pool_2x2 对卷积的输出结果进行池化操作。

```
W_conv1 = weight_variable([5, 5, 1, 32])
b_conv1 = bias_variable([32])
h_conv1 = tf.nn.relu(conv2d(x_image, W_conv1) + b_conv1)
h_pool1 = max_pool_2x2(h_conv1)
```

现在定义第二个卷积层，这个卷积层基本和第一个卷积层一样，唯一的不同是，卷积核的数量变成了 64，也就是说这一层的卷积会提取 64 种特征。

```
W_conv2 = weight_variable([5, 5, 32, 64])
```

```
b_conv2 = bias_variable([64])
h_conv2 = tf.nn.relu(conv2d(h_pool1, W_conv2) + b_conv2)
h_pool2 = max_pool_2x2(h_conv2)
```

因为前面经历了两次步长为 2×2 的最大池化，所以边长已经只有 1/4 了，图片尺寸由 28×28 变成了 7×7。而第二个卷积层的卷积核数量为 64，其输出的 tensor 尺寸即为 7×7×64。我们使用 tf.reshape 函数对第二个卷积层的输出 tensor 进行变形，将其转成 1D 的向量，然后连接一个全连接层，隐含节点为 1024，并使用 ReLU 激活函数。

```
W_fc1 = weight_variable([7 * 7 * 64, 1024])
b_fc1 = bias_variable([1024])
h_pool2_flat = tf.reshape(h_pool2, [-1, 7*7*64])
h_fc1 = tf.nn.relu(tf.matmul(h_pool2_flat, W_fc1) + b_fc1)
```

为了减轻过拟合，下面使用一个 Dropout 层，Dropout 的用法第 4 章已经讲过，是通过一个 placeholder 传入 keep_prob 比率来控制的。在训练时，我们随机丢弃一部分节点的数据来减轻过拟合，预测时则保留全部数据来追求最好的预测性能。

```
keep_prob = tf.placeholder(tf.float32)
h_fc1_drop = tf.nn.dropout(h_fc1, keep_prob)
```

最后我们将 Dropout 层的输出连接一个 Softmax 层，得到最后的概率输出。

```
W_fc2 = weight_variable([1024, 10])
b_fc2 = bias_variable([10])
y_conv=tf.nn.softmax(tf.matmul(h_fc1_drop, W_fc2) + b_fc2)
```

我们定义损失函数为 cross entropy，和之前一样，但是优化器使用 Adam，并给予一个比较小的学习速率 1e-4。

```
cross_entropy = tf.reduce_mean(-tf.reduce_sum(y_ * tf.log(y_conv),
                                        reduction_indices=[1]))
train_step = tf.train.AdamOptimizer(1e-4).minimize(cross_entropy)
```

再继续定义评测准确率的操作，这里和第 3 章、第 4 章一样。

```
correct_prediction = tf.equal(tf.argmax(y_conv,1), tf.argmax(y_,1))
accuracy = tf.reduce_mean(tf.cast(correct_prediction, tf.float32))
```

　　下面开始训练过程。首先依然是初始化所有参数，设置训练时 Dropout 的 keep_prob 比率为 0.5。然后使用大小为 50 的 mini-batch，共进行 20000 次训练迭代，参与训练的样本数量总共为 100 万。其中每 100 次训练，我们会对准确率进行一次评测（评测时 keep_prob 设为 1 ），用以实时监测模型的性能。

```python
tf.global_variables_initializer().run()
for i in range(20000):
    batch = mnist.train.next_batch(50)
    if i%100 == 0:
        train_accuracy = accuracy.eval(feed_dict={x:batch[0], y_: batch[1],
                                                  keep_prob: 1.0})
        print("step %d, training accuracy %g"%(i, train_accuracy))
    train_step.run(feed_dict={x: batch[0], y_: batch[1], keep_prob: 0.5})
```

　　全部训练完成后，我们在最终的测试集上进行全面的测试，得到整体的分类准确率。

```python
print("test accuracy %g"%accuracy.eval(feed_dict={
    x: mnist.test.images, y_: mnist.test.labels, keep_prob: 1.0}))
```

　　最后，这个 CNN 模型可以得到的准确率约为 99.2%，基本可以满足对手写数字识别准确率的要求。相比之前 MLP 的 2%错误率，CNN 的错误率下降了大约 60%。这其中主要的性能提升都来自于更优秀的网络设计，即卷积网络对图像特征的提取和抽象能力。依靠卷积核的权值共享，CNN 的参数量并没有爆炸，降低计算量的同时也减轻了过拟合，因此整个模型的性能有较大的提升。本节我们只实现了一个简单的卷积神经网络，没有复杂的 Trick。接下来，我们将实现一个稍微复杂一些的卷积网络，而简单的 MNIST 数据集已经不适合用来评测其性能，我们将使用 CIFAR-10[42] 数据集进行训练，这也是深度学习可以大幅领先其他模型的一个数据集。

5.3　TensorFlow 实现进阶的卷积网络

　　本节使用的数据集是 CIFAR-10，这是一个经典的数据集，包含 60000 张 32×32 的彩色图像，其中训练集 50000 张，测试集 10000 张。CIFAR-10 如同其名字，一共标注为 10 类，每一类图片 6000 张。这 10 类分别是 airplane、automobile、bird、cat、deer、dog、frog、horse、ship 和 truck，其中没有任何重叠的情况，比如 automobile 只包括小型汽车，truck

只包括卡车，也不会在一张图片中同时出现两类物体。它还有一个兄弟版本 CIFAR-100，其中标注了 100 类。这两个数据集是前面章节提到的深度学习之父 Geoffrey Hinton 和他的两名学生 Alex Krizhevsky 和 Vinod Nair 收集的，图片来源于 80 million tiny images[43] 这个数据集，Hinton 等人对其进行了筛选和标注。CIFAR-10 数据集非常通用，经常出现在各大会议的论文中用来进行性能对比，也曾出现在 Kaggle 竞赛而为大家所知。图 5-5 所示为这个数据集的一些示例。

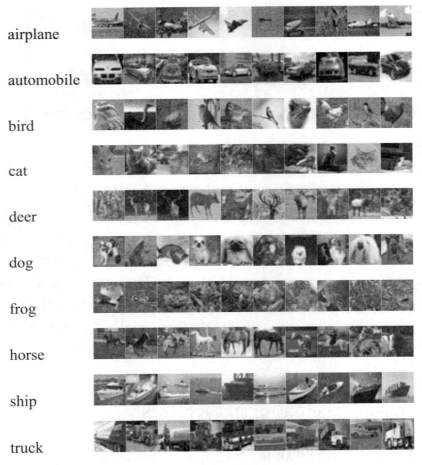

图 5-5　CIFAR-10 数据集示例

　　许多论文中都在这个数据集上进行了测试，目前 state-of-the-art 的工作已经可以达到 3.5%的错误率了，但是需要训练很久，即使在 GPU 上也需要十几个小时。CIFAR-10 数据集上详细的 Benchmark 和排名在 classification datasets results 上（http://rodrigob.github.
io/are_we_there_yet/build/classification_datasets_results.html）。据深度学习三巨头之一 LeCun
说，现有的卷积神经网络已经可以对 CIFAR-10 进行很好的学习，这个数据集的问题已经
解决了。本节中实现的卷积神经网络没有那么复杂（根据 Alex 描述的 cuda-convnet 模型
做了些许修改得到），在只使用 3000 个 batch（每个 batch 包含 128 个样本）时，可以达
到 73%左右的正确率。模型在 GTX 1080 单显卡上大概只需要几十秒的训练时间，如果
在 CPU 上训练则会慢很多。如果使用 100k 个 batch，并结合学习速度的 decay（即每隔一
段时间将学习速率下降一个比率），正确率最高可以到 86%左右。模型中需要训练的参数
约为 100 万个，而预测时需要进行的四则运算总量在 2000 万次左右。在这个卷积神经网
络模型中，我们使用了一些新的技巧。

（1）对 weights 进行了 L2 的正则化。

（2）如图 5-6 所示，我们对图片进行了翻转、随机剪切等数据增强，制造了更多样本。

（3）在每个卷积-最大池化层后面使用了 LRN 层，增强了模型的泛化能力。

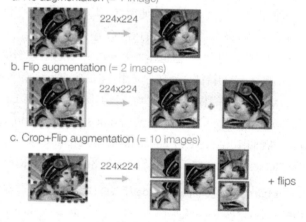

图 5-6　数据增强示例（水平翻转，随机裁切）

我们首先下载 TensorFlow Models 库，以便使用其中提供 CIFAR-10 数据的类。

```
git clone https://github.com/tensorflow/models.git
cd models/tutorials/image/cifar10
```

然后我们载入一些常用库，比如 NumPy 和 time，并载入 TensorFlow Models 中自动下载、读取 CIFAR-10 数据的类。本节代码主要来自 TensorFlow 的开源实现 [44]。

```
import cifar10,cifar10_input
import tensorflow as tf
import numpy as np
import time
```

接着定义 batch_size、训练轮数 max_steps，以及下载 CIFAR-10 数据的默认路径。

```
max_steps = 3000
batch_size = 128
data_dir = '/tmp/cifar10_data/cifar-10-batches-bin'
```

这里定义初始化 weight 的函数，和之前一样依然使用 tf.truncated_normal 截断的正态分布来初始化权重。但是这里会给 weight 加一个 L2 的 loss，相当于做了一个 L2 的正则化处理。在机器学习中，不管是分类还是回归任务，都可能因特征过多而导致过拟合，一般可以通过减少特征或者惩罚不重要特征的权重来缓解这个问题。但是通常我们并不知道该惩罚哪些特征的权重，而正则化就是帮助我们惩罚特征权重的，即特征的权重也会成为模型的损失函数的一部分。可以理解为，为了使用某个特征，我们需要付出 loss 的代价，除非这个特征非常有效，否则就会被 loss 上的增加覆盖效果。这样我们就可以筛选出最有效的特征，减少特征权重防止过拟合。这也即是奥卡姆剃刀法则，越简单的东西越有效。一般来说，L1 正则会制造稀疏的特征，大部分无用特征的权重会被置为 0，而 L2 正则会让特征的权重不过大，使得特征的权重比较平均。我们使用 wl 控制 L2 loss 的大小，使用 tf.nn.l2_loss 函数计算 weight 的 L2 loss，再使用 tf.multiply 让 L2 loss 乘以 wl，得到最后的 weight loss。接着，我们使用 tf.add_to_collection 把 weight loss 统一存到一个 collection，这个 collection 名为 "losses"，它会在后面计算神经网络的总体 loss 时被用上。

```
def variable_with_weight_loss(shape, stddev, wl):
    var = tf.Variable(tf.truncated_normal(shape, stddev=stddev))
    if wl is not None:
        weight_loss = tf.multiply(tf.nn.l2_loss(var),wl,name='weight_loss')
        tf.add_to_collection('losses', weight_loss)
    return var
```

下面使用 cifar10 类下载数据集，并解压、展开到其默认位置。

```
cifar10.maybe_download_and_extract()
```

再使用 cifar10_input 类中的 distorted_inputs 函数产生训练需要使用的数据，包括特征及其对应的 label，这里返回的是已经封装好的 tensor，每次执行都会生成一个 batch_size 的数量的样本。需要注意的是我们对数据进行了 Data Augmentation（数据增强）。具体的实现细节，读者可以查看 cifar10_input.distorted_inputs 函数，其中的数据增强操作包括随机的水平翻转（tf.image.random_flip_left_right）、随机剪切一块 24×24 大小的图片（tf.random_crop）、设置随机的亮度和对比度（tf.image.random_brightness、tf.image.random_contrast），以及对数据进行标准化 tf.image.per_image_whitening（对数据减去均值，除以方差，保证数据零均值，方差为 1）。通过这些操作，我们可以获得更多的样本（带噪声的），原来的一张图片样本可以变为多张图片，相当于扩大样本量，对提高准确率非常有帮助。需要注意的是，我们对图像进行数据增强的操作需要耗费大量 CPU 时间，因此 distorted_inputs 使用了 16 个独立的线程来加速任务，函数内部会产生线程池，在需要使用时会通过 TensorFlow queue 进行调度。

```
images_train, labels_train = cifar10_input.distorted_inputs(
                             data_dir=data_dir, batch_size=batch_size)
```

我们再使用 cifar10_input.inputs 函数生成测试数据，这里不需要进行太多处理，不需要对图片进行翻转或修改亮度、对比度，不过需要裁剪图片正中间的 24×24 大小的区块，并进行数据标准化操作。

```
images_test, labels_test = cifar10_input.inputs(eval_data=True,
                                                data_dir=data_dir,
                                                batch_size=batch_size)
```

这里创建输入数据的 placeholder，包括特征和 label。在设定 placeholder 的数据尺寸时需要注意，因为 batch_size 在之后定义网络结构时被用到了，所以数据尺寸中的第一个值即样本条数需要被预先设定，而不能像以前一样可以设为 None。而数据尺寸中的图片尺寸为 24×24，即是裁剪后的大小，而颜色通道数则设为 3，代表图片是彩色有 RGB 三条通道。

```
image_holder = tf.placeholder(tf.float32, [batch_size, 24, 24, 3])
label_holder = tf.placeholder(tf.int32, [batch_size])
```

做好了准备工作，接下来开始创建第一个卷积层。先使用之前写好的

variable_with_weight_loss 函数创建卷积核的参数并进行初始化。第一个卷积层使用 5×5 的卷积核大小，3 个颜色通道，64 个卷积核，同时设置 weight 初始化函数的标准差为 0.05。我们不对第一个卷积层的 weight 进行 L2 的正则，因此 wl（weight loss）这一项设为 0。下面使用 tf.nn.conv2d 函数对输入数据 image_holder 进行卷积操作，这里的步长 stride 均设为 1，padding 模式为 SAME。把这层的 bias 全部初始化为 0，再将卷积的结果加上 bias，最后使用一个 ReLU 激活函数进行非线性化。在 ReLU 激活函数之后，我们使用一个尺寸为 3×3 且步长为 2×2 的最大池化层处理数据，注意这里最大池化的尺寸和步长不一致，这样可以增加数据的丰富性。再之后，我们使用 tf.nn.lrn 函数，即 LRN 对结果进行处理。LRN 最早见于 Alex 那篇用 CNN 参加 ImageNet 比赛的论文，Alex 在论文中解释 LRN 层模仿了生物神经系统的"侧抑制"机制，对局部神经元的活动创建竞争环境，使得其中响应比较大的值变得相对更大，并抑制其他反馈较小的神经元，增强了模型的泛化能力。Alex 在 ImageNet 数据集上的实验表明，使用 LRN 后 CNN 在 Top1 的错误率可以降低 1.4%，因此在其经典的 AlexNet 中使用了 LRN 层。LRN 对 ReLU 这种没有上限边界的激活函数会比较有用，因为它会从附近的多个卷积核的响应（Response）中挑选比较大的反馈，但不适合 Sigmoid 这种有固定边界并且能抑制过大值的激活函数。

```
weight1 = variable_with_weight_loss(shape=[5, 5, 3, 64], stddev=5e-2,
                                    wl=0.0)
kernel1 = tf.nn.conv2d(image_holder, weight1, [1, 1, 1, 1], padding='SAME')
bias1 = tf.Variable(tf.constant(0.0, shape=[64]))
conv1 = tf.nn.relu(tf.nn.bias_add(kernel1, bias1))
pool1 = tf.nn.max_pool(conv1, ksize=[1, 3, 3, 1], strides=[1, 2, 2, 1],
                       padding='SAME')
norm1 = tf.nn.lrn(pool1, 4, bias=1.0, alpha=0.001 / 9.0, beta=0.75)
```

现在来创建第二个卷积层，这里的步骤和第一步很像，区别如下。上一层的卷积核数量为 64（即输出 64 个通道），所以本层卷积核尺寸的第三个维度即输入的通道数也需要调整为 64；还有一个需要注意的地方是这里的 bias 值全部初始化为 0.1，而不是 0。最后，我们调换了最大池化层和 LRN 层的顺序，先进行 LRN 层处理，再使用最大池化层。

```
weight2 = variable_with_weight_loss(shape=[5, 5, 64, 64], stddev=5e-2,
                                    wl=0.0)
kernel2 = tf.nn.conv2d(norm1, weight2, [1, 1, 1, 1], padding='SAME')
bias2 = tf.Variable(tf.constant(0.1, shape=[64]))
```

```
conv2 = tf.nn.relu(tf.nn.bias_add(kernel2, bias2))
norm2 = tf.nn.lrn(conv2, 4, bias=1.0, alpha=0.001 / 9.0, beta=0.75)
pool2 = tf.nn.max_pool(norm2, ksize=[1, 3, 3, 1], strides=[1, 2, 2, 1],
                       padding='SAME')
```

在两个卷积层之后，将使用一个全连接层，这里先要把第二个卷积层的输出结果
flatten，使用 tf.reshape 函数将每个样本都变成一维向量。我们使用 get_shape 函数，获取
数据扁平化之后的长度。接着使用 variable_with_weight_loss 函数对全连接层的 weight 进
行初始化，这里隐含节点数为 384，正态分布的标准差设为 0.04，bias 的值也初始化为 0.1。
需要注意的是我们希望这个全连接层不要过拟合，因此设了一个非零的 weight loss 值 0.04，
让这一层的所有参数都被 L2 正则所约束。最后我们依然使用 ReLU 激活函数进行非线性
化。

```
reshape = tf.reshape(pool2, [batch_size, -1])
dim = reshape.get_shape()[1].value
weight3 = variable_with_weight_loss(shape=[dim, 384], stddev=0.04, wl=0.004)
bias3 = tf.Variable(tf.constant(0.1, shape=[384]))
local3 = tf.nn.relu(tf.matmul(reshape, weight3) + bias3)
```

接下来的这个全连接层和前一层很像，只不过其隐含节点数下降了一半，只有 192
个，其他的超参数保持不变。

```
weight4 = variable_with_weight_loss(shape=[384, 192], stddev=0.04, wl=0.004)
bias4 = tf.Variable(tf.constant(0.1, shape=[192]))
local4 = tf.nn.relu(tf.matmul(local3, weight4) + bias4)
```

下面是最后一层，依然先创建这一层的 weight，其正态分布标准差设为上一个隐含层
的节点数的倒数，并且不计入 L2 的正则。需要注意的是，这里不像之前那样使用 softmax
输出最后结果，这是因为我们把 softmax 的操作放在了计算 loss 的部分。我们不需要对
inference 的输出进行 softmax 处理就可以获得最终分类结果（直接比较 inference 输出的各
类的数值大小即可），计算 softmax 主要是为了计算 loss，因此 softmax 操作整合到后面是
比较合适的。

```
weight5 = variable_with_weight_loss(shape=[192, 10], stddev=1/192.0, wl=0.0)
bias5 = tf.Variable(tf.constant(0.0, shape=[10]))
logits = tf.add(tf.matmul(local4, weight5), bias5)
```

到这里就完成了整个网络 inference 的部分。梳理整个网络结构可以得到表 5-1。从上到下，依次是整个卷积神经网络从输入到输出的流程。可以观察到，其实设计 CNN 主要就是安排卷积层、池化层、全连接层的分布和顺序，以及其中超参数的设置、Trick 的使用等。设计性能良好的 CNN 是有一定规律可循的，但是想要针对某个问题设计最合适的网络结构，是需要大量实践摸索的。

表 5-1　卷积神经网络结构表

Layer 名称	描　　　述
conv1	卷积层和 ReLU 激活函数
pool1	最大池化
norm1	LRN
conv2	卷积层和 ReLU 激活函数
norm2	LRN
pool2	最大池化
local3	全连接层和 ReLU 激活函数
local4	全连接层和 ReLU 激活函数
logits	模型 Inference 的输出结果

完成了模型 inference 部分的构建，接下来计算 CNN 的 loss。这里依然使用 cross entropy，需要注意的是我们把 softmax 的计算和 cross entropy loss 的计算合在了一起，即 tf.nn.sparse_softmax_cross_entropy_with_logits。这里使用 tf.reduce_mean 对 cross entropy 计算均值，再使用 tf.add_to_collection 把 cross entropy 的 loss 添加到整体 losses 的 collection 中。最后，使用 tf.add_n 将整体 losses 的 collection 中的全部 loss 求和，得到最终的 loss，其中包括 cross entropy loss，还有后两个全连接层中 weight 的 L2 loss。

```
def loss(logits, labels):
    labels = tf.cast(labels, tf.int64)
    cross_entropy = tf.nn.sparse_softmax_cross_entropy_with_logits(
        logits=logits, labels=labels, name='cross_entropy_per_example')
    cross_entropy_mean = tf.reduce_mean(cross_entropy,
                                        name='cross_entropy')
    tf.add_to_collection('losses', cross_entropy_mean)

    return tf.add_n(tf.get_collection('losses'), name='total_loss')
```

接着将 logits 节点和 label_holder 传入 loss 函数获得最终的 loss。

```
loss = loss(logits, label_holder)
```

优化器依然选择 Adam Optimizer，学习速率设为 1e-3。

```
train_op = tf.train.AdamOptimizer(1e-3).minimize(loss)
```

使用 tf.nn.in_top_k 函数求输出结果中 top k 的准确率，默认使用 top 1，也就是输出分数最高的那一类的准确率。

```
top_k_op = tf.nn.in_top_k(logits, label_holder, 1)
```

使用 tf.InteractiveSession 创建默认的 session，接着初始化全部模型参数。

```
sess = tf.InteractiveSession()
tf.global_variables_initializer().run()
```

这一步是启动前面提到的图片数据增强的线程队列，这里一共使用了 16 个线程来进行加速。注意，如果这里不启动线程，那么后续的 inference 及训练的操作都是无法开始的。

```
tf.train.start_queue_runners()
```

现在正式开始训练。在每一个 step 的训练过程中，我们需要先使用 session 的 run 方法执行 images_train、labels_train 的计算，获得一个 batch 的训练数据，再将这个 batch 的数据传入 train_op 和 loss 的计算。我们记录每一个 step 花费的时间，每隔 10 个 step 会计算并展示当前的 loss、每秒钟能训练的样本数量，以及训练一个 batch 数据所花费的时间，这样就可以比较方便地监控整个训练过程。在 GTX 1080 上，每秒钟可以训练大约 1800 个样本，如果 batch_size 为 128，则每个 batch 大约需要 0.066s。损失 loss 在一开始大约为 4.6，在经过了 3000 步训练后会下降到 1.0 附近。

```
for step in range(max_steps):
    start_time = time.time()
    image_batch,label_batch = sess.run([images_train,labels_train])
    _, loss_value = sess.run([train_op, loss],
        feed_dict={image_holder: image_batch, label_holder:label_batch})
    duration = time.time() - start_time
```

```
if step % 10 == 0:
    examples_per_sec = batch_size / duration
    sec_per_batch = float(duration)

    format_str=('step %d,loss=%.2f (%.1f examples/sec; %.3f sec/batch)')
    print(format_str % (step,loss_value,examples_per_sec,sec_per_batch))
```

接下来评测模型在测试集上的准确率。测试集一共有 10000 个样本，但是需要注意的是，我们依然要像训练时那样使用固定的 batch_size，然后一个 batch 一个 batch 地输入测试数据。我们先计算一共要多少个 batch 才能将全部样本评测完。同时，在每一个 step 中使用 session 的 run 方法获取 images_test、labels_test 的 batch，再执行 top_k_op 计算模型在这个 batch 的 top 1 上预测正确的样本数。最后汇总所有预测正确的结果，求得全部测试样本中预测正确的数量。

```
num_examples = 10000
import math
num_iter = int(math.ceil(num_examples / batch_size))
true_count = 0
total_sample_count = num_iter * batch_size
step = 0
while step < num_iter:
    image_batch,label_batch = sess.run([images_test,labels_test])
    predictions = sess.run([top_k_op],feed_dict={image_holder: image_batch,
                                        label_holder:label_batch})
    true_count += np.sum(predictions)
    step += 1
```

最后将准确率的评测结果计算并打印出来。

```
precision = true_count / total_sample_count
print('precision @ 1 = %.3f' % precision)
```

最终，在 CIFAR-10 数据集上，通过一个短时间小迭代次数的训练，可以达到大致 73% 的准确率。持续增加 max_steps，可以期望准确率逐渐增加。如果 max_steps 比较大，则推荐使用学习速率衰减（decay）的 SGD 进行训练，这样训练过程中能达到的准确率峰值会比较高，大致接近 86%。而其中 L2 正则及 LRN 层的使用都对模型准确率有提升作用，他们都可以从某些方面提升模型的泛化性。

数据增强（Data Augmentation）在我们的训练中作用很大，它可以给单幅图增加多个副本，提高图片的利用率，防止对某一张图片结构的学习过拟合。这刚好是利用了图片数据本身的性质，图片的冗余信息量比较大，因此可以制造不同的噪声并让图片依然可以被识别出来。如果神经网络可以克服这些噪声并准确识别，那么它的泛化性必然会很好。数据增强大大增加了样本量，而数据量的大小恰恰是深度学习最看重的，深度学习可以在图像识别上领先其他算法的一大因素就是它对海量数据的利用效率非常高。用其他算法，可能在数据量大到一定程度时，准确率就不再上升了，而深度学习只要提供足够多的样本，准确率基本可以持续提升，所以说它是最适合大数据的算法。如图 5-6 所示，传统的机器学习算法在获取了一定量的数据后，准确率上升曲线就接近瓶颈，而神经网络则可以持续上升到更高的准确率才接近瓶颈。规模越大越复杂的神经网络模型，可以达到的准确率水平越高，但是也相应地需要更多的数据才能训练好，在数据量小时反而容易过拟合。我们可以看到 Large NN 在数据量小的时候，并不比常规算法好，直到数据量持续扩大才慢慢超越了常规算法、Small NN 和 Medium NN，并在最后达到了一个非常高的准确率。根据 Alex 在 cuda-convnet 上的测试结果，如果不对 CIFAR-10 数据使用数据增强，那么错误率最低可以下降到 17%；使用数据增强后，错误率可以下降到 11%左右，模型性能的提升非常显著。

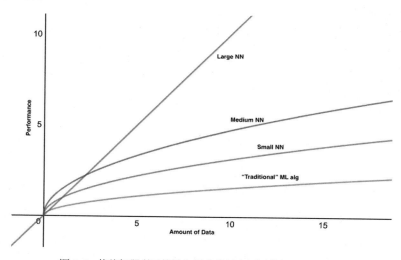

图 5-6　传统机器学习算法和深度学习在不同数据量下的表现

从本章的例子中可以发现，卷积层一般需要和一个池化层连接，卷积加池化的组合目前已经是做图像识别时的一个标准组件了。卷积网络最后的几个全连接层的作用是输出分类结果，前面的卷积层主要做特征提取的工作，直到最后的全连接层才开始对特征进行组合匹配，并进行分类。卷积层的训练相对于全连接层更复杂，训练全连接层基本是进行一些矩阵乘法运算，而目前卷积层的训练基本依赖于 cuDNN 的实现（另有 nervana 公司的 neon 也占有一席之地）。其中的算法相对复杂，有些方法（比如 Facebook 开源的算法）还会涉及傅里叶变换。同时，卷积层的使用有很多 Trick，除了本章提到的方法，实际上有很多方法可以防止 CNN 过拟合，加快收敛速度或者提高泛化性，这些会在后续章节中讲解。

6

TensorFlow 实现经典卷积神经网络

本章将介绍 4 种经典的卷积神经网络，分别是 AlexNet[45]、VGGNet[46]、Google Inception Net[47] 和 ResNet[48]，这 4 种网络依照出现的先后顺序排列，深度和复杂度也依次递进。它们分别获得了 ILSVRC（ImageNet Large Scale Visual Recognition Challenge）[49] 比赛分类项目的 2012 年冠军（top-5 错误率 16.4%，使用额外数据可达到 15.3%，8 层神经网络）、2014 年亚军（top-5 错误率 7.3%，19 层神经网络），2014 年冠军（top-5 错误率 6.7%，22 层神经网络）和 2015 年的冠军（top-5 错误率 3.57%，152 层神经网络）。这 4 个经典的网络都在各自的年代率先使用了很多先进的卷积神经网络结构，对卷积网络乃至深度学习有非常大的推动作用，也象征了卷积神经网络在 2012—2015 这四年间的快速发展。如图 6-1 所示，ILSVRC 的 top-5 错误率在最近几年取得重大突破，而主要的突破点都是在深度学习和卷积神经网络，成绩的大幅提升几乎都伴随着卷积神经网络的层数加深。而传统机器学习算法目前在 ILSVRC 上已经难以追上深度学习的步伐了，以至于逐渐被称为浅层学习（Shallow Learning）。目前在 ImageNet[50] 数据集上人眼能达到的错误率大概在 5.1%，这还是经过了大量训练的专家能达到的成绩，一般人要区分 1000 种类型的图片是比较困难的。而 ILSVRC 2015 年冠军——152 层 ResNet 的成绩达到错误率 3.57%，已经超过了人眼，这说明卷积神经网络已经基本解决了 ImageNet 数据集上的图片分类问题。

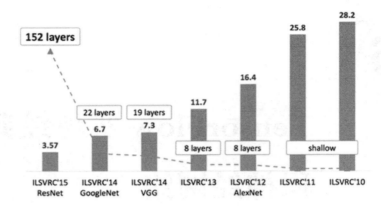

图 6-1　历届 ILSVRC 比赛代表性模型的成绩及其神经网络深度

　　前面提到的计算机视觉比赛 ILSVRC 使用的数据都来自 ImageNet，如图 6-2 所示。ImageNet 项目于 2007 年由斯坦福大学华人教授李飞飞创办，目标是收集大量带有标注信息的图片数据供计算机视觉模型训练。ImageNet 拥有 1500 万张标注过的高清图片，总共拥有 22000 类，其中约有 100 万张标注了图片中主要物体的定位边框。ImageNet 项目最早的灵感来自于人类通过视觉学习世界的方式，如果假定儿童的眼睛是生物照相机，他们平均每 200ms 就拍照一次（眼球转动一次的平均时间），那么 3 岁大时孩子就已经看过了上亿张真实世界的照片，可以算得上是一个非常大的数据集。ImageNet 项目下载了互联网上近 10 亿张图片，使用亚马逊的土耳其机器人平台实现众包的标注过程，有来自世界上 167 个国家的近 5 万名工作者帮忙一起筛选、标注。

图 6-2　ImageNet 数据集图片示例

每年度的 ILSVRC 比赛数据集中大概拥有 120 万张图片，以及 1000 类的标注，是 ImageNet 全部数据的一个子集。比赛一般采用 top-5 和 top-1 分类错误率作为模型性能的评测指标，图 6-3 所示为 AlexNet 识别 ILSVRC 数据集中图片的情况，每张图片下面是分类预测得分最高的 5 个分类及其分值。

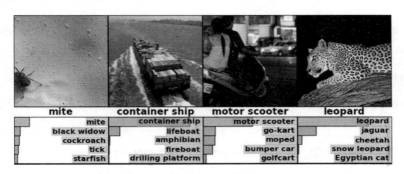

图 6-3　AlexNet 识别 ILSVRC 数据集的 top-5 分类

6.1　TensorFlow 实现 AlexNet

2012 年，Hinton 的学生 Alex Krizhevsky 提出了深度卷积神经网络模型 AlexNet，它可以算是 LeNet 的一种更深更宽的版本。AlexNet 中包含了几个比较新的技术点，也首次在 CNN 中成功应用了 ReLU、Dropout 和 LRN 等 Trick。同时 AlexNet 也使用了 GPU 进行运算加速，作者开源了他们在 GPU 上训练卷积神经网络的 CUDA 代码。AlexNet 包含了 6 亿 3000 万个连接，6000 万个参数和 65 万个神经元，拥有 5 个卷积层，其中 3 个卷积层后面连接了最大池化层，最后还有 3 个全连接层。AlexNet 以显著的优势赢得了竞争激烈的 ILSVRC 2012 比赛，top-5 的错误率降低至了 16.4%，相比第二名的成绩 26.2% 错误率有了巨大的提升。AlexNet 可以说是神经网络在低谷期后的第一次发声，确立了深度学习（深度卷积网络）在计算机视觉的统治地位，同时也推动了深度学习在语音识别、自然语言处理、强化学习等领域的拓展。

AlexNet 将 LeNet 的思想发扬光大，把 CNN 的基本原理应用到了很深很宽的网络中。AlexNet 主要使用到的新技术点如下。

（1）成功使用 ReLU 作为 CNN 的激活函数，并验证其效果在较深的网络超过了 Sigmoid，成功解决了 Sigmoid 在网络较深时的梯度弥散问题。虽然 ReLU 激活函数在很久之前就被提出了，但是直到 AlexNet 的出现才将其发扬光大。

（2）训练时使用 Dropout 随机忽略一部分神经元，以避免模型过拟合。Dropout 虽有单独的论文论述，但是 AlexNet 将其实用化，通过实践证实了它的效果。在 AlexNet 中主要是最后几个全连接层使用了 Dropout。

（3）在 CNN 中使用重叠的最大池化。此前 CNN 中普遍使用平均池化，AlexNet 全部使用最大池化，避免平均池化的模糊化效果。并且 AlexNet 中提出让步长比池化核的尺寸小，这样池化层的输出之间会有重叠和覆盖，提升了特征的丰富性。

（4）提出了 LRN 层，对局部神经元的活动创建竞争机制，使得其中响应比较大的值变得相对更大，并抑制其他反馈较小的神经元，增强了模型的泛化能力。

（5）使用 CUDA 加速深度卷积网络的训练，利用 GPU 强大的并行计算能力，处理神经网络训练时大量的矩阵运算。AlexNet 使用了两块 GTX 580 GPU 进行训练，单个 GTX 580 只有 3GB 显存，这限制了可训练的网络的最大规模。因此作者将 AlexNet 分布在两个 GPU 上，在每个 GPU 的显存中储存一半的神经元的参数。因为 GPU 之间通信方便，可以互相访问显存，而不需要通过主机内存，所以同时使用多块 GPU 也是非常高效的。同时，AlexNet 的设计让 GPU 之间的通信只在网络的某些层进行，控制了通信的性能损耗。

（6）数据增强，随机地从 256×256 的原始图像中截取 224×224 大小的区域（以及水平翻转的镜像），相当于增加了$(256–224)^2×2=2048$ 倍的数据量。如果没有数据增强，仅靠原始的数据量，参数众多的 CNN 会陷入过拟合中，使用了数据增强后可以大大减轻过拟合，提升泛化能力。进行预测时，则是取图片的四个角加中间共 5 个位置，并进行左右翻转，一共获得 10 张图片，对他们进行预测并对 10 次结果求均值。同时，AlexNet 论文中提到了会对图像的 RGB 数据进行 PCA 处理，并对主成分做一个标准差为 0.1 的高斯扰动，增加一些噪声，这个 Trick 可以让错误率再下降 1%。

整个 AlexNet 有 8 个需要训练参数的层(不包括池化层和 LRN 层)，前 5 层为卷积层，后 3 层为全连接层，如图 6-4 所示。AlexNet 最后一层是有 1000 类输出的 Softmax 层用作分类。 LRN 层出现在第 1 个及第 2 个卷积层后，而最大池化层出现在两个 LRN 层及最后一个卷积层后。ReLU 激活函数则应用在这 8 层每一层的后面。因为 AlexNet 训练时用了两块 GPU，因此这个结构图中不少组件都被拆为了两部分。现在我们 GPU 的显存可以放下全部模型参数，因此只考虑一块 GPU 的情况即可。

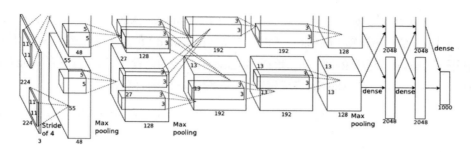

图 6-4　AlexNet 的网络结构

AlexNet 每层的超参数如图 6-5 所示。其中输入的图片尺寸为 224×224，第一个卷积层使用了较大的卷积核尺寸 11×11，步长为 4，有 96 个卷积核；紧接着一个 LRN 层；然后是一个 3×3 的最大池化层，步长为 2。这之后的卷积核尺寸都比较小，都是 5×5 或者 3×3 的大小，并且步长都为 1，即会扫描全图所有像素；而最大池化层依然保持为 3×3，并且步长为 2。我们可以发现一个比较有意思的现象，在前几个卷积层，虽然计算量很大，但参数量很小，都在 1M 左右甚至更小，只占 AlexNet 总参数量的很小一部分。这就是卷积层有用的地方，可以通过较小的参数量提取有效的特征。而如果前几层直接使用全连接层，那么参数量和计算量将成为天文数字。虽然每一个卷积层占整个网络的参数量的 1% 都不到，但是如果去掉任何一个卷积层，都会使网络的分类性能大幅地下降。

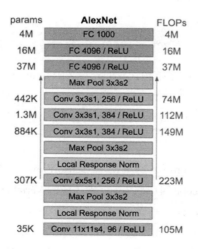

图 6-5　AlexNet 每层的超参数及参数数量

因为使用 ImageNet 数据集训练一个完整的 AlexNet 耗时非常长，因此本节中 AlexNet

的实现将不涉及实际数据的训练。我们会建立一个完整的 AlexNet 卷积神经网络，然后对它每个 batch 的前馈计算（forward）和反馈计算（backward）的速度进行测试。这里使用随机图片数据来计算每轮前馈、反馈的平均耗时。有兴趣的读者，可以自行下载 ImageNet 数据并使用本书构建的 AlexNet 完成训练，并在测试集上进行测试。

首先导入几个接下来会用到的几个系统库，包括 datetime、math 和 time，并载入 TensorFlow。本节代码主要来自 TensorFlow 的开源实现 [51]。

```
from datetime import datetime
import math
import time
import tensorflow as tf
```

这里设置 batch_size 为 32，num_batches 为 100，即总共测试 100 个 batch 的数据。

```
batch_size=32
num_batches=100
```

定义一个用来显示网络每一层结构的函数 print_actications，展示每一个卷积层或池化层输出 tensor 的尺寸。这个函数接受一个 tensor 作为输入，并显示其名称（t.op.name）和 tensor 尺寸（t.get_shape.as_list()）。

```
def print_activations(t):
    print(t.op.name, ' ', t.get_shape().as_list())
```

接下来设计 AlexNet 的网络结构。我们先定义函数 inference，它接受 images 作为输入，返回最后一层 pool5（第 5 个池化层）及 parameters（AlexNet 中所有需要训练的模型参数）。这个 inference 函数将会很大，包括多个卷积和池化层，因此下面将拆为几个小段分别讲解。

首先是第一个卷积层 conv1，这里使用 TensorFlow 中的 name_scope，通过 with tf.name_scope('conv1') as scope 可以将 scope 内生成的 Variable 自动命名为 conv1/xxx，便于区分不同卷积层之间的组件。然后定义第一个卷积层，和之前一样使用 tf.truncated_normal 截断的正态分布函数（标准差为 0.1）初始化卷积核的参数 kernel。卷积核尺寸为 11×11，颜色通道为 3，卷积核数量为 64。准备好了 kernel，再使用 tf.nn.conv2d 对输入 images 完成卷积操作，我们将 strides 步长设置为 4×4（即在图片上每 4×4 区域只取样一次，横向间隔是 4，纵向间隔也为 4，每次取样的卷积核大小都为 11×11），padding

模式设为 SAME。将卷积层的 biases 全部初始化为 0，再使用 tf.nn.bias_add 将 conv 和 biases 加起来，并使用激活函数 tf.nn.relu 对结果进行非线性处理。最后使用 print_activations 将这一层最后输出的 tensor conv1 的结构打印出来，并将这一层可训练的参数 kernel、biases 添加到 parameters 中。

```python
def inference(images):
    parameters = []

    with tf.name_scope('conv1') as scope:
        kernel = tf.Variable(tf.truncated_normal([11, 11, 3, 64],
                        dtype=tf.float32, stddev=1e-1), name='weights')
        conv = tf.nn.conv2d(images, kernel, [1, 4, 4, 1], padding= 'SAME')
        biases = tf.Variable(tf.constant(0.0, shape=[64], dtype=tf.float32),
                            trainable=True, name='biases')
        bias = tf.nn.bias_add(conv, biases)
        conv1 = tf.nn.relu(bias, name=scope)
        print_activations(conv1)
        parameters += [kernel, biases]
```

在第 1 个卷积层后再添加 LRN 层和最大池化层。先使用 tf.nn.lrn 对前面输出的 tensor conv1 进行 LRN 处理，这里使用的 depth_radius 设为 4，bias 设为 1，alpha 为 0.001/9，beta 为 0.75，基本都是 AlexNet 的论文中的推荐值。不过目前除了 AlexNet，其他经典的卷积神经网络模型基本都放弃了 LRN（主要是效果不明显），而我们使用 LRN 也会让前馈、反馈的速度大大下降（整体速度降到 1/3），读者可以自主选择是否使用 LRN。下面使用 tf.nn.max_pool 对前面的输出 lrn1 进行最大池化处理，这里的池化尺寸为 3×3，即将 3×3 大小的像素块降为 1×1 的像素，取样的步长为 2×2，padding 模式设为 VALID，即取样时不能超过边框，不像 SAME 模式那样可以填充边界外的点。最后将输出结果 pool1 的结构打印出来。

```python
lrn1 = tf.nn.lrn(conv1, 4, bias=1.0, alpha=0.001/9, beta=0.75, name='lrn1')
pool1 = tf.nn.max_pool(lrn1, ksize=[1, 3, 3, 1], strides=[1, 2, 2, 1],
                    padding='VALID', name='pool1')
print_activations(pool1)
```

接下来设计第 2 个卷积层，大部分步骤和第 1 个卷积层相同，只有几个参数不同。主要区别在于我们的卷积核尺寸是 5×5，输入通道数（即上一层输出通道数，也就是上一层卷积核数量）为 64，卷积核数量为 192。同时，卷积的步长也全部设为 1，即扫描全图像素。

```
with tf.name_scope('conv2') as scope:
    kernel = tf.Variable(tf.truncated_normal([5, 5, 64, 192],
                    dtype=tf.float32, stddev=1e-1), name='weights')
    conv = tf.nn.conv2d(pool1, kernel, [1, 1, 1, 1], padding='SAME')
    biases = tf.Variable(tf.constant(0.0, shape=[192],
                    dtype=tf.float32), trainable=True, name='biases')
    bias = tf.nn.bias_add(conv, biases)
    conv2 = tf.nn.relu(bias, name=scope)
    parameters += [kernel, biases]
print_activations(conv2)
```

接下来对第 2 个卷积层的输出 conv2 进行处理，同样是先做 LRN 处理，再进行最大池化处理，参数和之前完全一样，这里就不再赘述了。

```
lrn2 = tf.nn.lrn(conv2, 4, bias=1.0, alpha=0.001/9, beta=0.75, name='lrn2')
pool2 = tf.nn.max_pool(lrn2, ksize=[1, 3, 3, 1], strides=[1, 2, 2, 1],
                    padding='VALID', name='pool2')
print_activations(pool2)
```

下面创建第 3 个卷积层，基本结构和前面两个类似，也只是参数不同。这一层的卷积核尺寸为 3×3，输入的通道数为 192，卷积核数量继续扩大为 384，同时卷积的步长全部为 1，其他地方和前面保持一致。

```
with tf.name_scope('conv3') as scope:
    kernel = tf.Variable(tf.truncated_normal([3, 3, 192, 384],
                    dtype=tf.float32, stddev=1e-1), name='weights')
    conv = tf.nn.conv2d(pool2, kernel, [1, 1, 1, 1], padding='SAME')
    biases = tf.Variable(tf.constant(0.0, shape=[384],
                    dtype=tf.float32), trainable=True, name='biases')
    bias = tf.nn.bias_add(conv, biases)
    conv3 = tf.nn.relu(bias, name=scope)
    parameters += [kernel, biases]
```

```
    print_activations(conv3)
```

第 4 个卷积层和之前也类似，这一层的卷积核尺寸为 3×3，输入通道数为 384，但是卷积核数量降为 256。

```
with tf.name_scope('conv4') as scope:
    kernel = tf.Variable(tf.truncated_normal([3, 3, 384, 256],
                dtype=tf.float32, stddev=1e-1), name='weights')
    conv = tf.nn.conv2d(conv3, kernel, [1, 1, 1, 1], padding='SAME')
    biases = tf.Variable(tf.constant(0.0, shape=[256],
                dtype=tf.float32), trainable=True, name='biases')
    bias = tf.nn.bias_add(conv, biases)
    conv4 = tf.nn.relu(bias, name=scope)
    parameters += [kernel, biases]
    print_activations(conv4)
```

最后的第 5 个卷积层同样是 3×3 大小的卷积核，输入通道数为 256，卷积核数量也为 256。

```
with tf.name_scope('conv5') as scope:
    kernel = tf.Variable(tf.truncated_normal([3, 3, 256, 256],
                dtype=tf.float32, stddev=1e-1), name='weights')
    conv = tf.nn.conv2d(conv4, kernel, [1, 1, 1, 1], padding='SAME')
    biases = tf.Variable(tf.constant(0.0, shape=[256],
                dtype=tf.float32), trainable=True, name='biases')
    bias = tf.nn.bias_add(conv, biases)
    conv5 = tf.nn.relu(bias, name=scope)
    parameters += [kernel, biases]
    print_activations(conv5)
```

在第 5 个卷积层之后，还有一个最大池化层，这个池化层和前两个卷积层后的池化层一致，最后我们返回这个池化层的输出 pool5。至此，inference 函数就完成了，它可以创建 AlexNet 的卷积部分。在正式使用 AlexNet 来训练或预测时，还需要添加 3 个全连接层，隐含节点数分别为 4096、4096 和 1000。由于最后 3 个全连接层的计算量很小，就没放到计算速度评测中，他们对计算耗时的影响非常小。读者在正式使用 AlexNet 时需要自行添加这 3 个全连接层，全连接层在 TensorFlow 中的实现方法在第 4 章已经讲解过，这里不再赘述。

```
pool5 = tf.nn.max_pool(conv5, ksize=[1, 3, 3, 1], strides=[1, 2, 2, 1],
                                padding='VALID', name='pool5')
print_activations(pool5)


return pool5, parameters
```

接下来实现一个评估 AlexNet 每轮计算时间的函数 time_tensorflow_run。这个函数的第一个输入是 TensorFlow 的 Session，第二个变量是需要评测的运算算子，第三个变量是测试的名称。先定义预热轮数 num_steps_burn_in=10，它的作用是给程序热身，头几轮迭代有显存加载、cache 命中等问题因此可以跳过，我们只考量 10 轮迭代之后的计算时间。同时，也记录总时间 total_duration 和平方和 total_duration_squared 用以计算方差。

```
def time_tensorflow_run(session, target, info_string):
    num_steps_burn_in = 10
    total_duration = 0.0
    total_duration_squared = 0.0
```

我们进行 num_batches+num_steps_burn_in 次迭代计算，使用 time.time()记录时间，每次迭代通过 session.run(target)执行。在初始热身的 num_steps_burn_in 次迭代后，每 10 轮迭代显示当前迭代所需要的时间。同时每轮将 total_duration 和 total_duration_squared 累加，以便后面计算每轮耗时的均值和标准差。

```
for i in range(num_batches + num_steps_burn_in):
    start_time = time.time()
    _ = session.run(target)
    duration = time.time() - start_time
    if i >= num_steps_burn_in:
        if not i % 10:
            print('%s: step %d, duration = %.3f' %
                    (datetime.now(), i - num_steps_burn_in, duration))
        total_duration += duration
        total_duration_squared += duration * duration
```

在循环结束后，计算每轮迭代的平均耗时 mn 和标准差 sd，最后将结果显示出来。这样就完成了计算每轮迭代耗时的评测函数 time_tensorflow_run。

```
mn = total_duration / num_batches
vr = total_duration_squared / num_batches - mn * mn
sd = math.sqrt(vr)
print('%s: %s across %d steps, %.3f +/- %.3f sec / batch' %
      (datetime.now(), info_string, num_batches, mn, sd))
```

接下来是主函数 run_benchmark。首先使用 with tf.Graph().as_default()定义默认的 Graph 方便后面使用。如前面所说，我们并不使用 ImageNet 数据集来训练，只使用随机图片数据测试前馈和反馈计算的耗时。我们使用 tf.random_normal 函数构造正态分布（标准差为 0.1）的随机 tensor，第一个维度是 batch_size，即每轮迭代的样本数，第二个和第三个维度是图片的尺寸 image_size=224，第四个维度是图片的颜色通道数。接下来，使用前面定义的 inference 函数构建整个 AlexNet 网络，得到最后一个池化层的输出 pool5 和网络中需要训练的参数的集合 parameters。接下来，我们使用 tf.Session()创建新的 Session 并通过 tf.global_variables_initializer()初始化所有参数。

```
def run_benchmark():
    with tf.Graph().as_default():
        image_size = 224
        images = tf.Variable(tf.random_normal([batch_size,
                                               image_size,
                                               image_size, 3],
                                               dtype=tf.float32,
                                               stddev=1e-1))

        pool5, parameters = inference(images)

        init = tf.global_variables_initializer()
        sess = tf.Session()
        sess.run(init)
```

下面进行 AlexNet 的 forward 计算的评测，这里直接使用 time_tensorflow_run 统计运算时间，传入的 target 就是 pool5，即卷积网络最后一个池化层的输出。然后进行 backward

即训练过程的评测，这里和 forward 计算有些不同，我们需要给最后的输出 pool5 设置一个优化目标 loss。我们使用 tf.nn.l2_loss 计算 pool5 的 loss，再使用 tf.gradients 求相对于 loss 的所有模型参数的梯度，这样就模拟了一个训练的过程。当然，训练时还有一个根据梯度更新参数的过程，不过这个计算量很小，就不统计在评测程序里了。最后我们使用 time_tensorflow_run 统计 backward 的运算时间，这里的 target 就是求整个网络梯度 gard 的操作。

```
time_tensorflow_run(sess, pool5, "Forward")


objective = tf.nn.l2_loss(pool5)
grad = tf.gradients(objective, parameters)
time_tensorflow_run(sess, grad, "Forward-backward")
```

最后执行主函数。

```
run_benchmark()
```

程序显示的结果有三段，首先是 AlexNet 的网络结构，可以看到我们定义的 5 个卷积层中第 1 个、第 2 个和第 5 个卷积层后面还连接着池化层，另外每一层输出 tensor 的尺寸也显示出来了。

```
conv1    [32, 56, 56, 64]
pool1    [32, 27, 27, 64]
conv2    [32, 27, 27, 192]
pool2    [32, 13, 13, 192]
conv3    [32, 13, 13, 384]
conv4    [32, 13, 13, 256]
conv5    [32, 13, 13, 256]
pool5    [32, 6, 6, 256]
```

然后显示的是 forward 计算的时间。我们使用的 GPU 是 GTX 1080，软件环境包括 CUDA 8.0 和 cuDNN 5.1。在有 LRN 层时每轮迭代时间大约为 0.026s；去除 LRN 层时每轮迭代时间大约为 0.007s，运算时间有了大幅缩减，大约快了 3 倍多。因为 LRN 层对最终准确率的影响不是很大，所以读者可以自行考虑是否使用 LRN。

```
2016-12-10 21:08:31.851750: step 0, duration = 0.026
2016-12-10 21:08:32.109889: step 10, duration = 0.026
```

```
2016-12-10 21:08:32.367558: step 20, duration = 0.026
2016-12-10 21:08:32.625277: step 30, duration = 0.026
2016-12-10 21:08:32.884085: step 40, duration = 0.026
2016-12-10 21:08:33.141951: step 50, duration = 0.026
2016-12-10 21:08:33.400239: step 60, duration = 0.026
2016-12-10 21:08:33.658713: step 70, duration = 0.026
2016-12-10 21:08:33.916780: step 80, duration = 0.026
2016-12-10 21:08:34.174840: step 90, duration = 0.026
2016-12-10 21:08:34.407022: Forward across 100 steps, 0.026 +/- 0.000 sec /
batch
```

　　然后是显示的 backward 运算的时间。在使用 LRN 层时，每轮的迭代时间为 0.078s；在去除 LRN 层后，每轮迭代时间约为 0.025s，速度也快了 3 倍多。另外可以发现不论是否有 LRN 层，我们 backward 运算的耗时大约是 forward 耗时的三倍。

```
2016-12-10 21:08:35.447963: step 0, duration = 0.078
2016-12-10 21:08:36.225855: step 10, duration = 0.078
2016-12-10 21:08:37.002277: step 20, duration = 0.077
2016-12-10 21:08:37.777730: step 30, duration = 0.078
2016-12-10 21:08:38.555231: step 40, duration = 0.078
2016-12-10 21:08:39.333113: step 50, duration = 0.077
2016-12-10 21:08:40.110716: step 60, duration = 0.078
2016-12-10 21:08:40.887492: step 70, duration = 0.078
2016-12-10 21:08:41.664907: step 80, duration = 0.078
2016-12-10 21:08:42.441733: step 90, duration = 0.078
2016-12-10 21:08:43.139532: Forward-backward across 100 steps, 0.078 +/- 0.0
00 sec / batch
```

　　CNN 的训练过程（即 backward 计算）通常都比较耗时，而且不像预测过程（即 forward 计算），训练通常需要过很多遍数据，进行大量的迭代。因此应用 CNN 的主要瓶颈还是在训练，用 CNN 做预测问题不大。目前 TensorFlow 已经支持在 iOS、Android 系统中运行，所以在手机上使用 CPU 进行人脸识别或图片分类已经非常方便了，并且响应速度也很快。

　　至此，AlexNet 的 TensorFlow 实现和运算时间评测就完成了。AlexNet 为卷积神经网络和深度学习正名，以绝对优势拿下 ILSVRC 2012 冠军，引起了学术界的极大关注，为复兴神经网络做出了很大贡献。AlexNet 在 ILSVRC 数据集上可达到 16.4%的错误率（读者可自行下载数据集测试，但注意 batch_size 可能要设为 1 才能复现论文中的结果），其中用到的许多网络结构和 Trick 给深度学习的发展带来了深刻的影响。当然，我们也不能忽视 ImageNet 数据集给深度学习带来的贡献。训练深度卷积神经网络，必须拥有一个像 ImageNet 这样超大的数据集才能避免过拟合，发挥深度学习的优势。可以说，传统机器学习模型适合学习一个小型数据集，但是对于大型数据集，我们需要有更大学习容量（Learning Capacity）的模型，即深度学习模型。

在 AlexNet 发表在 NIPS 时，Hinton 曾说"如果你没有参加过之前十几年的 NIPS，那没关系，因为直到今年神经网络才真正开始生效。"当时有很多与会的教授表示不能接受神经网络，他们认为深度学习是一个黑箱模型，不可解释，有超过 6000 万的参数，在 ILSVRC 上的成绩可能只是某种过拟合，对计算机视觉贡献不大。然而之前使用传统方法获得过 ILSVRC 比赛冠军的 NEC Labs 的模型参数量也不少。他们当时使用 sparse SIFT 加 Pyramid Pooling 提取特征，然后使用 SVM 进行分类，但是他们的 SVM 模型参数也有超过 1 亿 6000 万，远比 AlexNet 的参数多。因此说 CNN 参数多所以没有价值的观点是站不住脚的。深度学习的参数并不一定比传统机器学习模型多，尤其卷积层使用的参数量其实很少，但是其抽取特征的能力是非常强的，这也是 CNN 之所以有效的原因。

6.2　TensorFlow 实现 VGGNet

VGGNet 是牛津大学计算机视觉组（Visual Geometry Group）和 Google DeepMind 公司的研究员一起研发的的深度卷积神经网络。VGGNet 探索了卷积神经网络的深度与其性能之间的关系，通过反复堆叠 3×3 的小型卷积核和 2×2 的最大池化层，VGGNet 成功地构筑了 16~19 层深的卷积神经网络。VGGNet 相比之前 state-of-the-art 的网络结构，错误率大幅下降，并取得了 ILSVRC 2014 比赛分类项目的第 2 名和定位项目的第 1 名。同时 VGGNet 的拓展性很强，迁移到其他图片数据上的泛化性非常好。VGGNet 的结构非常简洁，整个网络都使用了同样大小的卷积核尺寸（3×3）和最大池化尺寸（2×2）。到目前为止，VGGNet 依然经常被用来提取图像特征。VGGNet 训练后的模型参数在其官方网站上开源了，可用来在 domain specific 的图像分类任务上进行再训练（相当于提供了非常好的初始化权重），因此被用在了很多地方。

　　VGGNet 论文中全部使用了 3×3 的卷积核和 2×2 的池化核,通过不断加深网络结构来提升性能。图 6-6 所示为 VGGNet 各级别的网络结构图,图 6-7 所示为每一级别的参数量,从 11 层的网络一直到 19 层的网络都有详尽的性能测试。虽然从 A 到 E 每一级网络逐渐变深,但是网络的参数量并没有增长很多,这是因为参数量主要都消耗在最后 3 个全连接层。前面的卷积部分虽然很深,但是消耗的参数量不大,不过训练比较耗时的部分依然是卷积,因其计算量比较大。这其中的 D、E 也就是我们常说的 VGGNet-16 和 VGGNet-19。C 很有意思,相比 B 多了几个 1×1 的卷积层,1×1 卷积的意义主要在于线性变换,而输入通道数和输出通道数不变, 没有发生降维。

ConvNet Configuration					
A	A-LRN	B	C	D	E
11 weight layers	11 weight layers	13 weight layers	16 weight layers	16 weight layers	19 weight layers
input (224 × 224 RGB image)					
conv3-64	conv3-64 **LRN**	conv3-64 **conv3-64**	conv3-64 conv3-64	conv3-64 conv3-64	conv3-64 conv3-64
maxpool					
conv3-128	conv3-128	conv3-128 **conv3-128**	conv3-128 conv3-128	conv3-128 conv3-128	conv3-128 conv3-128
maxpool					
conv3-256 conv3-256	conv3-256 conv3-256	conv3-256 conv3-256	conv3-256 conv3-256 **conv1-256**	conv3-256 conv3-256 **conv3-256**	conv3-256 conv3-256 conv3-256 **conv3-256**
maxpool					
conv3-512 conv3-512	conv3-512 conv3-512	conv3-512 conv3-512	conv3-512 conv3-512 **conv1-512**	conv3-512 conv3-512 **conv3-512**	conv3-512 conv3-512 conv3-512 **conv3-512**
maxpool					
conv3-512 conv3-512	conv3-512 conv3-512	conv3-512 conv3-512	conv3-512 conv3-512 **conv1-512**	conv3-512 conv3-512 **conv3-512**	conv3-512 conv3-512 conv3-512 **conv3-512**
maxpool					
FC-4096					
FC-4096					
FC-1000					
soft-max					

图 6-6　VGGNet 各级别网络结构图

Network	A,A-LRN	B	C	D	E
Number of parameters	133	133	134	138	144

图 6-7　VGGNet 各级别网络参数量（单位为百万）

　　VGGNet 拥有 5 段卷积,每一段内有 2~3 个卷积层,同时每段尾部会连接一个最大池

化层用来缩小图片尺寸。每段内的卷积核数量一样，越靠后的段的卷积核数量越多：64 –
128 – 256 – 512 – 512。其中经常出现多个完全一样的 3×3 的卷积层堆叠在一起的情况，
这其实是非常有用的设计。如图 6-8 所示，两个 3×3 的卷积层串联相当于 1 个 5×5 的卷积
层，即一个像素会跟周围 5×5 的像素产生关联，可以说感受野大小为 5×5。而 3 个 3×3
的卷积层串联的效果则相当于 1 个 7×7 的卷积层。除此之外，3 个串联的 3×3 的卷积层，
拥有比 1 个 7×7 的卷积层更少的参数量，只有后者的 $\frac{3\times3\times3}{7\times7} = 55\%$。最重要的是，3 个 3×3
的卷积层拥有比 1 个 7×7 的卷积层更多的非线性变换（前者可以使用三次 ReLU 激活函数，
而后者只有一次），使得 CNN 对特征的学习能力更强。

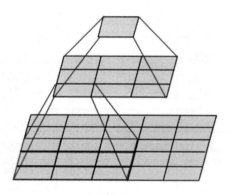

图 6-8　两个串联 3×3 的卷积层功能类似于一个 5×5 的卷积层

VGGNet 在训练时有一个小技巧，先训练级别 A 的简单网络，再复用 A 网络的权重
来初始化后面的几个复杂模型，这样训练收敛的速度更快。在预测时，VGG 采用
Multi-Scale 的方法，将图像 scale 到一个尺寸 Q，并将图片输入卷积网络计算。然后在最
后一个卷积层使用滑窗的方式进行分类预测，将不同窗口的分类结果平均，再将不同尺寸
Q 的结果平均得到最后结果，这样可提高图片数据的利用率并提升预测准确率。同时在训
练中，VGGNet 还使用了 Multi-Scale 的方法做数据增强，将原始图像缩放到不同尺寸 S，
然后再随机裁切 224×224 的图片，这样能增加很多数据量，对于防止模型过拟合有很不
错的效果。实践中，作者令 S 在[256,512]这个区间内取值，使用 Multi-Scale 获得多个版
本的数据，并将多个版本的数据合在一起进行训练。图 6-9 所示为 VGGNet 使用 Multi-Scale
训练时得到的结果，可以看到 D 和 E 都可以达到 7.5%的错误率。最终提交到 ILSVRC 2014
的版本是仅使用 Single-Scale 的 6 个不同等级的网络与 Multi-Scale 的 D 网络的融合，达到
了 7.3%的错误率。不过比赛结束后作者发现只融合 Multi-Scale 的 D 和 E 可以达到更好的
效果，错误率达到 7.0%，再使用其他优化策略最终错误率可达到 6.8%左右，非常接近同

年的冠军 Google Inceptin Net。同时，作者在对比各级网络时总结出了以下几个观点。

（1）LRN 层作用不大。

（2）越深的网络效果越好。

（3）1×1 的卷积也是很有效的，但是没有 3×3 的卷积好，大一些的卷积核可以学习更大的空间特征。

ConvNet config. (Table 1)	smallest image side		top-1 val. error (%)	top-5 val. error (%)
	train (S)	test (Q)		
B	256	224,256,288	28.2	9.6
C	256	224,256,288	27.7	9.2
	384	352,384,416	27.8	9.2
	[256; 512]	256,384,512	26.3	8.2
D	256	224,256,288	26.6	8.6
	384	352,384,416	26.5	8.6
	[256; 512]	256,384,512	**24.8**	**7.5**
E	256	224,256,288	26.9	8.7
	384	352,384,416	26.7	8.6
	[256; 512]	256,384,512	**24.8**	**7.5**

图 6-9   各级别 VGGNet 在使用 Multi-Scale 训练时的 top-5 错误率

VGGNet 训练时使用了 4 块 Geforce GTX Titan GPU 并行计算，速度比单块 GPU 快 3.75 倍，几乎没有太多性能损耗。但是，每个网络耗时 2~3 周才可以训练完。因此我们这里不直接使用 ImageNet 数据训练一个 VGGNet，而是采用跟 AlexNet 一样的方式：构造出 VGGNet 网络结构，并评测其 forward（inference）耗时和 backward（training）耗时。

下面就开始实现 VGGNet-16，也就是上面的版本 D，其他版本读者可以仿照本节的代码自行修改并实现，难度不大。首先，我们载入几个系统库和 TensorFlow。本节代码主要来自 tensorflow-vgg 的开源实现 [52]。

```
from datetime import datetime
import math
import time
import tensorflow as tf
```

VGGNet-16 包含很多层的卷积，因此我们先写一个函数 conv_op，用来创建卷积层并把本层的参数存入参数列表。先来看 conv_op 函数的输入，input_op 是输入的 tensor，name 是这一层的名称，kh 是 kernel height 即卷积核的高，kw 是 kernel width 即卷积核的宽，n_out 是卷积核数量即输出通道数，dh 是步长的高，dw 是步长的宽，p 是参数列表。下面使用 get_shape()[-1].value 获取输入 input_op 的通道数，比如输入图片的尺寸 224×224×3

中最后的那个 3。然后使用 tf.name_scope(name)设置 scope。我们的 kernel(即卷积核参数)使用 tf.get_variable 创建，其中 shape 就是[kh, kw, n_in, n_out]即[卷积核的高，卷积核的宽，输入通道数，输出通道数]，同时使用 tf.contrib.layers.xavier_initializer_conv2d()做参数初始化。Xavier 初始化方法我们在第 4 章实现过，其原理也讲解过，在此不做赘述。

```python
def conv_op(input_op, name, kh, kw, n_out, dh, dw, p):
    n_in = input_op.get_shape()[-1].value

    with tf.name_scope(name) as scope:
        kernel = tf.get_variable(scope+"w",
            shape=[kh, kw, n_in, n_out], dtype=tf.float32,
            initializer=tf.contrib.layers.xavier_initializer_conv2d())
```

接着使用 tf.nn.conv2d 对 input_op 进行卷积处理，卷积核即为 kernel，步长是 dh×dw，padding 模式设为 SAME。biases 使用 tf.constant 赋值为 0，再使用 tf.Variable 将其转成可训练的参数。我们使用 tf.nn.bias_add 将卷积结果 conv 与 bias 相加，再使用 tf.nn.relu 对其进行非线性处理得到 activation。最后将创建卷积层时用到的参数 kernel 和 biases 添加进参数列表 p，并将卷积层的输出 activation 作为函数结果返回。

```python
        conv = tf.nn.conv2d(input_op, kernel, (1, dh, dw, 1),
                            padding='SAME')
        bias_init_val = tf.constant(0.0, shape=[n_out], dtype=tf.float32)
        biases = tf.Variable(bias_init_val, trainable=True, name='b')
        z = tf.nn.bias_add(conv, biases)
        activation = tf.nn.relu(z, name=scope)
        p += [kernel, biases]
        return activation
```

下面定义全连接层的创建函数 fc_op。一样是先获取输入 input_op 的通道数，然后使用 tf.get_variable 创建全连接层的参数，只不过参数的维度只有两个，第一个维度为输入的通道数 n_in，第二个维度为输出的通道数 n_out。同样，参数初始化方法也使用 xavier_initializer。这里 biases 不再初始化为 0，而是赋予一个较小的值 0.1 以避免 dead neuron。然后使用 tf.nn.relu_layer 对输入变量 input_op 与 kernel 做矩阵乘法并加上 biases，再做 ReLU 非线性变换得到 activation。最后将这个全连接层用到参数 kernel、biases 添加到参数列表 p，并将 activation 作为函数结果返回。

```
def fc_op(input_op, name, n_out, p):
    n_in = input_op.get_shape()[-1].value

    with tf.name_scope(name) as scope:
        kernel = tf.get_variable(scope+"w",
            shape=[n_in, n_out], dtype=tf.float32,
            initializer=tf.contrib.layers.xavier_initializer())
        biases = tf.Variable(tf.constant(0.1, shape=[n_out],
                                         dtype= tf.float32), name='b')
        activation = tf.nn.relu_layer(input_op, kernel, biases, name= scope)
        p += [kernel, biases]
        return activation
```

再定义最大池化层的创建函数 mpool_op。这里直接使用 tf.nn.max_pool，输入即为 input_op，池化尺寸为 kh×kw，步长是 dh×dw，padding 模式设为 SAME。

```
def mpool_op(input_op, name, kh, kw, dh, dw):
    return tf.nn.max_pool(input_op,
                          ksize=[1, kh, kw, 1],
                          strides=[1, dh, dw, 1],
                          padding='SAME',
                          name=name)
```

完成了卷积层、全连接层和最大池化层的创建函数，接下来就开始创建 VGGNet-16 的网络结构。VGGNet-16 主要分为 6 个部分，前 5 段为卷积网络，最后一段是全连接网络。我们定义创建 VGGNet-16 网络结构的函数 inference_op，输入有 input_op 和 keep_prob，这里的 keep_prob 是控制 dropout 比率的一个 placeholder。第一步先初始化参数列表 p。然后创建第一段卷积网络，这一段正如图 6-6 中的网络结构，由两个卷积层和一个最大池化层构成。我们使用前面写好的函数 conv_op、mpool_op 来创建他们。这两个卷积层的卷积核的大小都是 3×3，同时卷积核数量（输出通道数）均为 64，步长为 1×1，全像素扫描。第一个卷积层的输入 input_op 的尺寸为 224×224×3，输出尺寸为 224×224×64；而第二个卷积层的输入输出尺寸均为 224×224×64。卷积层后的最大池化层则是一个标准的 2×2 的最大池化，将输出结果尺寸变为了 112×112×64。

```
def inference_op(input_op, keep_prob):
    p = []

    conv1_1 = conv_op(input_op, name="conv1_1", kh=3, kw=3, n_out=64, dh=1,
                      dw=1, p=p)
    conv1_2 = conv_op(conv1_1, name="conv1_2", kh=3, kw=3, n_out=64, dh=1,
                      dw=1, p=p)
    pool1 = mpool_op(conv1_2, name="pool1", kh=2, kw=2, dw=2, dh=2)
```

第二段卷积网络和第一段非常类似，同样是两个卷积层加一个最大池化层，两个卷积层的卷积核尺寸也是 3×3，但是输出通道数变为 128，是以前的两倍。最大池化层则和前面保持一致，因此这一段卷积网络的输出尺寸变为 56×56×128。

```
    conv2_1 = conv_op(pool1, name="conv2_1", kh=3, kw=3, n_out=128, dh=1,
                      dw=1, p=p)
    conv2_2 = conv_op(conv2_1, name="conv2_2", kh=3, kw=3, n_out=128, dh=1,
                      dw=1, p=p)
    pool2 = mpool_op(conv2_2, name="pool2", kh=2, kw=2, dh=2, dw=2)
```

接下来是第三段卷积网络，这里有 3 个卷积层和 1 个最大池化层。3 个卷积层的卷积核大小依然是 3×3，但是输出通道数增长为 256，而最大池化层保持不变，因此这一段卷积网络的输出尺寸是 28×28×256。

```
    conv3_1 = conv_op(pool2, name="conv3_1", kh=3, kw=3, n_out=256, dh=1,
                      dw=1, p=p)
    conv3_2 = conv_op(conv3_1, name="conv3_2", kh=3, kw=3, n_out=256, dh=1,
                      dw=1, p=p)
    conv3_3 = conv_op(conv3_2, name="conv3_3", kh=3, kw=3, n_out=256, dh=1,
                      dw=1, p=p)
    pool3 = mpool_op(conv3_3, name="pool3", kh=2, kw=2, dh=2, dw=2)
```

第四段卷积网络也是 3 个卷积层加 1 个最大池化层。读者可能已经发现规律了，到目前为止，VGGNet-16 的每一段卷积网络都会将图像的边长缩小一半，但是将卷积输出通道数翻倍。这样图像面积缩小到 1/4，输出通道数变为 2 倍，因此输出 tensor 的总尺寸每次缩小一半。这一层就是将卷积输出通道数增加到 512，但是通过最大池化将图片缩小为

14×14。

```
conv4_1 = conv_op(pool3, name="conv4_1", kh=3, kw=3, n_out=512, dh=1,
                  dw=1, p=p)
conv4_2 = conv_op(conv4_1, name="conv4_2", kh=3, kw=3, n_out=512, dh=1,
                  dw=1, p=p)
conv4_3 = conv_op(conv4_2, name="conv4_3", kh=3, kw=3, n_out=512, dh=1,
                  dw=1, p=p)
pool4 = mpool_op(conv4_3, name="pool4", kh=2, kw=2, dh=2, dw=2)
```

最后一段卷积网络有所变化，这里卷积输出的通道数不再增加，继续维持在 512。最后一段卷积网络同样是 3 个卷积层加一个最大池化层，卷积核尺寸为 3×3，步长为 1×1，池化层尺寸为 2×2，步长为 2×2。因此到这里输出的尺寸变为 7×7×512。

```
conv5_1 = conv_op(pool4, name="conv5_1", kh=3, kw=3, n_out= 512, dh=1,
                  dw=1, p=p)
conv5_2 = conv_op(conv5_1, name="conv5_2", kh=3, kw=3, n_out= 512, dh=1,
                  dw=1, p=p)
conv5_3 = conv_op(conv5_2, name="conv5_3", kh=3, kw=3, n_out=512, dh=1,
                  dw=1, p=p)
pool5 = mpool_op(conv5_3, name="pool5", kh=2, kw=2, dw=2, dh=2)
```

我们将第 5 段卷积网络的输出结果进行扁平化，使用 tf.reshape 函数将每个样本化为长度为 7×7×512=25088 的一维向量。

```
shp = pool5.get_shape()
flattened_shape = shp[1].value * shp[2].value * shp[3].value
resh1 = tf.reshape(pool5, [-1, flattened_shape], name="resh1")
```

然后连接一个隐含节点数为 4096 的全连接层，激活函数为 ReLU。然后连接一个 Dropout 层，在训练时节点保留率为 0.5，预测时为 1.0。

```
fc6 = fc_op(resh1, name="fc6", n_out=4096, p=p)
fc6_drop = tf.nn.dropout(fc6, keep_prob, name="fc6_drop")
```

接下来是一个和前面一样的全连接层，之后同样连接一个 Dropout 层。

```
fc7 = fc_op(fc6_drop, name="fc7", n_out=4096, p=p)
```

```
fc7_drop = tf.nn.dropout(fc7, keep_prob, name="fc7_drop")
```

最后连接一个有 1000 个输出节点的全连接层，并使用 Softmax 进行处理得到分类输出概率。这里使用 tf.argmax 求输出概率最大的类别。最后将 fc8、softmax、predictions 和参数列表 p 一起返回。到此为止，VGGNet-16 的网络结构就全部构建完成了。

```
fc8 = fc_op(fc7_drop, name="fc8", n_out=1000, p=p)

softmax = tf.nn.softmax(fc8)

predictions = tf.argmax(softmax, 1)

return predictions, softmax, fc8, p
```

我们的评测函数 time_tensorflow_run()和前面 AlexNet 中的非常相似，只有一点区别：我们在 session.run()方法中引入了 feed_dict，方便后面传入 keep_prob 来控制 Dropout 层的保留比率。

```
def time_tensorflow_run(session, target, feed, info_string):
    num_steps_burn_in = 10
    total_duration = 0.0
    total_duration_squared = 0.0
    for i in range(num_batches + num_steps_burn_in):
        start_time = time.time()
        _ = session.run(target, feed_dict=feed)
        duration = time.time() - start_time
        if i >= num_steps_burn_in:
            if not i % 10:
                print ('%s: step %d, duration = %.3f' %
                        (datetime.now(), i - num_steps_burn_in, duration))
            total_duration += duration
            total_duration_squared += duration * duration
    mn = total_duration / num_batches
    vr = total_duration_squared / num_batches - mn * mn
    sd = math.sqrt(vr)
    print ('%s: %s across %d steps, %.3f +/- %.3f sec / batch' %
            (datetime.now(), info_string, num_batches, mn, sd))
```

下面定义评测的主函数 run_benchmark，我们的目标依然是仅评测 forward 和 backward

的运算性能，并不进行实质的训练和预测。首先是生成尺寸为 224×224 的随机图片，方法与 AlexNet 中一样，通过 tf.random_normal 函数生成标准差为 0.1 的正态分布的随机数。

```
def run_benchmark():
    with tf.Graph().as_default():
        image_size = 224
        images = tf.Variable(tf.random_normal([batch_size,
                                               image_size,
                                               image_size, 3],
                                               dtype=tf.float32,
                                               stddev=1e-1))
```

接下来，创建 keep_prob 的 placeholder，并调用 inference_op 函数构建 VGGNet-16 的网络结构，获得 predictions、softmax、fc8 和参数列表 p。

```
keep_prob = tf.placeholder(tf.float32)
predictions, softmax, fc8, p = inference_op(images, keep_prob)
```

然后创建 Session 并初始化全局参数。

```
init = tf.global_variables_initializer()
sess = tf.Session()
sess.run(init)
```

我们通过将 keep_prob 设为 1.0 来执行预测，并使用 time_tensorflow_run 评测 forward 运算时间。再计算 VGGNet-16 最后的全连接层的输出 fc8 的 l2 loss，并使用 tf.gradients 求相对于这个 loss 的所有模型参数的梯度。最后使用 time_tensorflow_run 评测 backward 运算时间，这里 target 为求解梯度的操作 grad，keep_prob 为 0.5。

```
time_tensorflow_run(sess, predictions, {keep_prob:1.0}, "Forward")
objective = tf.nn.l2_loss(fc8)
grad = tf.gradients(objective, p)
time_tensorflow_run(sess, grad, {keep_prob:0.5}, "Forward-backward")
```

我们设置 batch_size 为 32，因为 VGGNet-16 的模型体积比较大，如果使用较大的 batch_size，GPU 显存会不够用。最后执行评测的主函数 run_benchmark()，测试 VGGNet-16 在 TensorFlow 上的 forward 和 backward 耗时。

```
batch_size=32
num_batches=100
run_benchmark()
```

forward 计算时平均每个 batch 的耗时为 0.152s，相比于同样 batch size 的 AlexNet 的 0.026s（如果无 LRN 则是 0.007s）慢 6 倍。这说明 VGGNet-16 的计算复杂度相比 AlexNet 确实高了很多，不过同样也带来了很大的准确率提升。

```
2016-12-01 17:13:31.761549: step 0, duration = 0.151
2016-12-01 17:13:33.281319: step 10, duration = 0.151
2016-12-01 17:13:34.789695: step 20, duration = 0.151
2016-12-01 17:13:36.311346: step 30, duration = 0.158
2016-12-01 17:13:37.824452: step 40, duration = 0.153
2016-12-01 17:13:39.341594: step 50, duration = 0.152
2016-12-01 17:13:40.859964: step 60, duration = 0.152
2016-12-01 17:13:42.379664: step 70, duration = 0.153
2016-12-01 17:13:43.900802: step 80, duration = 0.153
2016-12-01 17:13:45.424529: step 90, duration = 0.151
2016-12-01 17:13:46.795223: Forward across 100 steps, 0.152 +/- 0.002 sec /
batch
```

而 backward 求解梯度时，每个 batch 的平均耗时达到 0.617s，相比于 AlexNet 的 0.078s 也高了很多。

```
2016-12-01 17:13:57.078991: step 0, duration = 0.613
2016-12-01 17:14:03.241287: step 10, duration = 0.621
2016-12-01 17:14:09.398178: step 20, duration = 0.616
2016-12-01 17:14:15.555161: step 30, duration = 0.617
2016-12-01 17:14:21.713196: step 40, duration = 0.614
2016-12-01 17:14:27.879734: step 50, duration = 0.614
2016-12-01 17:14:34.044447: step 60, duration = 0.614
2016-12-01 17:14:40.204176: step 70, duration = 0.619
2016-12-01 17:14:46.373392: step 80, duration = 0.615
2016-12-01 17:14:52.550798: step 90, duration = 0.620
2016-12-01 17:14:58.123548: Forward-backward across 100 steps, 0.617 +/- 0.0
```

02 sec / batch

　　至此 VGGNet-16 的实现和评测就完成了。VGG 系列的卷积神经网络在 ILSVRC 2014 比赛中最终达到了 7.3% 的错误率，相比 AlexNet 进步非常大，读者可以使用 ImageNet 数据集复现其结果。VGGNet 的模型参数虽然比 AlexNet 多，但反而只需要较少的迭代次数就可以收敛，主要原因是更深的网络和更小的卷积核带来的隐式的正则化效果。VGGNet 凭借其相对不算很高的复杂度和优秀的分类性能，成为了一代经典的卷积神经网络，直到现在依然被应用在很多地方。

6.3　TensorFlow 实现 Google Inception Net

　　Google Inception Net 首次出现在 ILSVRC 2014 的比赛中（和 VGGNet 同年），就以较大优势取得了第一名。那届比赛中的 Inception Net 通常被称为 Inception V1，它最大的特点是控制了计算量和参数量的同时，获得了非常好的分类性能——top-5 错误率 6.67%，只有 AlexNet 的一半不到。Inception V1 有 22 层深，比 AlexNet 的 8 层或者 VGGNet 的 19 层还要更深。但其计算量只有 15 亿次浮点运算，同时只有 500 万的参数量，仅为 AlexNet 参数量（6000 万）的 1/12，却可以达到远胜于 AlexNet 的准确率，可以说是非常优秀并且非常实用的模型。Inception V1 降低参数量的目的有两点，第一，参数越多模型越庞大，需要供模型学习的数据量就越大，而目前高质量的数据非常昂贵；第二，参数越多，耗费的计算资源也会更大。Inception V1 参数少但效果好的原因除了模型层数更深、表达能力更强外，还有两点：一是去除了最后的全连接层，用全局平均池化层（即将图片尺寸变为 1×1）来取代它。全连接层几乎占据了 AlexNet 或 VGGNet 中 90% 的参数量，而且会引起过拟合，去除全连接层后模型训练更快并且减轻了过拟合。用全局平均池化层取代全连接层的做法借鉴了 *Network In Network*（以下简称 NIN）论文。二是 Inception V1 中精心设计的 Inception Module 提高了参数的利用效率，其结构如图 6-10 所示。这一部分也借鉴了 NIN 的思想，形象的解释就是 Inception Module 本身如同大网络中的一个小网络，其结构可以反复堆叠在一起形成大网络。不过 Inception V1 比 NIN 更进一步的是增加了分支网络，NIN 则主要是级联的卷积层和 MLPConv 层。一般来说卷积层要提升表达能力，主要依靠增加输出通道数，但副作用是计算量增大和过拟合。每一个输出通道对应一个滤波器，同一个滤波器共享参数，只能提取一类特征，因此一个输出通道只能做一种特征处理。而 NIN 中的 MLPConv 则拥有更强大的能力，允许在输出通道之间组合信息，因此效果明显。可以说，MLPConv 基本等效于普通卷积层后再连接 1×1 的卷积和 ReLU 激活函数。

我们再来看 Inception Module 的基本结构，其中有 4 个分支：第一个分支对输入进行 1×1 的卷积，这其实也是 NIN 中提出的一个重要结构。1×1 的卷积是一个非常优秀的结构，它可以跨通道组织信息，提高网络的表达能力，同时可以对输出通道升维和降维。可以看到 Inception Module 的 4 个分支都用到了 1×1 卷积，来进行低成本（计算量比 3×3 小很多）的跨通道的特征变换。第二个分支先使用了 1×1 卷积，然后连接 3×3 卷积，相当于进行了两次特征变换。第三个分支类似，先是 1×1 的卷积，然后连接 5×5 卷积。最后一个分支则是 3×3 最大池化后直接使用 1×1 卷积。我们可以发现，有的分支只使用 1×1 卷积，有的分支使用了其他尺寸的卷积时也会再使用 1×1 卷积，这是因为 1×1 卷积的性价比很高，用很小的计算量就能增加一层特征变换和非线性化。Inception Module 的 4 个分支在最后通过一个聚合操作合并（在输出通道数这个维度上聚合）。Inception Module 中包含了 3 种不同尺寸的卷积和 1 个最大池化，增加了网络对不同尺度的适应性，这一部分和 Multi-Scale 的思想类似。早期计算机视觉的研究中，受灵长类神经视觉系统的启发，Serre 使用不同尺寸的 Gabor 滤波器处理不同尺寸的图片，Inception V1 借鉴了这种思想。Inception V1 的论文中指出，Inception Module 可以让网络的深度和宽度高效率地扩充，提升准确率且不致于过拟合。

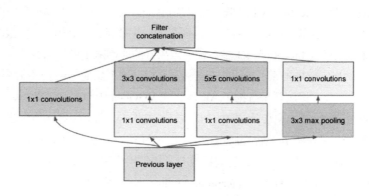

图 6-10　Inception Module 结构图

人脑神经元的连接是稀疏的，因此研究者认为大型神经网络的合理的连接方式应该也是稀疏的。稀疏结构是非常适合神经网络的一种结构，尤其是对非常大型、非常深的神经网络，可以减轻过拟合并降低计算量，例如卷积神经网络就是稀疏的连接。Inception Net 的主要目标就是找到最优的稀疏结构单元（即 Inception Module），论文中提到其稀疏结构基于 Hebbian 原理，这里简单解释一下 Hebbian 原理：神经反射活动的持续与重复会导致神经元连接稳定性的持久提升，当两个神经元细胞 A 和 B 距离很近，并且 A 参与了对 B 重复、持续的兴奋，那么某些代谢变化会导致 A 将作为能使 B 兴奋的细胞。总结一下即 "一起发射的神经元会连在一起"（Cells that fire together, wire together），学习过程中的刺激会使神经元间的突触强度增加。受 Hebbian 原理启发，另一篇文章 *Provable Bounds for Learning Some Deep Representations* 提出，如果数据集的概率分布可以被一个很大很稀疏的神经网络所表达，那么构筑这个网络的最佳方法是逐层构筑网络：将上一层高度相关（correlated）的节点聚类，并将聚类出来的每一个小簇（cluster）连接到一起，如图 6-11 所示。这个相关性高的节点应该被连接在一起的结论，即是从神经网络的角度对 Hebbian 原理有效性的证明。

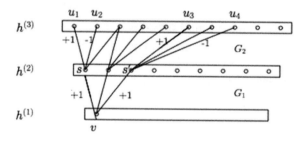

图 6-11　将高度相关的节点连接在一起，形成稀疏网络

因此一个 "好" 的稀疏结构，应该是符合 Hebbian 原理的，我们应该把相关性高的一簇神经元节点连接在一起。在普通的数据集中，这可能需要对神经元节点聚类，但是在图片数据中，天然的就是临近区域的数据相关性高，因此相邻的像素点被卷积操作连接在一起。而我们可能有多个卷积核，在同一空间位置但在不同通道的卷积核的输出结果相关性极高。因此，一个 1×1 的卷积就可以很自然地把这些相关性很高的、在同一个空间位置但是不同通道的特征连接在一起，这就是为什么 1×1 卷积这么频繁地被应用到 Inception Net 中的原因。1×1 卷积所连接的节点的相关性是最高的，而稍微大一点尺寸的卷积，比如 3×3、5×5 的卷积所连接的节点相关性也很高，因此也可以适当地使用一些大尺寸的卷积，增加多样性（diversity）。最后 Inception Module 通过 4 个分支中不同尺寸的 1×1、3×3、5×5 等小型卷积将相关性很高的节点连接在一起，就完成了其设计初衷，构建出了很高效的符合 Hebbian 原理的稀疏结构。

在 Inception Module 中，通常 1×1 卷积的比例（输出通道数占比）最高，3×3 卷积和 5×5 卷积稍低。而在整个网络中，会有多个堆叠的 Inception Module，我们希望靠后的 Inception Module 可以捕捉更高阶的抽象特征，因此靠后的 Inception Module 的卷积的空间集中度应该逐渐降低，这样可以捕获更大面积的特征。因此，越靠后的 Inception Module 中，3×3 和 5×5 这两个大面积的卷积核的占比（输出通道数）应该更多。

Inception Net 有 22 层深，除了最后一层的输出，其中间节点的分类效果也很好。因此在 Inception Net 中，还使用到了辅助分类节点（auxiliary classifiers），即将中间某一层的输出用作分类，并按一个较小的权重（0.3）加到最终分类结果中。这样相当于做了模型融合，同时给网络增加了反向传播的梯度信号，也提供了额外的正则化，对于整个 Inception Net 的训练很有裨益。

当年的 Inception V1 还是跑在 TensorFlow 的前辈 DistBelief 上的，并且只运行在 CPU 上。当时使用了异步的 SGD 训练，学习速率每迭代 8 个 epoch 降低 4%。同时，Inception V1 也使用了 Multi-Scale、Multi-Crop 等数据增强方法，并在不同的采样数据上训练了 7 个模型进行融合，得到了最后的 ILSVRC 2014 的比赛成绩——top-5 错误率 6.67%。

同时，Google Inception Net 还是一个大家族，包括：

- 2014 年 9 月的论文 *Going Deeper with Convolutions* 提出的 Inception V1（top-5 错误率 6.67%）。
- 2015 年 2 月的论文 *Batch Normalization: Accelerating Deep Network Training by Reducing Internal Covariate* 提出的 Inception V2（top-5 错误率 4.8%）。
- 2015 年 12 月的论文 *Rethinking the Inception Architecture for Computer Vision* 提出的 Inception V3（top-5 错误率 3.5%）。
- 2016 年 2 月的论文 *Inception-v4, Inception-ResNet and the Impact of Residual Connections on Learning* 提出的 Inception V4（top-5 错误率 3.08%）。

Inception V2 学习了 VGGNet，用两个 3×3 的卷积代替 5×5 的大卷积（用以降低参数量并减轻过拟合），还提出了著名的 Batch Normalization（以下简称 BN）方法。BN 是一个非常有效的正则化方法，可以让大型卷积网络的训练速度加快很多倍，同时收敛后的分类准确率也可以得到大幅提高。BN 在用于神经网络某层时，会对每一个 mini-batch 数据的内部进行标准化（normalization）处理，使输出规范化到 N(0,1) 的正态分布，减少了 Internal Covariate Shift（内部神经元分布的改变）。BN 的论文指出，传统的深度神经网络在训练时，每一层的输入的分布都在变化，导致训练变得困难，我们只能使用一个很小的学习速率解决这个问题。而对每一层使用 BN 之后，我们就可以有效地解决这个问题，学习速率可以增大很多倍，达到之前的准确率所需的迭代次数只有 1/14，训练时间大大缩短。而达到之前的准确率后，可以继续训练，并最终取得远超于 Inception V1 模型的性能——top-5 错误率 4.8%，已经优于人眼水平。因为 BN 某种意义上还起到了正则化的作用，所以可以减少或者取消 Dropout，简化网络结构。

当然，只是单纯地使用 BN 获得的增益还不明显，还需要一些相应的调整：增大学习速率并加快学习衰减速度以适用 BN 规范化后的数据；去除 Dropout 并减轻 L2 正则（因 BN 已起到正则化的作用）；去除 LRN；更彻底地对训练样本进行 shuffle；减少数据增强过程中对数据的光学畸变（因为 BN 训练更快，每个样本被训练的次数更少，因此更真实的样本对训练更有帮助）。在使用了这些措施后，Inception V2 在训练达到 Inception V1 的准确率时快了 14 倍，并且模型在收敛时的准确率上限更高。

而 Inception V3 网络则主要有两方面的改造：一是引入了 Factorization into small convolutions 的思想，将一个较大的二维卷积拆成两个较小的一维卷积，比如将 7×7 卷积拆成 1×7 卷积和 7×1 卷积，或者将 3×3 卷积拆成 1×3 卷积和 3×1 卷积，如图 6-12 所示。一方面节约了大量参数，加速运算并减轻了过拟合（比将 7×7 卷积拆成 1×7 卷积和 7×1 卷积，比拆成 3 个 3×3 卷积更节约参数），同时增加了一层非线性扩展模型表达能力。论文中指出，这种非对称的卷积结构拆分，其结果比对称地拆为几个相同的小卷积核效果更明显，可以处理更多、更丰富的空间特征，增加特征多样性。

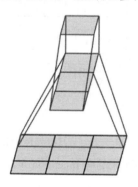

图 6-12　将一个 3×3 卷积拆成 1×3 卷积和 3×1 卷积

另一方面，Inception V3 优化了 Inception Module 的结构，现在 Inception Module 有 35×35、17×17 和 8×8 三种不同结构，如图 6-13 所示。这些 Inception Module 只在网络的后部出现，前部还是普通的卷积层。并且 Inception V3 除了在 Inception Module 中使用分支，还在分支中使用了分支（8×8 的结构中），可以说是 Network In Network In Network。

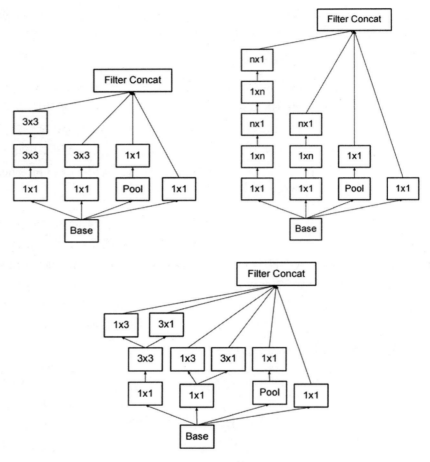

图 6-13　Inception V3 中三种结构的 Inception Module

而 Inception V4 相比 V3 主要是结合了微软的 ResNet，而 ResNet 将在 6.4 节单独讲解，这里不多做赘述。因此本节将实现的是 Inception V3，其整个网络结构如表 6-1 所示。由于 Google Inception Net V3 相对比较复杂，所以这里使用 tf.contrib.slim 辅助设计这个网络。contrib.slim 中的一些功能和组件可以大大减少设计 Inception Net 的代码量，我们只需要少量代码即可构建好有 42 层深的 Inception V3。

表 6-1　Inception V3 网络结构

类　　型	kernel 尺寸/步长（或注释）	输入尺寸
卷积	3×3 / 2	299×299×3

续表

类　　型	kernel 尺寸/步长（或注释）	输入尺寸
卷积	3×3 / 1	149×149×32
卷积	3×3 / 1	147×147×32
池化	3×3 / 2	147×147×64
卷积	3×3 / 1	73×73×64
卷积	3×3 / 2	71×71×80
卷积	3×3 / 1	35×35×192
Inception 模块组	3 个 Inception Module	35×35×288
Inception 模块组	5 个 Inception Module	17×17×768
Inception 模块组	3 个 Inception Module	8×8×1280
池化	8×8	8×8×2048
线性	logits	1×1×2048
Softmax	分类输出	1×1×1000

首先定义一个简单的函数 trunc_normal，产生截断的正态分布。本节代码主要来自 TensorFlow 的开源实现[53]。

```
import tensorflow as tf
slim = tf.contrib.slim
trunc_normal = lambda stddev: tf.truncated_normal_initializer(0.0, stddev)
```

下面定义函数 inception_v3_arg_scope，用来生成网络中经常用到的函数的默认参数，比如卷积的激活函数、权重初始化方式、标准化器等。设置 L2 正则的 weight_decay 默认值为 0.00004，标准差 stddev 默认值为 0.1，参数 batch_norm_var_collection 默认值为 moving_vars。接下来，定义 batch normalization 的参数字典，定义其衰减系数 decay 为 0.9997，epsilon 为 0.001，updates_collctions 为 tf.GrpahKeys.UPDATE_OPS，然后字典 variables_collections 中 beta 和 gamma 均设置为 None，moving_mean 和 moving_variance 均设置为前面的 batch_norm_var_collection。

接下来使用 slim.arg_scope，这是一个非常有用的工具，它可以给函数的参数自动赋予某些默认值。例如，这句 with slim.arg_scope([slim.conv2d, slim.fully_connected], weights_regularizer=slim.l2_regularizer(weight_decay))，会对[slim.conv2d, slim.fully_connected] 这两个函数的参数自动赋值，将参数 weights_regularizer 的值默认设为 slim.l2_regularizer(weight_decay)。使用了 slim.arg_scope 后就不需要每次都重复设置参数了，只需要在有修改

时设置。接下来，嵌套一个 slim.arg_scope，对卷积层生成函数 slim.conv2d 的几个参数赋予默认值，其权重初始化器 weights_initializer 设置为 trunc_normal(stddev)，激活函数设置为 ReLU，标准化器设置为 slim.batch_norm，标准化器的参数设置为前面定义的 batch_norm_params。最后返回定义好的 scope。

因为事先定义好了 slim.conv2d 中的各种默认参数，包括激活函数和标准化器，因此后面定义一个卷积层将会变得非常方便。我们可以用一行代码定义一个卷积层，整体代码会变得非常简洁美观，同时设计网络的工作量也会大大减轻。

```python
def inception_v3_arg_scope(weight_decay=0.00004,
                           stddev=0.1,
                           batch_norm_var_collection='moving_vars'):

    batch_norm_params = {
        'decay': 0.9997,
        'epsilon': 0.001,
        'updates_collections': tf.GraphKeys.UPDATE_OPS,
        'variables_collections': {
            'beta': None,
            'gamma': None,
            'moving_mean': [batch_norm_var_collection],
            'moving_variance': [batch_norm_var_collection],
        }
    }

    with slim.arg_scope([slim.conv2d, slim.fully_connected],
        weights_regularizer=slim.l2_regularizer(weight_decay)):
      with slim.arg_scope(
          [slim.conv2d],
          weights_initializer=tf.truncated_normal_initializer(stddev=stddev),
          activation_fn=tf.nn.relu,
          normalizer_fn=slim.batch_norm,
          normalizer_params=batch_norm_params) as sc:
        return sc
```

接下来我们就定义函数 inception_v3_base，它可以生成 Inception V3 网络的卷积部分，参数 inputs 为输入的图片数据的 tensor，scope 为包含了函数默认参数的环境。我们定义一个字典表 end_points，用来保存某些关键节点供之后使用。接着再使用 slim.arg_scope，对 slim.conv2d、slim.max_pool2d 和 slim_avg_pool2d 这三个函数的参数设置默认值，将 stride 设为 1，padding 设为 VALID。下面正式开始定义 Inception V3 的网络结构，首先是前面的非 Inception Module 的卷积层。这里直接使用 slim.conv2d 创建卷积层，slim.conv2d 的第 1 个参数为输入的 tensor，第 2 个参数为输出的通道数，第 3 个参数为卷积核尺寸，第 4 个参数为步长 stride，第 5 个参数为 padding 模式。我们的第一个卷积层的输出通道数为 32，卷积核尺寸为 3×3，步长为 2，padding 模式则是默认的 VALID。后面的几个卷积层采用相同的形式，按照论文中的定义，逐层定义好网络结构。因为使用了 slim 及 slim.arg_scope，我们一行代码就可以定义好一个卷积层，相比之前 AlexNet 的实现中使用好几行代码定义一个卷积层，或是 VGGNet 中专门写一个函数来定义卷积层，都更加方便。

我们可以观察到，在前面几个普通的非 Inception Module 的卷积层中，主要使用了 3×3 的小卷积核，这是充分借鉴了 VGGNet 的结构。同时，Inception V3 论文中也提出了 Factorization into small convolutions 思想，利用两个 1 维卷积模拟大尺寸的 2 维卷积，减少参数量同时增加非线性。前面几层卷积中还有一层 1×1 卷积，这也是前面提到的 Inception Module 中经常使用的结构之一，可低成本的跨通道的对特征进行组合。另外可以看到，除了第一个卷积层步长为 2，其余的卷积层步长均为 1，而池化层则是尺寸为 3×3、步长为 2 的重叠最大池化，这是 AlexNet 中使用过的结构。网络的输入数据尺寸为 299×299×3，在经历 3 个步长为 2 的层之后，尺寸最后缩小为 35×35×192，空间尺寸大大降低，但是输出通道增加了很多。这部分代码中一共有 5 个卷积层，2 个池化层，实现了对输入图片数据的尺寸压缩，并对图片特征进行了抽象。

```
def inception_v3_base(inputs, scope=None):

  end_points = {}
  with tf.variable_scope(scope, 'InceptionV3', [inputs]):
    with slim.arg_scope([slim.conv2d, slim.max_pool2d, slim.avg_pool2d],
                        stride=1, padding='VALID'):
      net = slim.conv2d(inputs, 32, [3, 3], stride=2, scope='Conv2d_1a_3x3')
      net = slim.conv2d(net, 32, [3, 3], scope='Conv2d_2a_3x3')
```

```
net = slim.conv2d(net, 64, [3, 3], padding='SAME',
                    scope='Conv2d_2b_3x3')
net = slim.max_pool2d(net, [3, 3], stride=2, scope='MaxPool_3a_3x3')
net = slim.conv2d(net, 80, [1, 1], scope='Conv2d_3b_1x1')
net = slim.conv2d(net, 192, [3, 3], scope='Conv2d_4a_3x3')
net = slim.max_pool2d(net, [3, 3], stride=2, scope='MaxPool_5a_3x3')
```

接下来就将是三个连续的 Inception 模块组，这三个 Inception 模块组中各自分别有多个 Inception Module，这部分的网络结构即是 Inception V3 的精华所在。每个 Inception 模块组内部的几个 Inception Module 结构非常类似，但存在一些细节不同。

第 1 个 Inception 模块组包含了 3 个结构类似的 Inception Module，它们的结构和图 6-13 中第一幅图非常相似。其中第 1 个 Inception Module 的名称为 Mixed_5b。我们先使用 slim.arg_scope 设置所有 Inception 模块组的默认参数，将所有卷积层、最大池化、平均池化层的步长设为 1，padding 模式设为 SAME。然后设置这个 Inception Module 的 variable_scope 名称为 Mixed_5b。这个 Inception Module 中有 4 个分支，从 Branch_0 到 Branch_3，第一个分支为有 64 输出通道的 1×1 卷积；第 2 个分支为有 48 输出通道的 1×1 卷积，连接有 64 输出通道的 5×5 卷积；第 3 个分支为有 64 输出通道的 1×1 卷积，再连续连接 2 个有 96 输出通道的 3×3 卷积；第 4 个分支为 3×3 的平均池化，连接有 32 输出通道的 1×1 卷积。最后，使用 tf.concat 将 4 个分支的输出合并在一起（在第 3 个维度合并，即输出通道上合并），生成这个 Inception Module 的最终输出。因为这里所有的层步长均为 1，并且 padding 模式为 SAME，所以图片的尺寸并不会缩小，依然维持在 35×35。不过通道数增加了，4 个分支的输出通道数之和 64+64+96+32=256，即最终输出的 tensor 尺寸为 35×35×256。这里需注意，第 1 个 Inception 模块组中所有 Inception Module 输出的图片尺寸均为 35×35，但是后两个 Inception Module 的通道数会发生变化。

```
with slim.arg_scope([slim.conv2d, slim.max_pool2d, slim.avg_pool2d],
                    stride=1, padding='SAME'):
  with tf.variable_scope('Mixed_5b'):
    with tf.variable_scope('Branch_0'):
      branch_0 = slim.conv2d(net, 64, [1, 1], scope='Conv2d_0a_1x1')
    with tf.variable_scope('Branch_1'):
      branch_1 = slim.conv2d(net, 48, [1, 1], scope='Conv2d_0a_1x1')
      branch_1 = slim.conv2d(branch_1, 64, [5, 5],
```

```
                                    scope='Conv2d_0b_5x5')
    with tf.variable_scope('Branch_2'):
      branch_2 = slim.conv2d(net, 64, [1, 1], scope='Conv2d_0a_1x1')
      branch_2 = slim.conv2d(branch_2, 96, [3, 3],
                              scope='Conv2d_0b_3x3')
      branch_2 = slim.conv2d(branch_2, 96, [3, 3],
                              scope='Conv2d_0c_3x3')
    with tf.variable_scope('Branch_3'):
      branch_3 = slim.avg_pool2d(net, [3, 3], scope='AvgPool_0a_3x3')
      branch_3 = slim.conv2d(branch_3, 32, [1, 1],
                              scope='Conv2d_0b_1x1')
    net = tf.concat([branch_0, branch_1, branch_2, branch_3], 3)
```

接下来是第 1 个 Inception 模块组的第 2 个 Inception Module——Mixed_5c，这里依然使用前面设置的默认参数：步长为 1，padding 模式为 SAME。这个 Inception Module 同样有 4 个分支，唯一不同的是第 4 个分支最后接的是 64 输出通道的 1×1 卷积，而此前是 32 输出通道。因此，我们输出 tensor 的最终尺寸为 35×35×288，输出通道数相比之前增加了 32。

```
  with tf.variable_scope('Mixed_5c'):
    with tf.variable_scope('Branch_0'):
      branch_0 = slim.conv2d(net, 64, [1, 1], scope='Conv2d_0a_1x1')
    with tf.variable_scope('Branch_1'):
      branch_1 = slim.conv2d(net, 48, [1, 1], scope='Conv2d_0b_1x1')
      branch_1 = slim.conv2d(branch_1, 64, [5, 5],
                              scope='Conv_1_0c_5x5')
    with tf.variable_scope('Branch_2'):
      branch_2 = slim.conv2d(net, 64, [1, 1], scope='Conv2d_0a_1x1')
      branch_2 = slim.conv2d(branch_2, 96, [3, 3],
                              scope='Conv2d_0b_3x3')
      branch_2 = slim.conv2d(branch_2, 96, [3, 3],
                              scope='Conv2d_0c_3x3')
    with tf.variable_scope('Branch_3'):
      branch_3 = slim.avg_pool2d(net, [3, 3], scope='AvgPool_0a_3x3')
```

```
        branch_3 = slim.conv2d(branch_3, 64, [1, 1],
                            scope='Conv2d_0b_1x1')
    net = tf.concat([branch_0, branch_1, branch_2, branch_3], 3)
```

而第 1 个 Inception 模块组的第 3 个 Inception Module———Mixed_5d 和上一个 Inception Module 完全相同，4 个分支的结构、参数一模一样，输出 tensor 的尺寸也为 35×35×288。

```
    with tf.variable_scope('Mixed_5d'):
        with tf.variable_scope('Branch_0'):
            branch_0 = slim.conv2d(net, 64, [1, 1], scope='Conv2d_0a_1x1')
        with tf.variable_scope('Branch_1'):
            branch_1 = slim.conv2d(net, 48, [1, 1], scope='Conv2d_0a_1x1')
            branch_1 = slim.conv2d(branch_1, 64, [5, 5],
                                scope='Conv2d_0b_5x5')
        with tf.variable_scope('Branch_2'):
            branch_2 = slim.conv2d(net, 64, [1, 1], scope='Conv2d_0a_1x1')
            branch_2 = slim.conv2d(branch_2, 96, [3, 3],
                            scope='Conv2d_0b_3x3')
            branch_2 = slim.conv2d(branch_2, 96, [3, 3],
                            scope='Conv2d_0c_3x3')
        with tf.variable_scope('Branch_3'):
            branch_3 = slim.avg_pool2d(net, [3, 3], scope='AvgPool_0a_3x3')
            branch_3 = slim.conv2d(branch_3, 64, [1, 1],
                                scope='Conv2d_0b_1x1')
        net = tf.concat([branch_0, branch_1, branch_2, branch_3], 3)
```

第 2 个 Inception 模块组是一个非常大的模块组，包含了 5 个 Inception Module，其中第 2 个到第 5 个 Inception Module 的结构非常类似，它们的结构如图 6-13 中第二幅图所示。其中第 1 个 Inception Module 名称为 Mixed_6a，它包含 3 个分支。第 1 个分支是一个 384 输出通道的 3×3 卷积，这个分支的通道数一下就超过了之前的通道数之和。不过步长为 2，因此图片尺寸将会被压缩，且 padding 模式为 VALID，所以图片尺寸缩小为 17×17；第 2 个分支有三层，分别是一个 64 输出通道的 1×1 卷积和两个 96 输出通道的 3×3 卷积。这里需要注意，最后一层的步长为 2，padding 模式为 VALID，因此图片尺寸也被压缩，本分支最终输出的 tensor 尺寸为 17×17×96；第 3 个分支是一个 3×3 最大池化层，步长同样为 2，padding 模式为 VALID，因此输出的 tensor 尺寸为 17×17×256。最后依然是使用 tf.concat 将 三 个 分 支 在 输 出 通 道 上 合 并 ， 最 后 的 输 出 尺 寸 为 17×17×(384+96+256)=17×17×768。在第 2 个 Inception 模块组中，5 个 Inception Module 输出 tensor 的尺寸将全部定格为 17×17×768，即图片尺寸和输出通道数都没有发生变化。

```
with tf.variable_scope('Mixed_6a'):
  with tf.variable_scope('Branch_0'):
    branch_0 = slim.conv2d(net, 384, [3, 3], stride=2,
                            padding='VALID', scope='Conv2d_1a_1x1')
  with tf.variable_scope('Branch_1'):
    branch_1 = slim.conv2d(net, 64, [1, 1], scope='Conv2d_0a_1x1')
    branch_1 = slim.conv2d(branch_1, 96, [3, 3],
                            scope='Conv2d_0b_3x3')
    branch_1 = slim.conv2d(branch_1, 96, [3, 3], stride=2,
                            padding='VALID', scope='Conv2d_1a_1x1')
  with tf.variable_scope('Branch_2'):
    branch_2 = slim.max_pool2d(net, [3, 3], stride=2, padding='VALID',
                            scope='MaxPool_1a_3x3')
  net = tf.concat([branch_0, branch_1, branch_2], 3)
```

接下来是第 2 个 Inception 模块组的第 2 个 Inception Module——Mixed_6b，它有 4 个分支。第 1 个分支是一个简单的 192 输出通道的 1×1 卷积；第 2 个分支由 3 个卷积层组成，第 1 层是 128 输出通道的 1×1 卷积，第 2 层是 128 通道数的 1×7 卷积，第 3 层是 192 输出通道数的 7×1 卷积。这里即是前面提到的 Factorization into small convolutions 思想，串联的 1×7 卷积和 7×1 卷积相当于合成了一个 7×7 卷积，不过参数量大大减少了（只有后者的 2/7）并减轻了过拟合，同时多了一个激活函数增强了非线性特征变换；第 3 个分支一下子拥有了 5 个卷积层，分别是 128 输出通道的 1×1 卷积，128 输出通道的 7×1 卷积，128 输出通道的 1×7 卷积，128 输出通道的 7×1 卷积和 192 输出通道的 1×7 卷积。这个分支可以算是利用 Factorization into small convolutions 的典范，反复地将 7×7 卷积进行拆分；最后，第 4 个分支是一个 3×3 的平均池化层，再连接 192 输出通道的 1×1 卷积 。 最 后 将 4 个 分 支 合 并 ， 这 一 层 输 出 tensor 的 尺 寸 即 是 17×17×(192+192+192+192)=17×17×768。

```
with tf.variable_scope('Mixed_6b'):
  with tf.variable_scope('Branch_0'):
    branch_0 = slim.conv2d(net, 192, [1, 1], scope='Conv2d_0a_1x1')
  with tf.variable_scope('Branch_1'):
    branch_1 = slim.conv2d(net, 128, [1, 1], scope='Conv2d_0a_1x1')
    branch_1 = slim.conv2d(branch_1, 128, [1, 7],
                              scope='Conv2d_0b_1x7')
    branch_1 = slim.conv2d(branch_1, 192, [7, 1],
                              scope='Conv2d_0c_7x1')
  with tf.variable_scope('Branch_2'):
    branch_2 = slim.conv2d(net, 128, [1, 1], scope='Conv2d_0a_1x1')
    branch_2 = slim.conv2d(branch_2, 128, [7, 1],
                              scope='Conv2d_0b_7x1')
    branch_2 = slim.conv2d(branch_2, 128, [1, 7],
                              scope='Conv2d_0c_1x7')
    branch_2 = slim.conv2d(branch_2, 128, [7, 1],
                              scope='Conv2d_0d_7x1')
    branch_2 = slim.conv2d(branch_2, 192, [1, 7],
                              scope='Conv2d_0e_1x7')
  with tf.variable_scope('Branch_3'):
    branch_3 = slim.avg_pool2d(net, [3, 3], scope='AvgPool_0a_3x3')
    branch_3 = slim.conv2d(branch_3, 192, [1, 1],
                              scope='Conv2d_0b_1x1')
  net = tf.concat([branch_0, branch_1, branch_2, branch_3], 3)
```

然后是我们第 2 个 Inception 模块组的第 3 个 Inception Module——Mixed_6c。Mixed_6c 和前面一个 Inception Module 非常相似，只有一个地方不同，即第 2 个分支和第 3 个分支中前几个卷积层的输出通道数不同，从 128 变为了 160，但是这两个分支的最终输出通道数不变，都是 192。其他地方则完全一致。需要注意的是，我们的网络每经过一个 Inception Module，即使输出 tensor 尺寸不变，但是特征都相当于被重新精炼了一遍，其中丰富的卷积和非线性化对提升网络性能帮助很大。

```
with tf.variable_scope('Mixed_6c'):
  with tf.variable_scope('Branch_0'):
```

```
        branch_0 = slim.conv2d(net, 192, [1, 1], scope='Conv2d_0a_1x1')
    with tf.variable_scope('Branch_1'):
        branch_1 = slim.conv2d(net, 160, [1, 1], scope='Conv2d_0a_1x1')
        branch_1 = slim.conv2d(branch_1, 160, [1, 7],
                                    scope='Conv2d_0b_1x7')
        branch_1 = slim.conv2d(branch_1, 192, [7, 1],
                                    scope='Conv2d_0c_7x1')
    with tf.variable_scope('Branch_2'):
        branch_2 = slim.conv2d(net, 160, [1, 1], scope='Conv2d_0a_1x1')
        branch_2 = slim.conv2d(branch_2, 160, [7, 1],
                                    scope='Conv2d_0b_7x1')
        branch_2 = slim.conv2d(branch_2, 160, [1, 7],
                                    scope='Conv2d_0c_1x7')
        branch_2 = slim.conv2d(branch_2, 160, [7, 1],
                                    scope='Conv2d_0d_7x1')
        branch_2 = slim.conv2d(branch_2, 192, [1, 7],
                                    scope='Conv2d_0e_1x7')
    with tf.variable_scope('Branch_3'):
        branch_3 = slim.avg_pool2d(net, [3, 3], scope='AvgPool_0a_3x3')
        branch_3 = slim.conv2d(branch_3, 192, [1, 1],
                                    scope='Conv2d_0b_1x1')
    net = tf.concat([branch_0, branch_1, branch_2, branch_3], 3)
```

Mixed_6d 和前面的 Mixed_6c 完全一致，目的同样是通过 Inception Module 精心设计的结构增加卷积和非线性，提炼特征。

```
with tf.variable_scope('Mixed_6d'):
    with tf.variable_scope('Branch_0'):
        branch_0 = slim.conv2d(net, 192, [1, 1], scope='Conv2d_0a_1x1')
    with tf.variable_scope('Branch_1'):
        branch_1 = slim.conv2d(net, 160, [1, 1], scope='Conv2d_0a_1x1')
        branch_1 = slim.conv2d(branch_1, 160, [1, 7],
                                    scope='Conv2d_0b_1x7')
        branch_1 = slim.conv2d(branch_1, 192, [7, 1],
```

```
                                        scope='Conv2d_0c_7x1')
  with tf.variable_scope('Branch_2'):
    branch_2 = slim.conv2d(net, 160, [1, 1], scope='Conv2d_0a_1x1')
    branch_2 = slim.conv2d(branch_2, 160, [7, 1],
                                        scope='Conv2d_0b_7x1')
    branch_2 = slim.conv2d(branch_2, 160, [1, 7],
                                        scope='Conv2d_0c_1x7')
    branch_2 = slim.conv2d(branch_2, 160, [7, 1],
                                        scope='Conv2d_0d_7x1')
    branch_2 = slim.conv2d(branch_2, 192, [1, 7],
                                        scope='Conv2d_0e_1x7')
  with tf.variable_scope('Branch_3'):
    branch_3 = slim.avg_pool2d(net, [3, 3], scope='AvgPool_0a_3x3')
    branch_3 = slim.conv2d(branch_3, 192, [1, 1],
                                        scope='Conv2d_0b_1x1')
  net = tf.concat([branch_0, branch_1, branch_2, branch_3], 3)
```

Mixed_6e 也和前面两个 Inception Module 完全一致。这是第 2 个 Inception 模块组的最后一个 Inception Module。我们将 Mixed_6e 存储于 end_points 中，作为 Auxiliary Classifier 辅助模型的分类。

```
with tf.variable_scope('Mixed_6e'):
  with tf.variable_scope('Branch_0'):
    branch_0 = slim.conv2d(net, 192, [1, 1], scope='Conv2d_0a_1x1')
  with tf.variable_scope('Branch_1'):
    branch_1 = slim.conv2d(net, 192, [1, 1], scope='Conv2d_0a_1x1')
    branch_1 = slim.conv2d(branch_1, 192, [1, 7],
                                        scope='Conv2d_0b_1x7')
    branch_1 = slim.conv2d(branch_1, 192, [7, 1],
                                        scope='Conv2d_0c_7x1')
  with tf.variable_scope('Branch_2'):
    branch_2 = slim.conv2d(net, 192, [1, 1], scope='Conv2d_0a_1x1')
    branch_2 = slim.conv2d(branch_2, 192, [7, 1],
                                        scope='Conv2d_0b_7x1')
```

```
      branch_2 = slim.conv2d(branch_2, 192, [1, 7],
                               scope='Conv2d_0c_1x7')
      branch_2 = slim.conv2d(branch_2, 192, [7, 1],
                               scope='Conv2d_0d_7x1')
      branch_2 = slim.conv2d(branch_2, 192, [1, 7],
                               scope='Conv2d_0e_1x7')
    with tf.variable_scope('Branch_3'):
      branch_3 = slim.avg_pool2d(net, [3, 3], scope='AvgPool_0a_3x3')
      branch_3 = slim.conv2d(branch_3, 192, [1, 1],
                               scope='Conv2d_0b_1x1')
    net = tf.concat([branch_0, branch_1, branch_2, branch_3], 3)
  end_points['Mixed_6e'] = net
```

第 3 个 Inception 模块组包含了 3 个 Inception Module，其中后两个 Inception Module 的结构非常类似，它们的结构如图 6-13 中第三幅图所示。其中第 1 个 Inception Module 的名称为 Mixed_7a，包含了 3 个分支。第 1 个分支是 192 输出通道的 1×1 卷积，再接 320 输出通道数的 3×3 卷积，不过步长为 2，padding 模式为 VALID，因此图片尺寸缩小为 8×8；第 2 个分支有 4 个卷积层，分别是 192 输出通道的 1×1 卷积、192 输出通道的 1×7 卷积、192 输出通道的 7×1 卷积，以及 192 输出通道的 3×3 卷积。注意最后一个卷积层同样步长为 2，padding 为 VALID，因此最后输出的 tensor 尺寸为 8×8×192；第 3 个分支则是一个 3×3 的最大池化层，步长为 2，padding 为 VALID，而池化层不会对输出通道产生改变，因此这个分支的输出尺寸为 8×8×768。最后，我们将 3 个分支在输出通道上合并，输出 tensor 尺寸为 8×8×(320+192+768)=8×8×1280。从这个 Inception Module 开始，输出的图片尺寸又被缩小了，同时通道数也增加了，tensor 的总 size 在持续下降中。

```
    with tf.variable_scope('Mixed_7a'):
      with tf.variable_scope('Branch_0'):
        branch_0 = slim.conv2d(net, 192, [1, 1], scope='Conv2d_0a_1x1')
        branch_0 = slim.conv2d(branch_0, 320, [3, 3], stride=2,
                                 padding='VALID', scope='Conv2d_1a_3x3')
      with tf.variable_scope('Branch_1'):
        branch_1 = slim.conv2d(net, 192, [1, 1], scope='Conv2d_0a_1x1')
        branch_1 = slim.conv2d(branch_1, 192, [1, 7],
                                 scope='Conv2d_0b_1x7')
```

```
        branch_1 = slim.conv2d(branch_1, 192, [7, 1],
                                scope='Conv2d_0c_7x1')
        branch_1 = slim.conv2d(branch_1, 192, [3, 3], stride=2,
                                padding='VALID', scope='Conv2d_1a_3x3')
    with tf.variable_scope('Branch_2'):
        branch_2 = slim.max_pool2d(net, [3, 3], stride=2, padding='VALID',
                                scope='MaxPool_1a_3x3')
    net = tf.concat([branch_0, branch_1, branch_2], 3)
```

接下来是第 3 个 Inception 模块组的第 2 个 Inception Module，它有 4 个分支。第 1 个分支是一个简单的 320 输出通道的 1×1 卷积；第 2 个分支先是 1 个 384 输出通道的 1×1 卷积，随后在分支内开了两个分支，这两个分支分别是 384 输出通道的 1×3 卷积和 384 输出通道的 3×1 卷积，然后使用 tf.concat 合并两个分支，得到的输出 tensor 尺寸为 8×8×(384+384)=8×8×768；第 3 个分支更复杂，先是 448 输出通道的 1×1 卷积，然后是 384 输出通道的 3×3 卷积，然后同样在分支内拆成两个分支，分别是 384 输出通道的 1×3 卷积和 384 输出通道的 3×1 卷积，最后合并得到 8×8×768 的输出 tensor；第 4 个分支是在一个 3×3 的平均池化层后接一个 192 输出通道的 1×1 卷积。最后，将这个非常复杂的 Inception Module 的 4 个分支合并在一起，得到的输出 tensor 尺寸为 8×8×(320+768+768+192)=8×8×2048。到这个 Inception Module，输出通道数从 1280 增加到了 2048。

```
    with tf.variable_scope('Mixed_7b'):
        with tf.variable_scope('Branch_0'):
            branch_0 = slim.conv2d(net, 320, [1, 1], scope='Conv2d_0a_1x1')
        with tf.variable_scope('Branch_1'):
            branch_1 = slim.conv2d(net, 384, [1, 1], scope='Conv2d_0a_1x1')
            branch_1 = tf.concat([
                slim.conv2d(branch_1, 384, [1, 3], scope='Conv2d_0b_1x3'),
                slim.conv2d(branch_1, 384, [3, 1], scope='Conv2d_0b_3x1')], 3)
        with tf.variable_scope('Branch_2'):
            branch_2 = slim.conv2d(net, 448, [1, 1], scope='Conv2d_0a_1x1')
            branch_2 = slim.conv2d(branch_2, 384, [3, 3],
                                scope='Conv2d_0b_3x3')
            branch_2 = tf.concat([
```

```
            slim.conv2d(branch_2, 384, [1, 3], scope='Conv2d_0c_1x3'),
            slim.conv2d(branch_2, 384, [3, 1], scope='Conv2d_0d_3x1')], 3)
    with tf.variable_scope('Branch_3'):
        branch_3 = slim.avg_pool2d(net, [3, 3], scope='AvgPool_0a_3x3')
        branch_3 = slim.conv2d(branch_3, 192, [1, 1],
                    scope='Conv2d_0b_1x1')
    net = tf.concat([branch_0, branch_1, branch_2, branch_3], 3)
```

Mixed_7c 是第 3 个 Inception 模块组的最后一个 Inception Module，不过它和前面的 Mixed_7b 是完全一致的，输出 tensor 也是 8×8×2048。最后，我们返回这个 Inception Module 的结果，作为 inceptio_v3_base 函数的最终输出。

```
with tf.variable_scope('Mixed_7c'):
    with tf.variable_scope('Branch_0'):
        branch_0 = slim.conv2d(net, 320, [1, 1], scope='Conv2d_0a_1x1')
    with tf.variable_scope('Branch_1'):
        branch_1 = slim.conv2d(net, 384, [1, 1], scope='Conv2d_0a_1x1')
        branch_1 = tf.concat([
            slim.conv2d(branch_1, 384, [1, 3], scope='Conv2d_0b_1x3'),
            slim.conv2d(branch_1, 384, [3, 1], scope='Conv2d_0c_3x1')], 3)
    with tf.variable_scope('Branch_2'):
        branch_2 = slim.conv2d(net, 448, [1, 1], scope='Conv2d_0a_1x1')
        branch_2 = slim.conv2d(branch_2, 384, [3, 3],
                            scope='Conv2d_0b_3x3')
        branch_2 = tf.concat([
            slim.conv2d(branch_2, 384, [1, 3], scope='Conv2d_0c_1x3'),
            slim.conv2d(branch_2, 384, [3, 1], scope='Conv2d_0d_3x1')], 3)
    with tf.variable_scope('Branch_3'):
        branch_3 = slim.avg_pool2d(net, [3, 3], scope='AvgPool_0a_3x3')
        branch_3 = slim.conv2d(branch_3, 192, [1, 1],
                            scope='Conv2d_0b_1x1')
    net = tf.concat([branch_0, branch_1, branch_2, branch_3], 3)
return net, end_points
```

至此，Inception V3 网络的核心部分，即卷积层部分就完成了。回忆一下 Inception V3

的网络结构：首先是 5 个卷积层和 2 个池化层交替的普通结构，然后是 3 个 Inception 模块组，每个模块组内包含多个结构类似的 Inception Module。设计 Inception Net 的一个重要原则是，图片尺寸是不断缩小的，从 299×299 通过 5 个步长为 2 的卷积层或池化层后，缩小为 8×8；同时，输出通道数持续增加，从一开始的 3（RGB 三色）到 2048。从这里可以看出，每一层卷积、池化或 Inception 模块组的目的都是将空间结构简化，同时将空间信息转化为高阶抽象的特征信息，即将空间的维度转为通道的维度。这一过程同时也使每层输出 tensor 的总 size 持续下降，降低了计算量。读者可能也发现了 Inception Module 的规律，一般情况下有 4 个分支，第 1 个分支一般是 1×1 卷积，第 2 个分支一般是 1×1 卷积再接分解后（factorized）的 1×n 和 n×1 卷积，第 3 个分支和第 2 个分支类似，但是一般更深一些，第 4 个分支一般具有最大池化或平均池化。因此，Inception Module 是通过组合比较简单的特征抽象（分支 1）、比较复杂的特征抽象（分支 2 和分支 3）和一个简化结构的池化层（分支 4），一共 4 种不同程度的特征抽象和变换来有选择地保留不同层次的高阶特征，这样可以最大程度地丰富网络的表达能力。

接下来，我们来实现 Inception V3 网络的最后一部分——全局平均池化、Softmax 和 Auxiliary Logits。先看函数 inception_v3 的输入参数，num_classes 即最后需要分类的数量，这里默认的 1000 是 ILSVRC 比赛数据集的种类数；is_training 标志是否是训练过程，对 Batch Normalization 和 Dropout 有影响，只有在训练时 Batch Normalization 和 Dropout 才会被启用；dropout_keep_prob 即训练时 Dropout 所需保留节点的比例，默认为 0.8；prediction_fn 是最后用来进行分类的函数，这里默认是使用 slim.softmax；spatial_squeeze 参数标志是否对输出进行 squeeze 操作（即去除维数为 1 的维度，比如 5×3×1 转为 5×3）；reuse 标志是否会对网络和 Variable 进行重复使用；最后，scope 为包含了函数默认参数的环境。首先，使用 tf.variable_scope 定义网络的 name 和 reuse 等参数的默认值，然后使用 slim.arg_scope 定义 Batch Normalization 和 Dropout 的 is_training 标志的默认值。最后，使用前面定义好的 inception_v3_base 构筑整个网络的卷积部分，拿到最后一层的输出 net 和重要节点的字典表 end_points。

```
def inception_v3(inputs,
            num_classes=1000,
            is_training=True,
            dropout_keep_prob=0.8,
            prediction_fn=slim.softmax,
            spatial_squeeze=True,
```

```
                reuse=None,
                scope='InceptionV3'):

    with tf.variable_scope(scope, 'InceptionV3', [inputs, num_ classes],
                      reuse=reuse) as scope:
      with slim.arg_scope([slim.batch_norm, slim.dropout],
                      is_training=is_training):
        net, end_points = inception_v3_base(inputs, scope=scope)
```

接下来处理 Auxiliary Logits 这部分的逻辑，Auxiliary Logits 作为辅助分类的节点，对分类结果预测有很大帮助。先使用 slim.arg_scope 将卷积、最大池化、平均池化的默认步长设为 1，默认 padding 模式设为 SAME。然后通过 end_points 取到 Mixed_6e，并在 Mixed_6e 之后再接一个 5×5 的平均池化，步长为 3，padding 设为 VALID，这样输出的尺寸就从 17×17×768 变为 5×5×768。接着连接一个 128 输出通道的 1×1 卷积和一个 768 输出通道的 5×5 卷积，这里权重初始化方式重设为标准差为 0.01 的正态分布，padding 模式设为 VALID，输出尺寸变为 1×1×768。然后再连接一个输出通道数为 num_classes 的 1×1 卷积，不设激活函数和规范化函数，权重初始化方式重设为标准差为 0.001 的正态分布，这样输出变为了 1×1×1000。接下来，使用 tf.squeeze 函数消除输出 tensor 中前两个为 1 的维度。最后将辅助分类节点的输出 aux_logits 储存到字典表 end_points 中。

```
    with slim.arg_scope([slim.conv2d, slim.max_pool2d, slim.avg_ pool2d],
                    stride=1, padding='SAME'):
      aux_logits = end_points['Mixed_6e']
      with tf.variable_scope('AuxLogits'):
        aux_logits = slim.avg_pool2d(
            aux_logits, [5, 5], stride=3, padding='VALID',
            scope='AvgPool_1a_5x5')
        aux_logits = slim.conv2d(aux_logits, 128, [1, 1],
                              scope='Conv2d_1b_1x1')

        aux_logits = slim.conv2d(
            aux_logits, 768, [5,5],
            weights_initializer=trunc_normal(0.01),
            padding='VALID', scope='Conv2d_2a_5x5')
```

```
        aux_logits = slim.conv2d(
            aux_logits, num_classes, [1, 1], activation_fn=None,
            normalizer_fn=None, weights_initializer=trunc_normal(0.001),
            scope='Conv2d_2b_1x1')
        if spatial_squeeze:
          aux_logits = tf.squeeze(aux_logits, [1, 2],
                                    name='SpatialSqueeze')
        end_points['AuxLogits'] = aux_logits
```

下面处理正常的分类预测的逻辑。我们直接对 Mixed_7e 即最后一个卷积层的输出进行一个 8×8 全局平均池化，padding 模式为 VALID，这样输出 tensor 的尺寸就变为了 1×1×2048。然后连接一个 Dropout 层，节点保留率为 dropout_keep_prob。接着连接一个输出通道数为 1000 的 1×1 卷积，激活函数和规范化函数设为空。下面使用 tf.squeeze 去除输出 tensor 中维数为 1 的维度，再连接一个 Softmax 对结果进行分类预测。最后返回输出结果 logits 和包含辅助节点的 end_ponits。

```
    with tf.variable_scope('Logits'):
      net = slim.avg_pool2d(net, [8, 8], padding='VALID',
                              scope='AvgPool_1a_8x8')
      net = slim.dropout(net, keep_prob=dropout_keep_prob,
                          scope='Dropout_1b')
      end_points['PreLogits'] = net
      logits = slim.conv2d(net, num_classes, [1, 1], activation_ fn=None,
                            normalizer_fn=None, scope='Conv2d_1c_1x1')
      if spatial_squeeze:
        logits = tf.squeeze(logits, [1, 2], name='SpatialSqueeze')
    end_points['Logits'] = logits
    end_points['Predictions'] = prediction_fn(logits, scope='Predictions')
  return logits, end_points
```

至此，整个 Inception V3 网络的构建就完成了。Inception V3 是一个非常复杂、精妙的模型，其中用到了非常多之前积累下来的设计大型卷积网络的经验和技巧。不过，虽然 Inception V3 论文中给出了设计卷积网络的几个原则，但是其中很多超参数的选择，包括层数、卷积核的尺寸、池化的位置、步长的大小、factorization 使用的时机，以及分支的设计，都很难一一解释。目前，我们只能认为深度学习，尤其是大型卷积网络的设计，是一门实验学科，其中需要大量的探索和实践。我们很难证明某种网络结构一定更好，更多的是通过实验积累下来的经验总结出一些结论。深度学习的研究中，理论证明部分依然是短板，但通过实验得到的结论通常也具有不错的推广性，在其他数据集上泛化性良好。

下面对 Inception V3 进行运算性能测试。这里使用的 time_tensorflow_run 函数和 AlexNet 那节一样，因此就不再重复定义，读者可以在 6.1 节中找到代码并加载。因为 Inception V3 网络结构较大，所以依然令 batch_size 为 32，以免 GPU 显存不够。图片尺寸设置为 299×299，并用 tf.random_uniform 生成随机图片数据作为 input。接着，我们使用 slim.arg_scope 加载前面定义好的 inception_v3_arg_scope()，在这个 scope 中包含了 Batch Normalization 的默认参数，以及激活函数和参数初始化方式的默认值。然后在这个 arg_scope 下，调用 inception_v3 函数，并传入 inputs，获取 logits 和 end_points。下面创建 Session 并初始化全部模型参数。最后我们设置测试的 batch 数量为 100，并使用 time_tensorflow_run 测试 Inception V3 网络的 forward 性能。

```
batch_size = 32
height, width = 299, 299
inputs = tf.random_uniform((batch_size, height, width, 3))
with slim.arg_scope(inception_v3_arg_scope()):
  logits, end_points = inception_v3(inputs, is_training=False)


init = tf.global_variables_initializer()
sess = tf.Session()
sess.run(init)
num_batches=100
time_tensorflow_run(sess, logits, "Forward")
```

从结果来看，Inception V3 网络的 forward 性能不错，在 GTX 1080、CUDA 8、cuDNN 5.1 的环境下，每个 batch（包含 32 张图片）预测耗时仅为 0.145s。虽然输入图片的面积比 VGGNet 的 224×224 大了 78%，但是 forward 速度却比 VGGNet 的 0.152s 更快。这主要归功于其较小的参数量，Inception V3 网络仅有 2500 万个参数，虽然比 Inception V1 的 700 万多了很多，不过仍然不到 AlexNet 的 6000 万参数量的一半，相比 VGGNet 的 1.4 亿参数量就更少了，这对一个 42 层深的大型网络来说是极为不易的。同时，整个网络的浮点计算量仅为 50 亿次，虽也比 Incepion V1 的 15 亿次大了不少，但是相比 VGGNet

仍然不算大。较小的计算量让 Inception V3 网络变得非常实用，我们可以轻松地将其移植到普通服务器上提供快速响应的服务，甚至是移植到手机上进行实时的图像识别。

```
2016-12-10 21:07:09.535980: step 0, duration = 0.145
2016-12-10 21:07:10.982748: step 10, duration = 0.145
2016-12-10 21:07:12.430209: step 20, duration = 0.145
2016-12-10 21:07:13.877055: step 30, duration = 0.145
2016-12-10 21:07:15.324095: step 40, duration = 0.145
2016-12-10 21:07:16.770960: step 50, duration = 0.145
2016-12-10 21:07:18.218127: step 60, duration = 0.145
2016-12-10 21:07:19.665192: step 70, duration = 0.145
2016-12-10 21:07:21.113429: step 80, duration = 0.145
2016-12-10 21:07:22.563213: step 90, duration = 0.145
2016-12-10 21:07:23.867730: Forward across 100 steps, 0.145 +/- 0.000 sec /
batch
```

因为篇幅原因，我们就不对 Inception V3 的 backward 性能进行测试了，这部分的代码比较冗长。感兴趣的读者，可以将整个网络的所有参数加入参数列表，测试对全部参数求导所需的时间，或者直接下载 ImageNet 数据集，使用真实样本进行训练并评测所需时间。

Inception V3 作为一个极深的卷积神经网络，拥有非常精妙的设计和构造，整个网络的结构和分支非常复杂。我们平时可能不必设计这么复杂的网络，但 Inception V3 中仍有许多设计 CNN 的思想和 Trick 值得借鉴。

（1）Factorization into small convolutions 很有效，可以降低参数量、减轻过拟合，增加网络非线性的表达能力。

（2）卷积网络从输入到输出，应该让图片尺寸逐渐减小，输出通道数逐渐增加，即让空间结构简化，将空间信息转化为高阶抽象的特征信息。

（3）Inception Module 用多个分支提取不同抽象程度的高阶特征的思路很有效，可以丰富网络的表达能力。

6.4 TensorFlow 实现 ResNet

ResNet（Residual Neural Network）由微软研究院的 Kaiming He 等 4 名华人提出，通过使用 Residual Unit 成功训练 152 层深的神经网络，在 ILSVRC 2015 比赛中获得了冠军，取得 3.57%的 top-5 错误率，同时参数量却比 VGGNet 低，效果非常突出。ResNet 的结构可以极快地加速超深神经网络的训练，模型的准确率也有非常大的提升。6.3 节我们讲解并实现了 Inception V3，而 Inception V4 则是将 Inception Module 和 ResNet 相结合。可以看到 ResNet 是一个推广性非常好的网络结构，甚至可以直接应用到 Inception Net 中。本节就讲解 ResNet 的基本原理，以及如何用 TensorFlow 来实现它。

在 ResNet 之前，瑞士教授 Schmidhuber 提出了 Highway Network，原理与 ResNet 很相似。这位 Schmidhuber 教授同时也是 LSTM 网络的发明者，而且是早在 1997 年发明的，可谓是神经网络领域元老级的学者。通常认为神经网络的深度对其性能非常重要，但是网络越深其训练难度越大，Highway Network 的目标就是解决极深的神经网络难以训练的问题。Highway Network 相当于修改了每一层的激活函数，此前的激活函数只是对输入做一个非线性变换 $y = H(\mathbf{x}, \mathbf{W_H})$，Highway NetWork 则允许保留一定比例的原始输入 x，即 $y = H(\mathbf{x}, \mathbf{W_H}) \cdot T(\mathbf{x}, \mathbf{W_T}) + \mathbf{x} \cdot C(\mathbf{x}, \mathbf{W_C})$，其中 T 为变换系数，C 为保留系数，论文中令 $C = 1 - T$。这样前面一层的信息，有一定比例可以不经过矩阵乘法和非线性变换，直接传输到下一层，仿佛一条信息高速公路，因此得名 Highway Network。Highway Network 主要通过 gating units 学习如何控制网络中的信息流，即学习原始信息应保留的比例。这个可学习的 gating 机制，正是借鉴自 Schmidhuber 教授早年的 LSTM 循环神经网络中的 gating。几百乃至上千层深的 Highway Network 可以直接使用梯度下降算法训练，并可以配合多种非线性激活函数，学习极深的神经网络现在变得可行了。事实上，Highway Network 的设计在理论上允许其训练任意深的网络，其优化方法基本上与网络的深度独立，而传统的神经网络结构则对深度非常敏感，训练复杂度随深度增加而急剧增加。

ResNet 和 HighWay Network 非常类似，也是允许原始输入信息直接传输到后面的层中。ResNet 最初的灵感出自这个问题：在不断加神经网络的深度时，会出现一个 Degradation 的问题，即准确率会先上升然后达到饱和，再持续增加深度则会导致准确率下降。这并不是过拟合的问题，因为不光在测试集上误差增大，训练集本身误差也会增大。假设有一个比较浅的网络达到了饱和的准确率，那么后面再加上几个 $\mathbf{y} = \mathbf{x}$ 的全等映射层，起码误差不会增加，即更深的网络不应该带来训练集上误差上升。而这里提到的使用全等映射直接将前一层输出传到后面的思想，就是 ResNet 的灵感来源。假定某段神经网络的输入是 x，期望输出是 $H(\mathbf{x})$，如果我们直接把输入 x 传到输出作为初始结果，那么此时我们需要学习的目标就是 $F(\mathbf{x}) = H(\mathbf{x}) - \mathbf{x}$。如图 6-14 所示，这就是一个 ResNet 的残差学习单元（Residual Unit），ResNet 相当于将学习目标改变了，不再是学习一个完整的输出 $H(\mathbf{x})$，只是输出和输入的差别 $H(\mathbf{x}) - \mathbf{x}$，即残差。

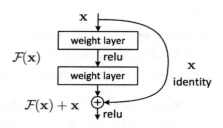

图 6-14　ResNet 的残差学习模块

　　图 6-15 所示为 VGGNet-19，以及一个 34 层深的普通卷积网络，和 34 层深的 ResNet 网络的对比图。可以看到普通直连的卷积神经网络和 ResNet 的最大区别在于，ResNet 有很多旁路的支线将输入直接连到后面的层，使得后面的层可以直接学习残差，这种结构也被称为 shortcut 或 skip connections。

　　传统的卷积层或全连接层在信息传递时，或多或少会存在信息丢失、损耗等问题。ResNet 在某种程度上解决了这个问题，通过直接将输入信息绕道传到输出，保护信息的完整性，整个网络则只需要学习输入、输出差别的那一部分，简化学习目标和难度。

　　在 ResNet 的论文中，除了提出图 6-16 中的两层残差学习单元，还有三层的残差学习单元。两层的残差学习单元中包含两个相同输出通道数（因为残差等于目标输出减去输入，即 $H(\mathbf{x}) - \mathbf{x}$，因此输入、输出维度需保持一致）的 3×3 卷积；而 3 层的残差网络则使用了 Network In Network 和 Inception Net 中的 1×1 卷积，并且是在中间 3×3 的卷积前后都使用了 1×1 卷积，有先降维再升维的操作。另外，如果有输入、输出维度不同的情况，我们可以对 x 做一个线性映射变换维度，再连接到后面的层。

　　图 6-17 所示为 ResNet 在不同层数时的网络配置，其中基础结构很类似，都是前面提到的两层和三层的残差学习单元的堆叠。

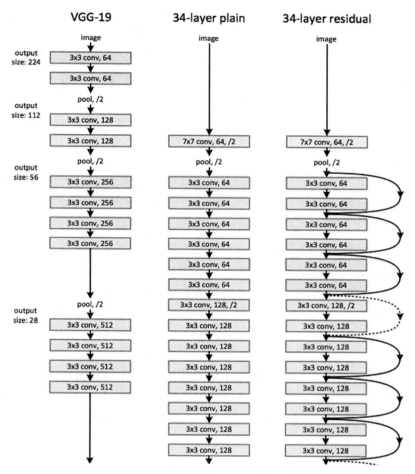

图 6-15　VGG-19，直连的 34 层网络，ResNet 的 34 层网络的结构对比

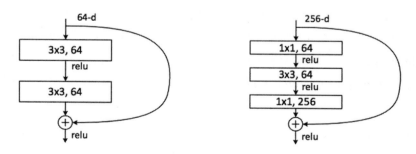

图 6-16　两层及三层的 ResNet 残差学习模块

layer name	output size	18-layer	34-layer	50-layer	101-layer	152-layer
conv1	112×112	7×7, 64, stride 2				
conv2_x	56×56	3×3 max pool, stride 2				
		$\begin{bmatrix}3×3, 64\\3×3, 64\end{bmatrix}$ ×2	$\begin{bmatrix}3×3, 64\\3×3, 64\end{bmatrix}$ ×3	$\begin{bmatrix}1×1, 64\\3×3, 64\\1×1, 256\end{bmatrix}$ ×3	$\begin{bmatrix}1×1, 64\\3×3, 64\\1×1, 256\end{bmatrix}$ ×3	$\begin{bmatrix}1×1, 64\\3×3, 64\\1×1, 256\end{bmatrix}$ ×3
conv3_x	28×28	$\begin{bmatrix}3×3, 128\\3×3, 128\end{bmatrix}$ ×2	$\begin{bmatrix}3×3, 128\\3×3, 128\end{bmatrix}$ ×4	$\begin{bmatrix}1×1, 128\\3×3, 128\\1×1, 512\end{bmatrix}$ ×4	$\begin{bmatrix}1×1, 128\\3×3, 128\\1×1, 512\end{bmatrix}$ ×4	$\begin{bmatrix}1×1, 128\\3×3, 128\\1×1, 512\end{bmatrix}$ ×8
conv4_x	14×14	$\begin{bmatrix}3×3, 256\\3×3, 256\end{bmatrix}$ ×2	$\begin{bmatrix}3×3, 256\\3×3, 256\end{bmatrix}$ ×6	$\begin{bmatrix}1×1, 256\\3×3, 256\\1×1, 1024\end{bmatrix}$ ×6	$\begin{bmatrix}1×1, 256\\3×3, 256\\1×1, 1024\end{bmatrix}$ ×23	$\begin{bmatrix}1×1, 256\\3×3, 256\\1×1, 1024\end{bmatrix}$ ×36
conv5_x	7×7	$\begin{bmatrix}3×3, 512\\3×3, 512\end{bmatrix}$ ×2	$\begin{bmatrix}3×3, 512\\3×3, 512\end{bmatrix}$ ×3	$\begin{bmatrix}1×1, 512\\3×3, 512\\1×1, 2048\end{bmatrix}$ ×3	$\begin{bmatrix}1×1, 512\\3×3, 512\\1×1, 2048\end{bmatrix}$ ×3	$\begin{bmatrix}1×1, 512\\3×3, 512\\1×1, 2048\end{bmatrix}$ ×3
	1×1	average pool, 1000-d fc, softmax				
FLOPs		$1.8×10^9$	$3.6×10^9$	$3.8×10^9$	$7.6×10^9$	$11.3×10^9$

图 6-17　ResNet 不同层数时的网络配置

在使用了 ResNet 的结构后，可以发现层数不断加深导致的训练集上误差增大的现象被消除了，ResNet 网络的训练误差会随着层数增大而逐渐减小，并且在测试集上的表现也会变好。在 ResNet 推出后不久，Google 就借鉴了 ResNet 的精髓，提出了 Inception V4 和 Inception-ResNet-V2，并通过融合这两个模型，在 ILSVRC 数据集上取得了惊人的 3.08% 的错误率。可见，ResNet 及其思想对卷积神经网络研究的贡献确实非常显著，具有很强的推广性。在 ResNet 的作者的第二篇相关论文 *Identity Mappings in Deep Residual Networks* 中，ResNet V2 被提出。ResNet V2 和 ResNet V1 的主要区别在于，作者通过研究 ResNet 残差学习单元的传播公式，发现前馈和反馈信号可以直接传输，因此 skip connection 的非线性激活函数（如 ReLU）替换为 Identity Mappings（$y = x$）。同时，ResNet V2 在每一层中都使用了 Batch Normalization。这样处理之后，新的残差学习单元将比以前更容易训练且泛化性更强。

根据 Schmidhuber 教授的观点，ResNet 类似于一个没有 gates 的 LSTM 网络，即将输入 x 传递到后面层的过程是一直发生的，而不是学习出来的。同时，最近也有两篇论文表示，ResNet 基本等价于 RNN 且 ResNet 的效果类似于在多层网络间的集成方法（ensemble）。ResNet 在加深网络层数上做出了重大贡献，而另一篇论文 *The Power of Depth for Feedforward Neural Networks* 则从理论上证明了加深网络比加宽网络更有效，算是给 ResNet 提供了声援，也是给深度学习为什么要深才有效提供了合理解释。

下面我们就用 TensorFlow 实现一个 ResNet V2 网络。我们依然使用方便的 contrib.slim 库来辅助创建 ResNet，其余载入的库还有原生的 collections。本节代码主要来自 TensorFlow 的开源实现 [54]。

```
import collections
import tensorflow as tf
slim = tf.contrib.slim
```

我们使用collections.namedtuple设计ResNet基本Block模块组（图6-17中所示的Block）的 named tuple，并用它创建 Block 的类，但只包含数据结构，不包含具体方法。我们要定义一个典型的 Block，需要输入三个参数，分别是 scope、unit_fn 和 args。以 Block('block1', bottleneck, [(256, 64, 1)] × 2 + [(256, 64, 2)])这一行代码为例，它可以定义一个典型的Block，其中 block1 就是我们这个 Block 的名称（或 scope）；bottleneck 是 ResNet V2 中的残差学习单元；而最后一个参数[(256, 64, 1)] × 2 + [(256, 64, 2)]则是这个 Block 的args，args 是一个列表，其中每个元素都对应一个 bottleneck 残差学习单元，前面两个元素都是(256, 64, 1)，最后一个是(256, 64, 2)。每个元素都是一个三元 tuple，即（depth, depth_bottleneck, stride）。比如（256, 64, 3），代表构建的 bottleneck 残差学习单元（每个残差学习单元包含三个卷积层）中，第三层输出通道数 depth 为 256，前两层输出通道数 depth_bottleneck 为 64，且中间那层的步长 stride 为 3。这个残差学习单元结构即为[(1×1/s1, 64), (3×3/s2, 64), (1×1/s1, 256)]。而在这个 Block 中，一共有 3 个 bottleneck 残差学习单元，除了最后一个的步长由 3 变为 2，其余都一致。

```
class Block(collections.namedtuple('Block', ['scope', 'unit_fn', 'args'])):
  'A named tuple describing a ResNet block.'
```

下面定义一个降采样 subsample 的方法，参数包括 inputs（输入）、factor（采样因子）和 scope。这个函数也非常简单，如果 factor 为 1，则不做修改直接返回 inputs；如果不为 1，则使用 slim.max_pool2d 最大池化来实现，通过 1×1 的池化尺寸，stride 作步长，即可实现降采样。

```
def subsample(inputs, factor, scope=None):
  if factor == 1:
    return inputs
  else:
    return slim.max_pool2d(inputs, [1, 1], stride=factor, scope=scope)
```

再定义一个 conv2d_same 函数创建卷积层。先判断 stride 是否为 1，如果为 1，则直接使用 slim.conv2d 并令 padding 模式为 SAME。如果 stride 不为 1，则显式地 pad zero，要 pad zero 的总数为 kernel_size-1，pad_beg 为 pad//2，pad_end 为余下的部分。接下来使

用 tf.pad 对输入变量进行补零操作。最后，因为已经进行了 zero padding，所以只需再使用一个 padding 模式为 VALID 的 slim.conv2d 创建这个卷积层。

```python
def conv2d_same(inputs, num_outputs, kernel_size, stride, scope=None):
  if stride == 1:
    return slim.conv2d(inputs, num_outputs, kernel_size, stride=1,
                       padding='SAME', scope=scope)
  else:
    pad_total = kernel_size - 1
    pad_beg = pad_total // 2
    pad_end = pad_total - pad_beg
    inputs = tf.pad(inputs, [[0, 0], [pad_beg, pad_end],
                             [pad_beg, pad_end], [0, 0]])
    return slim.conv2d(inputs, num_outputs, kernel_size, stride=stride,
                       padding='VALID', scope=scope)
```

接下来定义堆叠 Blocks 的函数，参数中的 net 即为输入，blocks 是之前定义的 Block 的 class 的列表，而 outputs_collections 则是用来收集各个 end_points 的 collections。下面使用两层循环，逐个 Block，逐个 Residual Unit 地堆叠，先使用两个 tf.variable_scope 将残差学习单元命名为 block1/unit_1 的形式。在第 2 层循环中，我们拿到每个 Block 中每个 Residual Unit 的 args，并展开为 depth、depth_bottleneck 和 stride，其含义在前面定义 Blocks 类时已经讲解过。然后使用 unit_fn 函数（即残差学习单元的生成函数）顺序地创建并连接所有的残差学习单元。最后，我们使用 slim.utils.collect_named_outputs 函数将输出 net 添加到 collection 中。最后，当所有 Block 中的所有 Residual Unit 都堆叠完之后，我们再返回最后的 net 作为 stack_blocks_dense 函数的结果。

```python
@slim.add_arg_scope
def stack_blocks_dense(net, blocks, outputs_collections=None):

  for block in blocks:
    with tf.variable_scope(block.scope, 'block', [net]) as sc:
      for i, unit in enumerate(block.args):
        with tf.variable_scope('unit_%d' % (i + 1), values=[net]):
          unit_depth, unit_depth_bottleneck, unit_stride = unit
```

```
        net = block.unit_fn(net,
                             depth=unit_depth,
                             depth_bottleneck=unit_depth_bottleneck,
                             stride=unit_stride)
    net = slim.utils.collect_named_outputs(outputs_collections, sc.name,
                                           net)

return net
```

这里创建 ResNet 通用的 arg_scope，关于 arg_scope，我们在前面的章节已经介绍过其功能——用来定义某些函数的参数默认值。这里定义训练标记 is_training 默认为 True，权重衰减速率 weight_decay 默认为 0.0001，BN 的衰减速率默认为 0.997，BN 的 epsilon 默认为 1e-5，BN 的 scale 默认为 True。和在 Inception V3 定义 arg_scope 一样，先设置好 BN 的各项参数，然后通过 slim.arg_scope 将 slim.conv2d 的几个默认参数设置好：权重正则器设置为 L2 正则，权重初始化器设为 slim.variance_scaling_initializer()，激活函数设为 ReLU，标准化器设为 BN。并将最大池化的 padding 模式默认设为 SAME（注意，ResNet 原论文中使用的是 VALID 模式，设为 SAME 可让特征对齐更简单，读者可以尝试改为 VALID）。最后，将几层嵌套的 arg_scope 作为结果返回。

```
def resnet_arg_scope(is_training=True,
                     weight_decay=0.0001,
                     batch_norm_decay=0.997,
                     batch_norm_epsilon=1e-5,
                     batch_norm_scale=True):

  batch_norm_params = {
      'is_training': is_training,
      'decay': batch_norm_decay,
      'epsilon': batch_norm_epsilon,
      'scale': batch_norm_scale,
      'updates_collections': tf.GraphKeys.UPDATE_OPS,
  }

  with slim.arg_scope(
```

```
      [slim.conv2d],
      weights_regularizer=slim.l2_regularizer(weight_decay),
      weights_initializer=slim.variance_scaling_initializer(),
      activation_fn=tf.nn.relu,
      normalizer_fn=slim.batch_norm,
      normalizer_params=batch_norm_params):
  with slim.arg_scope([slim.batch_norm], **batch_norm_params):
    with slim.arg_scope([slim.max_pool2d], padding='SAME') as arg_sc:
      return arg_sc
```

接下来定义核心的 bottleneck 残差学习单元，它是 ResNet V2 的论文中提到的 Full Preactivation Residual Unit 的一个变种。它和 ResNet V1 中的残差学习单元的主要区别有两点，一是在每一层前都用了 Batch Normalization，二是对输入进行 preactivation，而不是在卷积进行激活函数处理。我们来看一下 bottleneck 函数的参数，inputs 是输入，depth、depth_bottleneck 和 stride 这三个参数前面的 Blocks 类中的 args，outputs_collections 是收集 end_points 的 collection，scope 是这个 unit 的名称。下面先使用 slim.utils.last_dimension 函数获取输入的最后一个维度，即输出通道数，其中的参数 min_rank=4 可以限定最少为 4 个维度。接着，使用 slim.batch_norm 对输入进行 Batch Normalization，并使用 ReLU 函数进行预激活 Preactivate。然后定义 shorcut（即直连的 **x**）：如果残差单元的输入通道数 depth_in 和输出通道数 depth 一致，那么使用 subsample 按步长为 stride 对 inputs 进行空间上的降采样（确保空间尺寸和残差一致，因为残差中间那层的卷积步长为 stride）；如果输入、输出通道数不一样，我们用步长为 stride 的 1×1 卷积改变其通道数，使得与输出通道数一致。然后定义 residual（残差），residual 这里有 3 层，先是一个 1×1 尺寸、步长为 1、输出通道数为 depth_bottleneck 的卷积，然后是一个 3×3 尺寸、步长为 stride、输出通道数为 depth_bottleneck 的卷积，最后是一个 1×1 卷积、步长为 1、输出通道数为 depth 的卷积，得到最终的 residual，这里注意最后一层没有正则项也没有激活函数。然后将 residual 和 shorcut 相加，得到最后结果 output，再使用 slim.utils.collect_named_outputs 将结果添加进 collection 并返回 output 作为函数结果。

```
@slim.add_arg_scope
def bottleneck(inputs, depth, depth_bottleneck, stride,
               outputs_collections=None, scope=None):
```

```
with tf.variable_scope(scope, 'bottleneck_v2', [inputs]) as sc:
  depth_in = slim.utils.last_dimension(inputs.get_shape(), min_rank=4)
  preact = slim.batch_norm(inputs, activation_fn=tf.nn.relu,
                           scope='preact')
  if depth == depth_in:
    shortcut = subsample(inputs, stride, 'shortcut')
  else:
    shortcut = slim.conv2d(preact, depth, [1, 1], stride=stride,
                           normalizer_fn=None, activation_fn=None,
                           scope='shortcut')

  residual = slim.conv2d(preact, depth_bottleneck, [1, 1], stride=1,
                         scope='conv1')
  residual = conv2d_same(residual, depth_bottleneck, 3, stride,
                         scope='conv2')
  residual = slim.conv2d(residual, depth, [1, 1], stride=1,
                         normalizer_fn=None, activation_fn=None,
                         scope='conv3')

  output = shortcut + residual

  return slim.utils.collect_named_outputs(outputs_collections,
                                          sc.name, output)
```

下面定义生成 ResNet V2 的主函数，我们只要预先定义好网络的残差学习模块组 blocks，它就可以生成对应的完整的 ResNet。先来看一下这个函数的参数，inputs 即输入，blocks 为定义好的 Block 类的列表，num_classes 是最后输出的类数，global_pool 标志是否加上最后的一层全局平均池化，include_root_block 标志是否加上 ResNet 网络最前面通常使用的 7×7 卷积和最大池化，reuse 标志是否重用，scope 是整个网络的名称。在函数体内，我们先定义好 variable_scope 及 end_points_collection，再通过 slim.arg_scope 将（slim.con2d、bottleneck、stack_block_dense）这三个函数的参数 outputs_collections 默认设为 end_points_collection。然后根据 include_root_block 标记，创建 ResNet 最前面的 64 输出通道的步长为 2 的 7×7 卷积，然后再接一个步长为 2 的 3×3 最大池化。经历两个步长为 2 的层，图片尺寸已经被缩小为 1/4。然后，使用前面定义的 stack_blocks_dense 将残差学习模块组生成好，再根据标记添加全局平均池化层，这里用 tf.reduce_mean 实现全局平均池化，效率比直接用 avg_pool 高。下面根据是否有分类数，添加一个输出通道为 num_classes 的 1×1 卷积（该卷积层无激活函数和正则项），再添加一个 Softmax 层输出网络结果。同时使用 slim.utils.convert_collection_to_dict 将 collection 转化为 Python 的 dict，最后返回 net 和 end_points。

```python
def resnet_v2(inputs,
              blocks,
              num_classes=None,
              global_pool=True,
              include_root_block=True,
              reuse=None,
              scope=None):

  with tf.variable_scope(scope, 'resnet_v2', [inputs], reuse=reuse) as sc:
    end_points_collection = sc.original_name_scope + '_end_points'
    with slim.arg_scope([slim.conv2d, bottleneck,
                         stack_blocks_dense],
                        outputs_collections=end_points_collection):
      net = inputs
      if include_root_block:
        with slim.arg_scope([slim.conv2d], activation_fn=None,
                            normalizer_fn=None):
          net = conv2d_same(net, 64, 7, stride=2, scope='conv1')
        net = slim.max_pool2d(net, [3, 3], stride=2, scope='pool1')
      net = stack_blocks_dense(net, blocks)
      net = slim.batch_norm(net, activation_fn=tf.nn.relu, scope='postnorm')
      if global_pool:
        net = tf.reduce_mean(net, [1, 2], name='pool5', keep_dims=True)
      if num_classes is not None:
        net = slim.conv2d(net, num_classes, [1, 1], activation_fn=None,
                          normalizer_fn=None, scope='logits')
```

```
end_points = slim.utils.convert_collection_to_dict(
                end_points_collection)
if num_classes is not None:
  end_points['predictions'] = slim.softmax(net, scope='predictions')
return net, end_points
```

至此，我们就将 ResNet 的生成函数定义好了，下面根据图 6-17 中推荐的几个不同深度的 ResNet 网络配置，来设计层数分别为 50、101、152 和 200 的 ResNet。我们先来看 50 层的 ResNet，其严格遵守了图 6-17 所示的设置，4 个残差学习 Blocks 的 units 数量分别为 3、4、6 和 3，总层数即为（3+4+6+3）×3+2=50。需要注意的是，残差学习模块之前的卷积、池化已经将尺寸缩小了 4 倍，我们前 3 个 Blocks 又都包含步长为 2 的层，因此总尺寸缩小了 4×8=32 倍，输入图片尺寸最后变为 224/32=7。和 Inception V3 很像，ResNet 不断使用步长为 2 的层来缩减尺寸，但同时输出通道数也在持续增加，最后达到了 2048。

```
def resnet_v2_50(inputs,
                 num_classes=None,
                 global_pool=True,
                 reuse=None,
                 scope='resnet_v2_50'):
  blocks = [
      Block('block1', bottleneck, [(256, 64, 1)] * 2 + [(256, 64, 2)]),
      Block('block2', bottleneck, [(512, 128, 1)] * 3 + [(512, 128, 2)]),
      Block('block3', bottleneck, [(1024, 256, 1)] * 5 + [(1024, 256, 2)]),
      Block('block4', bottleneck, [(2048, 512, 1)] * 3)]
  return resnet_v2(inputs, blocks, num_classes, global_pool,
                   include_root_block=True, reuse=reuse, scope= scope)
```

101 层的 ResNet 和 50 层相比，主要变化就是把 4 个 Blocks 的 units 数量从 3、4、6、3 提升到了 3、4、23、3。即将第三个残差学习 Block 的 units 数增加到接近 4 倍。

```
def resnet_v2_101(inputs,
                  num_classes=None,
                  global_pool=True,
                  reuse=None,
```

```
                    scope='resnet_v2_101'):
blocks = [
    Block('block1', bottleneck, [(256, 64, 1)] * 2 + [(256, 64, 2)]),
    Block('block2', bottleneck, [(512, 128, 1)] * 3 + [(512, 128, 2)]),
    Block('block3', bottleneck, [(1024, 256, 1)] * 22 + [(1024, 256, 2)]),
    Block('block4', bottleneck, [(2048, 512, 1)] * 3)]
return resnet_v2(inputs, blocks, num_classes, global_pool,
                 include_root_block=True, reuse=reuse, scope= scope)
```

然后 152 层的 ResNet，则是将第二个 Block 的 units 数提高到 8，将第三个 Block 的 units 数提高到 36。Units 数量提升的主要场所依然是第三个 Block。

```
def resnet_v2_152(inputs,
                  num_classes=None,
                  global_pool=True,
                  reuse=None,
                  scope='resnet_v2_152'):
 blocks = [
    Block('block1', bottleneck, [(256, 64, 1)] * 2 + [(256, 64, 2)]),
    Block('block2', bottleneck, [(512, 128, 1)] * 7 + [(512, 128, 2)]),
    Block('block3', bottleneck, [(1024, 256, 1)] * 35 + [(1024, 256, 2)]),
    Block('block4', bottleneck, [(2048, 512, 1)] * 3)]
 return resnet_v2(inputs, blocks, num_classes, global_pool,
                  include_root_block=True, reuse=reuse, scope=scope)
```

最后，200 层的 ResNet 相比 152 层的 ResNet，没有继续提升第三个 Block 的 units 数，而是将第二个 Block 的 units 数一下子提升到了 23。

```
def resnet_v2_200(inputs,
                  num_classes=None,
                  global_pool=True,
                  reuse=None,
                  scope='resnet_v2_200'):
 blocks = [
    Block('block1', bottleneck, [(256, 64, 1)] * 2 + [(256, 64, 2)]),
```

```
    Block('block2', bottleneck, [(512, 128, 1)] * 23 + [(512, 128, 2)]),
    Block('block3', bottleneck, [(1024, 256, 1)] * 35 + [(1024, 256, 2)]),
    Block('block4', bottleneck, [(2048, 512, 1)] * 3)]
  return resnet_v2(inputs, blocks, num_classes, global_pool,
                   include_root_block=True, reuse=reuse, scope= scope)
```

最后我们使用一直以来的评测函数 time_tensorflow_run，来测试 152 层深的 ResNet
（即获得 ILSVRC 2015 冠军的版本）的 forward 性能。图片尺寸回归到 AlexNet、VGGNet
的 224×224，batch size 为 32。我们将 is_training 这个 FLAG 置为 False，然后使用
resnet_v2_152 创建网络，再由 time_tensorflow_run 函数评测其 forward 性能。由于篇幅原
因，就不对其训练时的性能进行测试了，感兴趣的读者可以测试求解 ResNet 全部参数的
梯度所需要的时间。

```
batch_size = 32
height, width = 224, 224
inputs = tf.random_uniform((batch_size, height, width, 3))
with slim.arg_scope(resnet_arg_scope(is_training=False)):
  net, end_points = resnet_v2_152(inputs, 1000)

init = tf.global_variables_initializer()
sess = tf.Session()
sess.run(init)
num_batches=100
time_tensorflow_run(sess, net, "Forward")
```

这里可以看到，虽然这个 ResNet 有 152 层深，但其 forward 计算耗时并没有特别夸
张，相比 VGGNet 和 Inception V3，大概只增加了 50%，每 batch 为 0.202 秒。这说明 ResNet
也是一个实用的卷积神经网络结构，不仅支持超深网络的训练，同时在实际工业应用时也
有不差的 forward 性能。

```
2016-12-10 21:23:43.676945: step 0, duration = 0.202
2016-12-10 21:23:45.699069: step 10, duration = 0.203
2016-12-10 21:23:47.722190: step 20, duration = 0.203
2016-12-10 21:23:49.745069: step 30, duration = 0.202
2016-12-10 21:23:51.770527: step 40, duration = 0.202
```

```
2016-12-10 21:23:53.797204: step 50, duration = 0.202
2016-12-10 21:23:55.822281: step 60, duration = 0.203
2016-12-10 21:23:57.848449: step 70, duration = 0.203
2016-12-10 21:23:59.877548: step 80, duration = 0.203
2016-12-10 21:24:01.906566: step 90, duration = 0.203
2016-12-10 21:24:03.734302: Forward across 100 steps, 0.203 +/- 0.000 sec /
batch
```

本节我们完整地讲解了 ResNet 的基本原理及其 TensorFlow 实现，也设计了一系列不同深度的 ResNet。读者若感兴趣，可以自行探索不同深度、乃至不同残差单元结构的 ResNet 的分类性能。例如，ResNet 原论文中主要增加的是第二个和第三个 Block 的 units 数，读者可以尝试增加其余两个 Block 的 units 数，或者修改 bottleneck 单元中的 depth、depth_bottleneck 等参数，可对其参数设置的意义加深理解。ResNet 可以算是深度学习中一个里程碑式的突破，真正意义上支持了极深神经网络的训练。其网络结构值得反复思索，如 Google 等已将其融合到自家的 Inception Net 中，并取得了非常好的效果。相信 ResNet 的成功也会启发其他在深度学习领域研究的灵感。

6.5   卷积神经网络发展趋势

本节，我们简单回顾卷积神经网络的历史，图 6-18 所示大致勾勒出最近几十年卷积神经网络的发展方向。Perceptron(感知机)于 1957 年由 Frank Resenblatt 提出，而 Perceptron 不仅是卷积网络，也是神经网络的始祖。Neocognitron（神经认知机）是一种多层级的神经网络，由日本科学家 Kunihiko Fukushima 于 20 世纪 80 年代提出，具有一定程度的视觉认知的功能，并直接启发了后来的卷积神经网络。LeNet-5 由 CNN 之父 Yann LeCun 于 1997 年提出，首次提出了多层级联的卷积结构，可对手写数字进行有效识别。可以看到前面这三次关于卷积神经网络的技术突破，间隔时间非常长，需要十余年甚至更久才出现一次理论创新。而后于 2012 年，Hinton 的学生 Alex 依靠 8 层深的卷积神经网络一举获得了 ILSVRC 2012 比赛的冠军，瞬间点燃了卷积神经网络研究的热潮。AlexNet 成功应用了 ReLU 激活函数、Dropout、最大覆盖池化、LRN 层、GPU 加速等新技术，并启发了后续更多的技术创新，卷积神经网络的研究从此进入快车道。

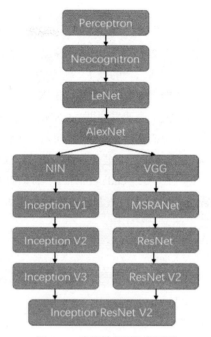

图 6-18　卷积神经网络发展图

　　在 AlexNet 之后，我们可以将卷积神经网络的发展分为两类，一类是网络结构上的改进调整（图 6-18 中的左侧分支），另一类是网络深度的增加（图 6-18 中的右侧分支）。2013年，颜水成教授的 Network in Network 工作首次发表，优化了卷积神经网络的结构，并推广了 1×1 的卷积结构。在改进卷积网络结构的工作中，后继者还有 2014 年的 Google Inception Net V1，提出了 Inception Module 这个可以反复堆叠的高效的卷积网络结构，并获得了当年 ILSVRC 比赛的冠军。2015 年初的 Inception V2 提出了 Batch Normalization，大大加速了训练过程，并提升了网络性能。2015 年年末的 Inception V3 则继续优化了网络结构，提出了 Factorization in Small Convolutions 的思想，分解大尺寸卷积为多个小卷积乃至一维卷积。而另一条分支上，许多研究工作则致力于加深网络层数，2014 年，ILSVRC 比赛的亚军 VGGNet 全程使用 3×3 的卷积，成功训练了深达 19 层的网络，当年的季军 MSRA-Net 也使用了非常深的网络。2015 年，微软的 ResNet 成功训练了 152 层深的网络，一举拿下了当年 ILSVRC 比赛的冠军，top-5 错误率降低至 3.46%。其后又更新了 ResNet V2，增加了 Batch Normalization，并去除了激活层而使用 Identity Mapping 或 Preactivation，进一步提升了网络性能。此后，Inception ResNet V2 融合了 Inception Net 优良的网络结构，和 ResNet 训练极深网络的残差学习模块，集两个方向之长，取得了更好的分类效果。

我们可以看到，自 AlexNet 于 2012 年提出后，深度学习领域的研究发展极其迅速，基本上每年甚至每几个月都会出现新一代的技术。新的技术往往伴随着新的网络结构，更深的网络的训练方法等，并在图像识别等领域不断创造新的准确率记录。至今，ILSVRC 比赛和卷积神经网络的研究依然处于高速发展期，CNN 的技术日新月异。当然其中不可忽视的推动力是，我们拥有了更快的 GPU 计算资源用以实验，以及非常方便的开源工具（比如 TensorFlow）可以让研究人员快速地进行探索和尝试。在以前，研究人员如果没有像 Alex 那样高超的编程实力能自己实现 cuda-convnet，可能都没办法设计 CNN 或者快速地进行实验。现在有了 TensorFlow，研究人员和开发人员都可以简单而快速地设计神经网络结构并进行研究、测试、部署乃至实用。

7

TensorFlow 实现循环神经经网络及 Word2Vec

本章我们将探索循环神经网络（RNN）和 Word2Vec[55]，并在 TensorFlow 上实现它们。循环神经网络是在 NLP（Nature Language Processing，自然语言处理）领域最常使用的神经网络结构，和卷积神经网络在图像识别领域的地位类似。而 Word2Vec 则是将语言中的字词转化为计算机可以理解的稠密向量（Dense Vector），进而可以做其他自然语言处理任务，比如文本分类、词性标注、机器翻译等。

7.1　TensorFlow 实现 Word2Vec

Word2Vec 也称 Word Embeddings，中文有很多叫法，比较普便的是 "词向量" 或 "词嵌入"。Word2Vec 是一个可以将语言中字词转为向量形式表达（Vector Representations）的模型，我们先来看看为什么要把字词转为向量。图像、音频等数据天然可以编码并存储为稠密向量的形式，比如图片是像素点的稠密矩阵，音频可以转为声音信号的频谱数据。自然语言处理在 Word2Vec 出现之前，通常将字词转成离散的单独的符号，比如将 "中国"转为编号为 5178 的特征，将 "北京" 转为编号为 3987 的特征。这即是 One-Hot Encoder，一个词对应一个向量（向量中只有一个值为 1，其余为 0），通常需要将一篇文章中每一个词都转成一个向量，而整篇文章则变为一个稀疏矩阵。对文本分类模型，我们使用 Bag of Words 模型，将文章对应的稀疏矩阵合并为一个向量，即把每一个词对应的向量加到一起，这样只统计每个词出现的次数，比如"中国"出现 23 次，那么第 5178 个特征为 23，"北京"出现 2 次，那么第 3987 个特征为 2。

使用 One-Hot Encoder 有一个问题，即我们对特征的编码往往是随机的，没有提供任何关联信息，没有考虑到字词间可能存在的关系。例如，我们对"中国"和"北京"的从属关系、地理位置关系等一无所知，我们从 5178 和 3987 这两个值看不出任何信息。同时，将字词存储为稀疏向量的话，我们通常需要更多的数据来训练，因为稀疏数据训练的效率比较低，计算也非常麻烦。使用向量表达（Vector Representations）则可以有效地解决这个问题。向量空间模型（Vector Space Models）可以将字词转为连续值（相对于 One-Hot编码的离散值）的向量表达，并且其中意思相近的词将被映射到向量空间中相近的位置。向量空间模型在 NLP 中主要依赖的假设是 Distributional Hypothesis，即在相同语境中出现的词其语义也相近。向量空间模型可以大致分为两类，一类是计数模型，比如 Latent Semantic Analysis；另一类是预测模型（比如 Neural Probabilistic Language Models）。计数模型统计在语料库中，相邻出现的词的频率，再把这些计数统计结果转为小而稠密的矩阵；而预测模型则根据一个词周围相邻的词推测出这个词，以及它的空间向量。

Word2Vec 即是一种计算非常高效的，可以从原始语料中学习字词空间向量的预测模型。它主要分为 CBOW（Continuous Bag of Words）和 Skip-Gram 两种模式，其中 CBOW 是从原始语句（比如：中国的首都是____）推测目标字词（比如：北京）；而 Skip-Gram 则正好相反，它是从目标字词推测出原始语句，其中 CBOW 对小型数据比较合适，而 Skip-Gram 在大型语料中表现得更好。

使用 Word2Vec 训练语料能得到一些非常有趣的结果，比如意思相近的词在向量空间中的位置会接近。从一份 Google 训练超大语料得到的结果中看，诸如 Beijing、London、New York 等城市的名字会在向量空间中聚集在一起，而 Cat、Dog、Fish 等动物词汇也会聚集在一起。同时，如图 7-1 所示，Word2Vec 还能学会一些高阶的语言概念，比如我们计算"man"到"woman"的向量（词汇都是向量空间中的点，可计算两点间的向量），会发现它和"king"到"queen"的向量非常相似，即模型学到了男人与女人的关系；同时，"walking"到"walked"的向量和"swimming"到"swam"的向量非常相似，模型学到了进行时与过去时的关系。

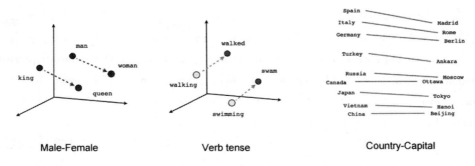

图 7-1　Word2Vec 模型可学习到的抽象概念

　　预测模型 Neural Probabilistic Language Models 通常使用最大似然的方法，在给定前面的语句 h 的情况下，最大化目标词汇 w_t 的概率。但它存在的一个比较严重的问题是计算量非常大，需要计算词汇表中所有单词出现的可能性。在 Word2Vec 的 CBOW 模型中，不需要计算完整的概率模型，只需要训练一个二元的分类模型，用来区分真实的目标词汇和编造的词汇（噪声）这两类，如图 7-2 所示。这种用少量噪声词汇来估计的方法，类似于蒙特卡洛模拟。

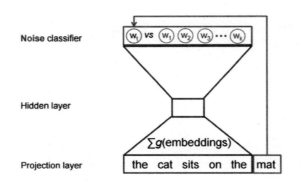

图 7-2　CBOW 模型结构示意图

　　当模型预测真实的目标词汇为高概率，同时预测其他噪声词汇为低概率时，我们训练的学习目标就被最优化了。用编造的噪声词汇训练的方法被称为 Negative Sampling。用这种方法计算 loss function 的效率非常高，我们只需要计算随机选择的 k 个词汇而非词汇表中的全部词汇，因此训练速度非常快。在实际中，我们使用 Noise-Contrastive Estimation（NCE） Loss，同时在 TensorFlow 中也有 tf.nn.nce_loss() 直接实现了这个 loss。

　　在本节中我们将主要使用 Skip-Gram 模式的 Word2Vec，先来看一下它训练样本的构造，以"the quick brown fox jumped over the lazy dog"这句话为例。我们要构造一个语境与目标词汇的映射关系，其中语境包括一个单词左边和右边的词汇，假设我们的滑窗尺寸为 1，可以制造的映射关系包括[the, brown] → quick、[quick, fox] → brown、[brown, jumped] → fox 等。因为 Skip-Gram 模型是从目标词汇预测语境，所以训练样本不再是 [the, brown] → quick，而是 quick → the 和 quick → brown。我们的数据集就变为了 (quick, the)、(quick, brown)、(brown, quick)、(brown, fox)等。我们训练时，希望模型能从目标词汇 quick 预测出语境 the，同时也需要制造随机的词汇作为负样本（噪声），我们希望预测的概率分布在正样本 the 上尽可能大，而在随机产生的负样本上尽可能小。这里的做法就是通过优化算法比如 SGD 来更新模型中 Word Embedding 的参数，让概率分布的损失函数（NCE Loss）尽可能小。这样每个单词的 Embedded Vector 就会随着训练过程不断调整，直到处于一个最适合语料的空间位置。这样我们的损失函数最小，最符合语料，同时预测出正确单词的概率也最高。

下面开始用 TensorFlow 实现 Word2Vec 的训练。首先依然是载入各种依赖库，这里因为要从网络下载数据，因此需要的依赖库比较多。本节代码主要来自 TensorFlow 的开源实现 [56]。

```python
import collections
import math
import os
import random
import zipfile
import numpy as np
import urllib
import tensorflow as tf
```

我们先定义下载文本数据的函数。这里使用 urllib.request.urlretrieve 下载数据的压缩文件并核对文件尺寸，如果已经下载了文件则跳过。

```python
url = 'http://mattmahoney.net/dc/'

def maybe_download(filename, expected_bytes):
  if not os.path.exists(filename):
    filename, _ = urllib.request.urlretrieve(url + filename, filename)
  statinfo = os.stat(filename)
```

```
  if statinfo.st_size == expected_bytes:
    print('Found and verified', filename)
  else:
    print(statinfo.st_size)
    raise Exception(
    'Failed to verify ' + filename + '. Can you get to it with a browser?')
  return filename

filename = maybe_download('text8.zip', 31344016)
```

接下来解压下载的压缩文件，并使用 tf.compat.as_str 将数据转成单词的列表。通过程序输出，可以知道数据最后被转为了一个包含 17005207 个单词的列表。

```
def read_data(filename):
  with zipfile.ZipFile(filename) as f:
    data = tf.compat.as_str(f.read(f.namelist()[0])).split()
  return data

words = read_data(filename)
print('Data size', len(words))
```

接下来创建 vocabulary 词汇表，我们使用 collections.Counter 统计单词列表中单词的频数，然后使用 most_common 方法取 top 50000 频数的单词作为 vocabulary。再创建一个 dict，将 top 50000 词汇的 vocabulary 放入 dictionary 中，以便快速查询，Python 中 dict 查询复杂度为 O(1)，性能非常好。接下来将全部单词转为编号（以频数排序的编号），top 50000 词汇之外的单词，我们认定其为 Unkown（未知），将其编号为 0，并统计这类词汇的数量。下面遍历单词列表，对其中每一个单词，先判断是否出现在 dictionary 中，如果是则转为其编号，如果不是则转为编号 0（Unkown）。最后返回转换后的编码（data）、每个单词的频数统计（count）、词汇表（dictionary）及其反转的形式（reverse_dictionary）。

```
vocabulary_size = 50000

def build_dataset(words):
 count = [['UNK', -1]]
 count.extend(collections.Counter(words).most_common(vocabulary_size - 1))
```

```
dictionary = dict()
for word, _ in count:
  dictionary[word] = len(dictionary)
data = list()
unk_count = 0
for word in words:
  if word in dictionary:
    index = dictionary[word]
  else:
    index = 0
    unk_count += 1
  data.append(index)
count[0][1] = unk_count
reverse_dictionary = dict(zip(dictionary.values(), dictionary.keys()))
  return data, count, dictionary, reverse_dictionary
data, count, dictionary, reverse_dictionary = build_dataset(words)
```

　　然后我们删除原始单词列表，可以节约内存。再打印 vocabulary 中最高频出现的词汇及其数量（包括 Unknown 词汇），可以看到 "UNK" 这类一共有 418391 个，最常出现的 "the" 有 1061396 个，排名第二的 "of" 有 593677 个。我们的 data 中前 10 个单词为['anarchism', 'originated', 'as', 'a', 'term', 'of', 'abuse', 'first', 'used', 'against']，对应的编号为[5235, 3084, 12, 6, 195, 2, 3137, 46, 59, 156]

```
del words
print('Most common words (+UNK)', count[:5])
print('Sample data', data[:10], [reverse_dictionary[i] for i in data[:10]])
```

　　下面生成 Word2Vec 的训练样本。我们根据前面提到的 Skip-Gram 模式（从目标单词反推语境），将原始数据 "the quick brown fox jumped over the lazy dog" 转为(quick, the)、(quick, brown)、(brown, quick)、(brown, fox)等样本。我们定义函数 generate_batch 用来生成训练用的 batch 数据，参数中 batch_size 为 batch 的大小；skip_window 指单词最远可以联系的距离，设为 1 代表只能跟紧邻的两个单词生成样本，比如 quick 只能和前后的单词生成两个样本（quick,the）和（quick,brown）；num_skips 为对每个单词生成多少个样本，它不能大于 skip_window 值的两倍，并且 batch_size 必须是它的整数倍（确保每个 batch

包含了一个词汇对应的所有样本）。我们定义单词序号 data_index 为 global 变量，因为我们会反复调用 generate_batch，所以要确保 data_index 可以在函数 generate_batch 中被修改。我们也使用 assert 确保 num_skips 和 batch_size 满足前面提到的条件。然后用 np.ndarray 将 batch 和 labels 初始化为数组。这里定义 span 为对某个单词创建相关样本时会使用到的单词数量，包括目标单词本身和它前后的单词，因此 span=2*skip_window+1。并创建一个最大容量为 span 的 deque，即双向队列，在对 deque 使用 append 方法添加变量时，只会保留最后插入的 span 个变量。

```python
data_index = 0


def generate_batch(batch_size, num_skips, skip_window):
  global data_index
  assert batch_size % num_skips == 0
  assert num_skips <= 2 * skip_window
  batch = np.ndarray(shape=(batch_size), dtype=np.int32)
  labels = np.ndarray(shape=(batch_size, 1), dtype=np.int32)
  span = 2 * skip_window + 1
  buffer = collections.deque(maxlen=span)
```

接下来从序号 data_index 开始，把 span 个单词顺序读入 buffer 作为初始值。因为 buffer 是容量为 span 的 deque，所以此时 buffer 已填充满，后续数据将替换掉前面的数据。然后我们进入第一层循环（次数为 batch_size//num_skips），每次循环内对一个目标单词生成样本。现在 buffer 中是目标单词和所有相关单词，我们定义 target=skip_window，即 buffer 中第 skip_window 个变量为目标单词。然后定义生成样本时需要避免的单词列表 targets_to_avoid，这个列表一开始包括第 skip_window 个单词（即目标单词），因为我们要预测的是语境单词，不包括目标单词本身。接下来进入第二层循环（次数为 num_skips），每次循环中对一个语境单词生成样本，先产生随机数，直到随机数不在 targets_to_avoid 中，代表可以使用的语境单词，然后产生一个样本，feature 即目标词汇 buffer[skip_window]，label 则是 buffer[target]。同时，因为这个语境单词被使用了，所以再把它添加到 targets_to_avoid 中过滤。在对一个目标单词生成完所有样本后（num_skips 个样本），我们再读入下一个单词（同时会抛掉 buffer 中第一个单词），即把滑窗向后移动一位，这样我们的目标单词也向后移动了一个，语境单词也整体后移了，便可以开始生成下一个目标单词的训练样本。两层循环完成后，我们已经获得了 batch_size 个训练样本，将 batch 和 labels

作为函数结果返回。

```
  for _ in range(span):
    buffer.append(data[data_index])
    data_index = (data_index + 1) % len(data)
  for i in range(batch_size // num_skips):
    target = skip_window
    targets_to_avoid = [ skip_window ]
    for j in range(num_skips):
      while target in targets_to_avoid:
        target = random.randint(0, span - 1)
      targets_to_avoid.append(target)
      batch[i * num_skips + j] = buffer[skip_window]
      labels[i * num_skips + j, 0] = buffer[target]
    buffer.append(data[data_index])
    data_index = (data_index + 1) % len(data)
  return batch, labels
```

这里调用 generate_batch 函数简单测试一下其功能。参数中将 batch_size 设为 8，num_skips 设为 2，skip_window 设为 1，然后执行 generate_batch 并获得 batch 和 labels。再打印 batch 和 labels 的数据，可以看到我们生成的样本是 "3084 originated -> 5235 anarchism"，"3084 originated -> 12 as"，"12 as -> 3084 originated" 等。以第一个样本为例，3084 是目标单词 originated 的编号，这个单词对应的语境单词是 anarchism，其编号为 5235。

```
batch, labels = generate_batch(batch_size=8, num_skips=2, skip_window=1)
for i in range(8):
  print(batch[i], reverse_dictionary[batch[i]], '->', labels[i, 0],
        reverse_dictionary[labels[i, 0]])
```

我们定义训练时的 batch_size 为 128；embedding_size 为 128，embedding_size 即将单词转为稠密向量的维度，一般是 50~1000 这个范围内的值，这里使用 128 作为词向量的维度；skip_window 即前面提到的单词间最远可以联系的距离，设为 1；num_skips 即对每个目标单词提取的样本数，设为 2。然后我们再生成验证数据 valid_examples，这里随机抽取一些频数最高的单词，看向量空间上跟它们最近的单词是否相关性比较高。

valid_size=16 指用来抽取的验证单词数，valid_window=100 是指验证单词只从频数最高的 100 个单词中抽取，我们使用 np.random.choice 函数进行随机抽取。而 num_sampled 是训练时用来做负样本的噪声单词的数量。

```
batch_size = 128
embedding_size = 128
skip_window = 1
num_skips = 2

valid_size = 16
valid_window = 100
valid_examples = np.random.choice(valid_window, valid_size, replace=False)
num_sampled = 64
```

　　下面就开始定义 Skip-Gram Word2Vec 模型的网络结构。我们先创建一个 tf.Graph 并设置为默认的 graph。然后创建训练数据中 inputs 和 labels 的 placeholder，同时将前面随机产生的 valid_examples 转为 TensorFlow 中的 constant。接下来，先使用 with tf.device('/cpu:0')限定所有计算在 CPU 上执行，因为接下去的一些计算操作在 GPU 上可能还没有实现。然后使用 tf.random_uniform 随机生成所有单词的词向量 embeddings，单词表大小为 50000，向量维度为 128，再使用 tf.nn.embedding_lookup 查找输入 train_inputs 对应的向量 embed。下面使用之前提到的 NCE Loss 作为训练的优化目标，我们使用 tf.truncated_normal 初始化 NCE Loss 中的权重参数 nce_weights，并将其 nce_biases 初始化为 0。最后使用 tf.nn.nce_loss 计算学习出的词向量 embedding 在训练数据上的 loss，并使用 tf.reduce_mean 进行汇总。

```
graph = tf.Graph()
with graph.as_default():

  train_inputs = tf.placeholder(tf.int32, shape=[batch_size])
  train_labels = tf.placeholder(tf.int32, shape=[batch_size, 1])
  valid_dataset = tf.constant(valid_examples, dtype=tf.int32)

  with tf.device('/cpu:0'):
    embeddings = tf.Variable(
```

```
        tf.random_uniform([vocabulary_size, embedding_size], -1.0, 1.0))
    embed = tf.nn.embedding_lookup(embeddings, train_inputs)

    nce_weights = tf.Variable(
        tf.truncated_normal([vocabulary_size, embedding_size],
                            stddev=1.0 / math.sqrt(embedding_size)))
    nce_biases = tf.Variable(tf.zeros([vocabulary_size]))

loss = tf.reduce_mean(tf.nn.nce_loss(weights=nce_weights,
                                     biases=nce_biases,
                                     labels=train_labels,
                                     inputs=embed,
                                     num_sampled=num_sampled,
                                     num_classes=vocabulary_size))
```

我们定义优化器为 SGD，且学习速率为 1.0。然后计算嵌入向量 embeddings 的 L2 范数 norm，再将 embeddings 除以其 L2 范数得到标准化后的 normalized_embeddings。再使用 tf.nn.embedding_lookup 查询验证单词的嵌入向量，并计算验证单词的嵌入向量与词汇表中所有单词的相似性。最后，我们使用 tf.global_variables_initializer 初始化所有模型参数。

```
optimizer = tf.train.GradientDescentOptimizer(1.0).minimize(loss)

norm = tf.sqrt(tf.reduce_sum(tf.square(embeddings), 1, keep_dims=True))
normalized_embeddings = embeddings / norm
valid_embeddings = tf.nn.embedding_lookup(
    normalized_embeddings, valid_dataset)
similarity = tf.matmul(
    valid_embeddings, normalized_embeddings, transpose_b=True)

init = tf.global_variables_initializer()
```

我们定义最大的迭代次数为 10 万次，然后创建并设置默认的 session，并执行参数初始化。在每一步训练迭代中，先使用 generate_batch 生成一个 batch 的 inputs 和 labels 数据，并用它们创建 feed_dict。然后使用 session.run()执行一次优化器运算（即一次参数更新）和损失计算，并将这一步训练的 loss 累积到 average_loss。

```
num_steps = 100001

with tf.Session(graph=graph) as session:
  init.run()
  print("Initialized")

  average_loss = 0
  for step in range(num_steps):
    batch_inputs, batch_labels = generate_batch(
        batch_size, num_skips, skip_window)
    feed_dict = {train_inputs : batch_inputs, train_labels : batch_labels}

    _, loss_val = session.run([optimizer, loss], feed_dict=feed_dict)
    average_loss += loss_val
```

之后每 2000 次循环，计算一下平均 loss 并显示出来。

```
if step % 2000 == 0:
  if step > 0:
    average_loss /= 2000
  print("Average loss at step ", step, ": ", average_loss)
  average_loss = 0
```

每 10000 次循环，计算一次验证单词与全部单词的相似度，并将与每个验证单词最相似的 8 个单词展示出来。

```
if step % 10000 == 0:
  sim = similarity.eval()
  for i in range(valid_size):
    valid_word = reverse_dictionary[valid_examples[i]]
    top_k = 8
    nearest = (-sim[i, :]).argsort()[1:top_k+1]
    log_str = "Nearest to %s:" % valid_word
```

```
        for k in range(top_k):
          close_word = reverse_dictionary[nearest[k]]
          log_str = "%s %s," % (log_str, close_word)
        print(log_str)
  final_embeddings = normalized_embeddings.eval()
```

以下为展示出来的平均损失，以及与验证单词相似度最高的单词，可以看到我们训练的模型对名词、动词、形容词等类型的单词的相似词汇的识别都非常准确。因此由 Skip-Gram Word2Vec 得到的向量空间表达（Vector Representations）是非常高质量的，近义词在向量空间上的位置也是非常靠近的。

```
Average loss at step  92000 :   4.70622572589
Average loss at step  94000 :   4.61680726242
Average loss at step  96000 :   4.73945830989
Average loss at step  98000 :   4.63924189049
Average loss at step  100000 :   4.67957950294
Nearest to five: six, four, seven, eight, three, zero, two, nine,
Nearest to state: government, amalthea, habsburg, asparagales, cegep, barrac
uda, dasyprocta, connecticut,
Nearest to over: three, reginae, from, replace, trapezohedron, around, brine,
 iit,
Nearest to were: are, have, had, was, while, been, be, wct,
Nearest to at: in, on, mitral, agouti, triglycerides, excerpts, during, with
in,
Nearest to called: agouti, akita, homeworld, layouts, dasyprocta, UNK, cegep,
 referred,
Nearest to about: disclosed, antimatter, vec, advocated, surgeries, defiance,
 disband, legionnaire,
Nearest to which: that, this, gollancz, but, what, also, it, and,
Nearest to three: four, five, six, two, seven, eight, iit, nine,
Nearest to that: which, however, what, this, when, gollancz, but, ramps,
Nearest to new: nonviolent, aquila, assyrian, gardening, local, charcot, sub
sistence, ssbn,
Nearest to eight: seven, six, nine, four, five, zero, three, mitral,
```

```
Nearest to no: any, thaler, boiled, gyroscopic, pontificia, grist, occupies,
 michelob,
Nearest to UNK: cebus, agouti, cegep, dasyprocta, mitral, reginae, callithri
x, microcebus,
Nearest to used: referred, known, written, found, dasyprocta, able, shown, m
itral,
Nearest to up: out, them, him, passes, eat, pianos, gaku, off,
```

　　下面定义一个用来可视化 Word2Vec 效果的函数。这里 low_dim_embs 是降维到 2 维的单词的空间向量，我们将在图表中展示每个单词的位置。我们使用 plt.scatter（一般将 matplotlib.pyplot 命名为 plt）显示散点图（单词的位置），并用 plt.annotate 展示单词本身。同时，使用 plt.savefig 保存图片到本地文件。

```python
def plot_with_labels(low_dim_embs, labels, filename='tsne.png'):
  assert low_dim_embs.shape[0] >= len(labels), "More labels than embeddings"
  plt.figure(figsize=(18, 18))
  for i, label in enumerate(labels):
    x, y = low_dim_embs[i,:]
    plt.scatter(x, y)
    plt.annotate(label,
                 xy=(x, y),
                 xytext=(5, 2),
                 textcoords='offset points',
                 ha='right',
                 va='bottom')

  plt.savefig(filename)
```

　　我们使用 sklearn.manifold.TSNE 实现降维，这里直接将原始的 128 维的嵌入向量降到 2 维，再用前面的 plot_with_labels 函数进行展示。这里只展示词频最高的 100 个单词的可视化结果。

```python
from sklearn.manifold import TSNE
import matplotlib.pyplot as plt
tsne = TSNE(perplexity=30, n_components=2, init='pca', n_iter=5000)
```

```
plot_only = 100
low_dim_embs = tsne.fit_transform(final_embeddings[:plot_only,:])
labels = [reverse_dictionary[i] for i in range(plot_only)]
plot_with_labels(low_dim_embs, labels)
```

图 7-3 所示即为可视化效果，可以看到其中距离相近的单词在语义上具有很高的相似性。例如，左上角为单个字母的聚集地；而冠词 the、an、a 和 another 则聚集在左边中部，稍微靠右一点则有 him、himself、its、itself 和 them 聚集；左下方有 will、could、would、then。这里我们只展示了部分截图，感兴趣的读者可以在程序画出来的大图中进行观察。对 Word2Vec 性能的评价，除了可视化观察，常用的方式还有 Analogical Reasoning，即直接预测语义、语境上的关系，例如让模型回答 "king is queen as father is to ＿" 这类问题。Analogical Reasoning 可以比较好地评测 Word2Vec 模型的准确性。在训练 Word2Vec 模型时，为了获得比较好的结果，我们可以使用大规模的语料库，同时需要对参数进行调试，选取最适合的值。

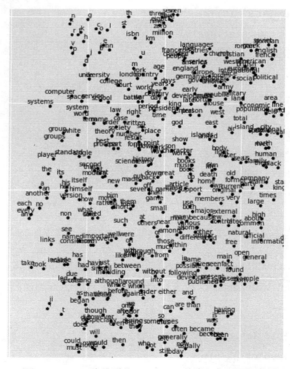

图 7-3　TSNE 降维后的 Word2Vec 的嵌入向量可视化图

7.2　TensorFlow 实现基于 LSTM 的语言模型

　　循环神经网络出现于 20 世纪 80 年代，在其发展早期，应用不是特别丰富。最近几年由于神经网络结构的进步和 GPU 上深度学习训练效率的突破，RNN 变得越来越流行。RNN 对时间序列数据非常有效，其每个神经元可通过内部组件保存之前输入的信息。

　　人每次思考时不会重头开始，而是保留之前思考的一些结果为现在的决策提供支持。例如我们对话时，我们会根据上下文的信息理解一句话的含义，而不是对每一句话重头进行分析。传统的神经网络不能实现这个功能，这可能是其一大缺陷。例如卷积神经网络虽然可以对图像进行分类，但是可能无法对视频中每一帧图像发生的事情进行关联分析，我们无法利用前一帧图像的信息，而循环神经网络则可以解决这个问题。RNN 的结构如图 7-4 所示，其最大特点是神经元的某些输出可作为其输入再次传输到神经元中，因此可以利用之前的信息。

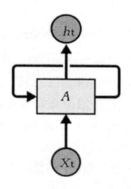

图 7-4　循环神经网络示例

　　如图 7-4 所示，x_t 是 RNN 的输入，A 是 RNN 的一个节点，而 h_t 是输出。我们对这个 RNN 输入数据 x_t，然后通过网络计算并得到输出结果 h_t，再将某些信息（state，状态）传到网络的输入。我们将输出 h_t 与 label 进行比较可以得到误差，有了这个误差之后，就能使用梯度下降（Gradient Descent）和 Back-Propagation Through Time（BPTT）方法对网络进行训练，BPTT 与训练前馈神经网络的传统 BP 方法类似，也是使用反向传播求解梯度并更新网络参数权重。另外，还有一种方法叫 Real-Time Recurrent Learning（RTRL），它可以正向求解梯度，不过其计算复杂度比较高。此外，还有介于 BPTT 和 RTRL 这两种方法之间的混合方法，可用来缓解因为时间序列间隔过长带来的梯度弥散的问题。

如果我们将 RNN 中的循环展开成一个个串联的结构，如图 7-5 所示，就可以更好地理解循环神经网络的结构了。RNN 展开后，类似于有一系列输入 x 和一系列输出 h 的串联的普通神经网络，上一层的神经网络会传递信息给下一层。这种串联的结构天然就非常适合时间序列数据的处理和分析。需要注意的是，展开后的每一个层级的神经网络，其参数都是相同的，我们并不需要训练成百上千层神经网络的参数，只需要训练一层 RNN 的参数，这就是它结构巧妙的地方，这里共享参数的思想和卷积网络中权值共享的方式也很类似。

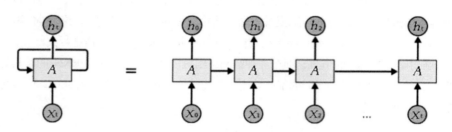

图 7-5　循环神经网络展开示意图

RNN 虽然被设计成可以处理整个时间序列信息，但是其记忆最深的还是最后输入的一些信号。而更早之前的信号的强度则越来越低，最后只能起到一点辅助的作用，即决定 RNN 输出的还是最后输入的一些信号。这样的缺陷导致 RNN 在早期的作用并不明显，慢慢淡出了大家的视野。而后随着 Long Sort Term Memory（LSTM）[57] 的发现，循环神经网络重新回到了大家的视野，并逐渐在众多领域取得了很大的成功和突破，包括语音识别、文本分类、语言模型、自动对话、机器翻译、图像标注等领域。

对于某些简单的问题，可能只需要最后输入的少量时序信息即可解决。但对某些复杂问题，可能需要更早的一些信息，甚至是时间序列开头的信息，但间隔太远的输入信息，RNN 是难以记忆的，因此长程依赖（Long-term Dependencies）是传统 RNN 的致命伤。LSTM 由 Schmidhuber 教授于 1997 年提出，它天生就是为了解决长程依赖而设计的，不需要特别复杂地调试超参数，默认就可以记住长期的信息。LSTM 的内部结构相比 RNN 更复杂，如图 7-6 所示，其中包含了 4 层神经网络，其中小圆圈是 point-wise 的操作，比如向量加法、点乘等，而小矩形则代表一层可学习参数的神经网络。LSTM 单元上面的那条直线代表了 LSTM 的状态 state，它会贯穿所有串联在一起的 LSTM 单元，从第一个 LSTM 单元一直流向最后一个 LSTM 单元，其中只有少量的线性干预和改变。状态 state 在这条隧道中传递时，LSTM 单元可以对其添加或删减信息，这些对信息流的修改操作由

LSTM 中的 Gates 控制。这些 Gates 中包含了一个 Sigmoid 层和一个向量点乘的操作，这个 Sigmoid 层的输出是 0 到 1 之间的值，它直接控制了信息传递的比例。如果为 0 代表不允许信息传递，为 1 则代表让信息全部通过。每个 LSTM 单元中包含了 3 个这样的 Gates，用来维护和控制单元的状态信息。凭借对状态信息的储存和修改，LSTM 单元就可以实现长程记忆。

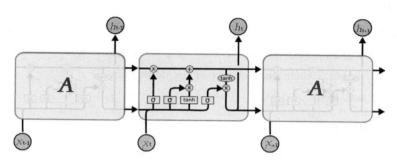

图 7-6　LSTM 结构示意图

在 RNN 的各种变种中，除了 LSTM，另一个非常流行的网络结构是 Gated Recurrent Unit（GRU）。GRU 的结构如图 7-7 所示，相比 LSTM，其结构更加简单，比 LSTM 减少了一个 Gate，因此计算效率更高（每个单元每次计算时可节约几个矩阵运算操作），同时占用的内存也相对较少。在实际使用中，LSTM 和 GRU 的差异不大，一般最后得到的准确率指标等都近似，但是相对来说，GRU 达到收敛状态时所需要的迭代数更少，也可以说是训练速度更快。

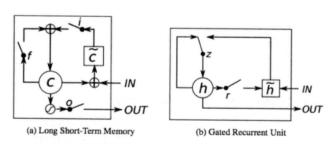

(a) Long Short-Term Memory　　(b) Gated Recurrent Unit

Illustration of (a) LSTM and (b) gated recurrent units. (a) i, f and o are the input, forget and output gates, respectively. c and $\bar{c}$ denote the memory cell and the new memory cell content. (b) r and z are the reset and update gates, and h and $\bar{h}$ are the activation and the candidate activation.

图 7-7　LSTM 和 GRU 的结构

循环神经网络的应用非常广，不过用的最多的地方还是自然语言处理。用 RNN 训练出的语言模型（Language Modeling），其效果令人惊叹。我们可以输入大量莎士比亚的剧本文字等信息给 RNN，训练得到的语言模型可以模仿莎士比亚的文字，自动生成类似的诗歌、剧本。下面的英文为语言模型生成的莎翁的诗歌，可以说是非常逼真，几乎可以以假乱真。

PANDARUS:

Alas, I think he shall be come approached and the day
When little srain would be attain'd into being never fed,
And who is but a chain and subjects of his death,
I should not sleep.

Second Senator:

They are away this miseries, produced upon my soul,
Breaking and strongly should be buried, when I perish
The earth and thoughts of many states.

DUKE VINCENTIO:

Well, your wit is in the care of side and that.

Second Lord:

They would be ruled after this chamber, and
my fair nues begun out of the fact, to be conveyed,
Whose noble souls I'll have the heart of the wars.

Clown:

Come, sir, I will make did behold your worship.

VIOLA:

I'll drink it.

语言模型是 NLP 中非常重要的一个部分，同时也是语音识别、机器翻译和由图片生成标题等任务的基础和关键。语言模型是一个可以预测语句的概率模型。给定上文的语境，即历史出现的单词，语言模型可以预测下一个单词出现的概率。Penn Tree Bank（PTB）

是在语言模型训练中经常使用的一个数据集，它的质量比较高，可以用来评测语言模型的准确率，同时数据集不大，训练也比较快。下面我们就使用 LSTM 来实现一个语言模型，其网络结构来自论文 *Recurrent Neural Network Regularization*。

　　首先，我们下载 PTB 数据集并解压，确保解压后的文件路径和接下来 Python 的执行路径一致。这个数据集中已经做了一些预处理，它包含 1 万个不同的单词，有句尾的标记，同时将罕见的词汇统一处理为特殊字符。本节代码主要来自 TensorFlow 的开源实现 [58]。

```
wget http://www.fit.vutbr.cz/~imikolov/rnnlm/simple-examples.tgz
tar xvf simple-examples.tgz
```

　　我们下载 TensorFlow Models 库，并进入目录 models/tutorials/rnn/ptb。然后载入常用的库，和 TensorFlow Models 中的 PTB reader，借助它读取数据内容。读取数据内容的操作比较烦琐，主要是将单词转为唯一的数字编码，以便神经网络处理。这部分实现的细节我们不做讲解，感兴趣的读者可以阅读其源码。

```
git clone https://github.com/tensorflow/models.git
cd models/tutorials/rnn/ptb
import time
import numpy as np
import tensorflow as tf
import reader
```

　　下面定义语言模型处理输入数据的 class，PTBInput。其中只有一个初始化方法 __init__()，我们读取参数 config 中的 batch_size、num_steps 到本地变量，这里 num_steps 是 LSTM 的展开步数(unrolled steps of LSTM)。然后计算每个 epoch 的 size，即每个 epoch 内需要多少轮训练的迭代，可以通过将数据长度整除 batch_size 和 num_steps 得到。我们使用 reader.ptb_producer 获取特征数据 input_data，以及 label 数据 targets，这里的 input_data 和 targets 都已经是定义好的 tensor 了，每次执行都会获取一个 batch 的数据。

```
class PTBInput(object):

  def __init__(self, config, data, name=None):
    self.batch_size = batch_size = config.batch_size
    self.num_steps = num_steps = config.num_steps
    self.epoch_size = ((len(data) // batch_size) - 1) // num_steps
```

```
self.input_data, self.targets = reader.ptb_producer(
    data, batch_size, num_steps, name=name)
```

接着定义语言模型的 class，PTBModel。首先依然是初始化函数 __init__()，其中包含三个参数，训练标记 is_training、配置参数 config，以及 PTBInput 类的实例 input_。我们读取 input_ 中的 batch_size 和 num_steps，然后读取 config 中的 hidden_size、vocab_size 到本地变量。这里 hidden_size 是 LSTM 的节点数，vocab_size 是词汇表的大小。

```
class PTBModel(object):

  def __init__(self, is_training, config, input_):
    self._input = input_

    batch_size = input_.batch_size
    num_steps = input_.num_steps
    size = config.hidden_size
    vocab_size = config.vocab_size
```

接下来使用 tf.contrib.rnn.BasicLSTMCell 设置我们默认的 LSTM 单元，其中隐含节点数为前面提取的 hidden_size，forget_bias（即 forget gate 的 bias）为 0，state_is_tuple 也为 True，这代表接受和返回的 state 将是 2-tuple 的形式。同时，如果在训练状态且 Dropout 的 keep_prob 小于 1，则在前面的 lstm_cell 之后接一个 Dropout 层，这里的做法是调用 tf.contrib.rnn.DropoutWrapper 函数。最后使用 RNN 堆叠函数 tf.contrib.rnn.MultiRNNCell 将前面构造的 lstm_cell 多层堆叠得到 cell，堆叠次数为 config 中的 num_layers，这里同样将 state_is_tuple 设为 True，并用 cell.zero_state 设置 LSTM 单元的初始化状态为 0。这里需要注意，LSTM 单元可以读入一个单词并结合之前储存的状态 state 计算下一个单词出现的概率分布，并且每次读取一个单词后它的状态 state 会被更新。

```
    def lstm_cell():
      return tf.contrib.rnn.BasicLSTMCell(
          size, forget_bias=0.0, state_is_tuple=True)
    attn_cell = lstm_cell
    if is_training and config.keep_prob < 1:
      def attn_cell():
        return tf.contrib.rnn.DropoutWrapper(
```

```
            lstm_cell(), output_keep_prob=config.keep_prob)
  cell = tf.contrib.rnn.MultiRNNCell(
              [attn_cell() for _ in range(config.num_layers)],
              state_is_tuple=True)

  self._initial_state = cell.zero_state(batch_size, tf.float32)
```

我们创建网络的词嵌入 embedding 部分，embedding 即为将 one-hot 的编码格式的单词转化为向量表达形式，在 7.1 节 Word2Vec 中已经讲到了。因为这部分在 GPU 中还没有很好的实现，所以我们依然使用 with tf.device("/cpu:0")将计算限定在 CPU 中进行。然后我们初始化 embedding 矩阵，其行数设为词汇表数 vocab_size，列数（即每个单词的向量表达的维数）设为 hidden_size，和 LSTM 单元中的隐含节点数一致。在训练过程中，embedding 的参数可以被优化和更新。接下来使用 tf.nn.embedding_lookup 查询单词对应的向量表达获得 inputs。同时，如果为训练状态则再添加上一层 Dropout。

```
with tf.device("/cpu:0"):
  embedding = tf.get_variable(
      "embedding", [vocab_size, size], dtype=tf.float32)
  inputs = tf.nn.embedding_lookup(embedding, input_.input_data)

if is_training and config.keep_prob < 1:
  inputs = tf.nn.dropout(inputs, config.keep_prob)
```

接下来定义输出 outputs，我们先使用 tf.variable_scope 将接下来的操作的名称设为 RNN。一般为了控制训练过程，我们会限制梯度在反向传播时可以展开的步数为一个固定的值，而这个步数也就是 num_steps。这里我们设置一个循环，循环长度为 num_steps，来控制梯度的传播。并且从第 2 次循环开始，我们使用 tf.get_variable_scope.reuse_variables 设置复用变量。在每次循环内，我们传入 inputs 和 state 到堆叠的 LSTM 单元（即 cell）中。这里注意 inputs 有 3 个维度，第 1 个维度代表是 batch 中的第几个样本，第 2 个维度代表是样本中的第几个单词，第 3 个维度是单词的向量表达的维度，而 inputs[:, time_step, :]代表所有样本的第 time_step 个单词。这里我们得到输出 cell_output 和更新后的 state。最后我们将结果 cell_output 添加到输出列表 outputs。

```
outputs = []
state = self._initial_state
```

179

```
with tf.variable_scope("RNN"):
  for time_step in range(num_steps):
    if time_step > 0: tf.get_variable_scope().reuse_variables()
    (cell_output, state) = cell(inputs[:, time_step, :], state)
    outputs.append(cell_output)
```

我们将 output 的内容用 tf.concat 串接到一起，并使用 tf.reshape 将其转为一个很长的一维向量。接下来是 Softmax 层，先定义权重 softmax_w 和偏置 softmax_b，然后使用 tf.matmul 将输出 output 乘上权重并加上偏置得到 logits，即网络最后的输出。然后定义损失 loss，这里直接使用 tf.contrib.legacy_seq2seq.sequence_loss_by_example 计算输出 logits 和 targets 的偏差，这里的 sequence_loss 即 target words 的 average negative log probability，其定义为 $loss = -\frac{1}{N}\sum_{i=1}^{N}\ln p_{target_i}$。然后使用 tf.reduce_sum 汇总 batch 的误差，再计算平均到每个样本的误差 cost。并且我们保留最终的状态为 final_state。此时，如果不是训练状态，则直接返回。

```
output = tf.reshape(tf.concat(outputs, 1), [-1, size])
softmax_w = tf.get_variable(
    "softmax_w", [size, vocab_size], dtype=tf.float32)
softmax_b = tf.get_variable("softmax_b", [vocab_size], dtype=tf.float32)
logits = tf.matmul(output, softmax_w) + softmax_b
loss = tf.contrib.legacy_seq2seq.sequence_loss_by_example(
    [logits],
    [tf.reshape(input_.targets, [-1])],
    [tf.ones([batch_size * num_steps], dtype=tf.float32)])
self._cost = cost = tf.reduce_sum(loss) / batch_size
self._final_state = state

if not is_training:
  return
```

下面定义学习速率的变量 _lr，并将其设为不可训练。再使用 tf.trainable_variables 获取全部可训练的参数 tvars。这里针对前面得到的 cost，计算 tvars 的梯度，并用 tf.clip_by_global_norm 设置梯度的最大范数 max_grad_norm。这即是 Gradient Clipping 的方法，控制梯度的最大范数，某种程度上起到正则化的效果。Gradient Clipping 可以防止

Gradient Explosion 梯度爆炸的问题，如果对梯度不加限制，则可能会因为迭代中梯度过大导致训练难以收敛。然后定义优化器为 GradientDescent 优化器。再创建训练操作 _train_op，用 optimizer.apply_gradients 将前面 clip 过的梯度应用到所有可训练的参数 tvars 上，然后使用 tf.contrib.framework.get_or_create_global_step 生成全局统一的训练步数。

```
self._lr = tf.Variable(0.0, trainable=False)
tvars = tf.trainable_variables()
grads, _ = tf.clip_by_global_norm(tf.gradients(cost, tvars),
                                  config.max_grad_norm)
optimizer = tf.train.GradientDescentOptimizer(self._lr)
self._train_op = optimizer.apply_gradients(zip(grads, tvars),
    global_step=tf.contrib.framework.get_or_create_global_step())
```

这里设置一个名为_new_lr（new learning rate）的 placeholder 用以控制学习速率，同时定义操作_lr_update，它使用 tf.assign 将_new_lr 的值赋给当前的学习速率_lr。再定义一个 assign_lr 的函数，用来在外部控制模型的学习速率，方式是将学习速率值传入_new_lr 这个 placeholder，并执行_update_lr 操作完成对学习速率的修改。

```
self._new_lr = tf.placeholder(
    tf.float32, shape=[], name="new_learning_rate")
self._lr_update = tf.assign(self._lr, self._new_lr)

def assign_lr(self, session, lr_value):
  session.run(self._lr_update, feed_dict={self._new_lr: lr_value})
```

至此，模型定义的部分就完成了。我们再定义这个 PTBModel class 的一些 property，Python 中的@property 装饰器可以将返回变量设为只读，防止修改变量引发的问题。这里定义 input、initial_state、cost、final_state、lr、train_op 为 property，方便外部访问。

```
@property
def input(self):
  return self._input


@property
def initial_state(self):
```

```
  return self._initial_state

@property
def cost(self):
  return self._cost

@property
def final_state(self):
  return self._final_state

@property
def lr(self):
  return self._lr

@property
def train_op(self):
  return self._train_op
```

接下来定义几种不同大小的模型的参数。首先是小模型的设置，我们先解释各个参数的含义，这里的 init_scale 是网络中权重值的初始 scale；learning_rate 是学习速率的初始值；max_grad_norm 即前面提到的梯度的最大范数；num_layers 是 LSTM 可以堆叠的层数；num_steps 是 LSTM 梯度反向传播的展开步数；hidden_size 是 LSTM 内的隐含节点数；max_epoch 是初始学习速率可训练的 epoch 数，在此之后需要调整学习速率；max_max_epoch 是总共可训练的 epoch 数；keep_prob 是 dropout 层的保留节点的比例；lr_decay 是学习速率的衰减速度；batch_size 是每个 batch 中样本的数量。具体每个参数的值，在不同配置中对比才有意义，我们会在接下来的几个配置中讨论具体数值。

```
class SmallConfig(object):
  init_scale = 0.1
  learning_rate = 1.0
  max_grad_norm = 5
  num_layers = 2
  num_steps = 20
  hidden_size = 200
```

```
    max_epoch = 4
    max_max_epoch = 13
    keep_prob = 1.0
    lr_decay = 0.5
    batch_size = 20
    vocab_size = 10000
```

　　这里可以看到，在 MediumConfig 中型模型中，我们减小了 init_scale，即希望权重初值不要过大，小一些有利于温和的训练；学习速率和最大梯度范数不变，LSTM 层数也不变；这里将梯度反向传播的展开步数 num_steps 从 20 增大到 35；hidden_size 和 max_max_epoch 也相应地增大约 3 倍；同时，这里开始设置 dropout 的 keep_prob 到 0.5，而之前设为 1 即没有 dropout；因为学习的迭代次数增大，因此将学习速率的衰减速率 lr_decay 也减小了；batch_size 和词汇表 vocab_size 的大小都保持不变。

```
class MediumConfig(object):
    init_scale = 0.05
    learning_rate = 1.0
    max_grad_norm = 5
    num_layers = 2
    num_steps = 35
    hidden_size = 650
    max_epoch = 6
    max_max_epoch = 39
    keep_prob = 0.5
    lr_decay = 0.8
    batch_size = 20
    vocab_size = 10000
```

　　LargeConfig 大型模型进一步缩小了 init_scale；并大大放宽了最大梯度范数 max_grad_norm 到 10；同时将 hidden_size 提升到了 1500，并且 max_epoch、max_max_epoch 也相应地增大了；而 keep_drop 则因为模型复杂度的上升继续下降。学习速率的衰减速率 lr_decay 也进一步减小。

```
class LargeConfig(object):
    init_scale = 0.04
```

```
learning_rate = 1.0
max_grad_norm = 10
num_layers = 2
num_steps = 35
hidden_size = 1500
max_epoch = 14
max_max_epoch = 55
keep_prob = 0.35
lr_decay = 1 / 1.15
batch_size = 20
vocab_size = 10000
```

这里的 TestConfig 只是为测试用，参数都尽量使用最小值，只是为了测试可以完整运行模型。

```
class TestConfig(object):
  init_scale = 0.1
  learning_rate = 1.0
  max_grad_norm = 1
  num_layers = 1
  num_steps = 2
  hidden_size = 2
  max_epoch = 1
  max_max_epoch = 1
  keep_prob = 1.0
  lr_decay = 0.5
  batch_size = 20
  vocab_size = 10000
```

下面定义训练一个 epoch 数据的函数 run_epoch。我们记录当前时间，初始化损失 costs 和迭代数 iters，并执行 model.initial_state 来初始化状态并获得初始状态。接着创建输出结果的字典表 fetches，其中包括 cost 和 final_state，如果有评测操作 eval_op，也一并加入 fetches。接着我们进入训练循环中，次数即为 epoch_size。在每次循环中，我们生成训练用的 feed_dict，将全部 LSTM 单元的 state 加入 feed_dict 中，然后传入 feed_dict 并执行

fetches 对网络进行一次训练，并拿到 cost 和 state。这里我们累加 cost 到 costs，并累加 num_steps 到 iters。我们每完成约 10%的 epoch，就进行一次结果的展示，依次展示当前 epoch 的进度、perplexity（即平均 cost 的自然常数指数，是语言模型中用来比较模型性能的重要指标，越低代表模型输出的概率分布在预测样本上越好）和训练速度（单词数每秒）。最后返回 perplexity 作为函数结果。

```python
def run_epoch(session, model, eval_op=None, verbose=False):
    start_time = time.time()
    costs = 0.0
    iters = 0
    state = session.run(model.initial_state)

    fetches = {
        "cost": model.cost,
        "final_state": model.final_state,
    }
    if eval_op is not None:
        fetches["eval_op"] = eval_op

    for step in range(model.input.epoch_size):
        feed_dict = {}
        for i, (c, h) in enumerate(model.initial_state):
            feed_dict[c] = state[i].c
            feed_dict[h] = state[i].h

        vals = session.run(fetches, feed_dict)
        cost = vals["cost"]
        state = vals["final_state"]

        costs += cost
        iters += model.input.num_steps

        if verbose and step % (model.input.epoch_size // 10) == 10:
```

```
    print("%.3f perplexity: %.3f speed: %.0f wps" %
        (step * 1.0 / model.input.epoch_size, np.exp(costs / iters),
            iters * model.input.batch_size / (time.time() - start_time)))

return np.exp(costs / iters)
```

我们使用 reader.ptb_raw_data 直接读取解压后的数据，得到训练数据、验证数据和测试数据。这里定义训练模型的配置为 SmallConfig，读者也可自行测试其他大小的模型。需要注意的是测试配置 eval_config 需和训练配置一致，这里将测试配置的 batch_size 和 num_steps 修改为 1。

```
raw_data = reader.ptb_raw_data('simple-examples/data/')
train_data, valid_data, test_data, _ = raw_data

config = SmallConfig()
eval_config = SmallConfig()
eval_config.batch_size = 1
eval_config.num_steps = 1
```

我们创建默认的 Graph，并使用 tf.random_uniform_initializer 设置参数的初始化器，令参数范围在[-init_scale, init_scale]之间。然后使用 PTBInput 和 PTBModel 创建一个用来训练的模型 m，以及用来验证的模型 mvalid 和测试的模型 mtest，其中训练和验证模型直接使用前面的 config，测试模型则使用前面的测试配置 eval_config。

```
with tf.Graph().as_default():
  initializer = tf.random_uniform_initializer(-config.init_scale,
                                               config.init_scale)

  with tf.name_scope("Train"):
    train_input = PTBInput(config=config,data=train_data,name="TrainInput")
    with tf.variable_scope("Model", reuse=None, initializer=initializer):
      m = PTBModel(is_training=True, config=config, input_=train_input)

  with tf.name_scope("Valid"):
    valid_input = PTBInput(config=config,data=valid_data,name="ValidInput")
```

```
  with tf.variable_scope("Model", reuse=True, initializer=initializer):
    mvalid = PTBModel(is_training=False,config=config,input_=valid_input)

with tf.name_scope("Test"):
  test_input = PTBInput(config=eval_config, data=test_data,
                        name="TestInput")
  with tf.variable_scope("Model", reuse=True, initializer=initializer):
    mtest = PTBModel(is_training=False, config=eval_config,
                     input_=test_input)
```

我们使用 tf.train.Supervisor() 创建训练的管理器 sv,并使用 sv.managed_session 创建默认 session,再执行训练多个 epoch 数据的循环。在每个 epoch 循环内,我们先计算累计的学习速率衰减值,这里只需计算超过 max_epoch 的轮数,再求 lr_decay 的超出轮数次幂即可。然后将初始学习速率乘上累计的衰减,并更新学习速率。然后在循环内执行一个 epoch 的训练和验证,并输出当前的学习速率、训练和验证集上的 perplexity。在完成全部训练后,计算并输出模型在测试集上的 perplexity。

```
sv = tf.train.Supervisor()
with sv.managed_session() as session:
  for i in range(config.max_max_epoch):
    lr_decay = config.lr_decay ** max(i + 1 - config.max_epoch, 0.0)
    m.assign_lr(session, config.learning_rate * lr_decay)

    print("Epoch: %d Learning rate: %.3f" % (i + 1, session.run(m.lr)))
    train_perplexity = run_epoch(session, m, eval_op=m.train_op,
                                 verbose=True)
    print("Epoch: %d Train Perplexity: %.3f" % (i + 1, train_perplexity))
    valid_perplexity = run_epoch(session, mvalid)
    print("Epoch: %d Valid Perplexity: %.3f" % (i + 1, valid_perplexity))

  test_perplexity = run_epoch(session, mtest)
  print("Test Perplexity: %.3f" % test_perplexity)
```

我们来看 SmallConfig 小型模型的最后结果,我们在 i7 6900K 和 GTX 1080 上的训练速度可达 21000 单词每秒。同时在最后一个 epoch 中，训练集上可达 36.9 的 perplexity，而验证集和测试集上分别可达 122.3 和 116.7 的 perplexity。

```
Epoch: 13 Learnign rate: 0.004
0.004 perplexity: 56.003 speed: 13005 wps
0.104 perplexity: 41.096 speed: 21836 wps
0.204 perplexity: 45.000 speed: 21891 wps
0.304 perplexity: 43.224 speed: 21738 wps
0.404 perplexity: 42.508 speed: 21529 wps
0.504 perplexity: 41.803 speed: 21565 wps
0.604 perplexity: 40.425 speed: 21470 wps
0.703 perplexity: 39.768 speed: 21418 wps
0.803 perplexity: 39.088 speed: 21480 wps
0.903 perplexity: 37.753 speed: 21493 wps
Epoch: 13 Train Perplexity: 36.949
Epoch: 13 Valid Perplexity: 122.300
Test Perplexity: 116.763
```

读者可以自行测试中型模型和大型模型，在原论文中提到在中型模型上可以达到（训练集：48.45，验证集：86.16，测试集：82.07）的效果，在大型模型上，可以达到（训练集：37.87，验证集：82.62，测试集：78.29）的效果。本节我们实现了一个基于 LSTM 的语言模型，读者应该了解到 LSTM 在处理文本等时序数据中的作用了。LSTM 可以存储状态，并依靠状态对当前的输入进行处理分析和预测。RNN 和 LSTM 赋予了神经网络记忆和储存过往信息的能力，可以模仿人类的一些简单的记忆和推理功能。而目前，注意力（attention）机制是 RNN 和 NLP 领域研究的热点，这种机制让机器可以更好地模拟人脑的功能。在图像标题生成任务中，包含注意力机制的 RNN 可以对某一区域的图像进行分析，并生成对应的文字描述，有兴趣的读者可以阅读论文 *Show, Attend and Tell: Neural Image Caption Generation with Visual Attention* 了解这部分的相关信息。

7.3　TensorFlow 实现 Bidirectional LSTM Classifier

双向循环神经网络（Bidirectional Recurrent Neural Networks[59]，Bi-RNN）是由 Schuster 和 Paliwal 于 1997 年首次提出的，和 LSTM 是在同一年被提出的。Bi-RNN 的主要目标是

增加 RNN 可利用的信息。比如普通的 MLP 对数据长度等有限制，而 RNN 虽然可以处理不固定长度的时序数据，但是无法利用某个历史输入的未来信息。Bi-RNN 则正好相反，它可以同时使用时序数据中某个输入的历史及未来数据。其实现原理很简单，将时序方向相反的两个循环神经网络连接到同一个输出，通过这种结构，输出层就可以同时获取历史和未来信息了。

在需要上下文环境的情况中，Bi-RNN 将会非常有用，比如在手写文字识别时，如果有当前要识别的单词的前面和后面一个单词的信息，那么将非常有利于识别。同样，我们在阅读文章时，有时也需要通过下文的语境来推测文中某句话的准确含义。对 Language Modeling 这类问题，可能 Bi-RNN 并不合适，因为我们的目标就是通过前文预测下一个单词，这里不能将下文信息传给模型。对很多分类问题，比如手写文字识别、机器翻译、蛋白结构预测等，使用 Bi-RNN 将会大大提升模型效果。百度在其语音识别中也是通过 Bi-RNN 综合考虑上下文语境，将其模型准确率大大提升。

Bi-RNN 网络结构的核心是把一个普通的单向的 RNN 拆成两个方向，一个是随时序正向的，一个是逆着时序的反向的，如图 7-8 所示。这样当前时间节点的输出就可以同时利用正向、反向两个方向的信息，而不像普通 RNN 需要等到后面时间节点才可以获取未来信息。这两个不同方向的 RNN 之间不会共用 state，即正向 RNN 的输出 state 只会传给正向的 RNN，反向 RNN 的输出只会传给反向的 RNN，它们之间没有直接连接。如图 7-9 所示，每一个时间节点的输入会分别传到正向和反向的 RNN 中，它们根据各自的状态产生输出，这两份输出会一起连接到 Bi-RNN 的输出节点，共同合成最终输出。我们可以看到，Bi-RNN 的网络中虽然两个方向的 RNN 基本没有交集，但是因为它们共同合成了输出，所以它们对当前时间节点输出的贡献（或造成的 loss）就可以在训练中被计算出来，并且它们的参数会根据梯度被优化到合适的值。

Bi-RNN 在训练时和普通单向 RNN 非常类似，因为两个不同方向的 RNN 之间几乎没有交集，因此它们可以分别展开为普通的前馈网络。不过在使用 BPTT（back-propagation through time）算法训练时，我们无法同时更新状态和输出。同时，正向 state 在 t=1 时未知，且反向 state 在 t=T 时未知，即 state 在各自方向的开始处未知，这里需要人工设置。此外，正向状态的导数在 t=T 时未知，且反向 state 的导数在 t=1 时未知，即 state 的导数在结尾处未知，这里一般需要设为 0 代表此时对参数更新不重要。然后正式开始训练步骤：第一步，我们对输入数据做 forward pass 操作，即 inference 的操作，我们先沿着 1→T 方向计算正向 RNN 的 state，再沿着 T →1 方向计算反向 RNN 的 state，然后获得输出 output；

第二步，我们进行 backward pass 操作，即对目标函数求导的操作，我们先对输出 output 求导，然后沿着 T→1 方向计算正向 RNN 的 state 的导数，再沿着 1→T 方向计算反向 RNN 的 state 的导数；第三步根据求得的梯度值更新模型参数，完成一次训练。

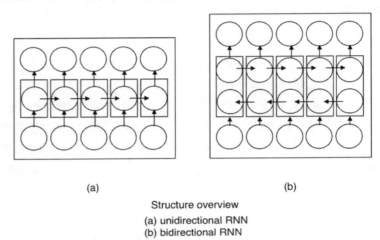

(a) (b)

Structure overview
(a) unidirectional RNN
(b) bidirectional RNN

图 7-8　RNN 和 Bi-RNN 结构对比图

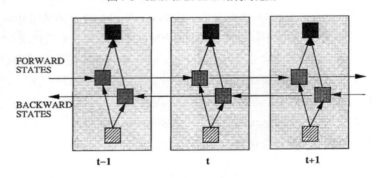

图 7-9　Bi-RNN 结构示意图

　　Bi-RNN 中的每个 RNN 单元既可以是传统的 RNN，也可以是 LSTM 单元或者 GRU 单元，思路是一致的，而且我们也可以在一层 Bi-RNN 上再叠加一层 Bi-RNN，即上一层 Bi-RNN 的输出再作为下一层 Bi-RNN 的输入，可以进一步抽象提炼特征。如果最后用作分类任务，我们可以将 Bi-RNN 的输出序列连接一个全连接层，或者连接全局平均池化 Global Average Pooling，最后再接 Softmax 层，这部分和使用卷积网络的输出进行分类的做法一样。

下面我们就使用 TensorFlow 实现一个 Bidirectional LSTM Classifier，并在 MNIST 数据集上进行测试。先载入 TensorFlow、NumPy，以及 TensorFlow 自带的 MNIST 数据读取器。与最开始的几章一样，我们直接使用 input_data.read_data_sets 下载并读取 MNIST 数据集。本节代码主要来自 TensorFlow-Examples 的开源实现 [60]。

```
import tensorflow as tf
import numpy as np
from tensorflow.examples.tutorials.mnist import input_data
mnist = input_data.read_data_sets("/tmp/data/", one_hot=True)
```

然后设置训练参数。我们设置学习速率为 0.01（因为优化器将选择 Adam，所以学习速率较低），最大训练样本数为 40 万，batch_size 为 128，同时设置每间隔 10 次训练就展示一次训练情况。

```
learning_rate = 0.01
max_samples = 400000
batch_size = 128
display_step = 10
```

因为 MNIST 的图像尺寸为 28×28，因此输入 n_input 为 28（图像的宽），同时 n_steps 即 LSTM 的展开步数（unrolled steps of LSTM），也设置为 28（图像的高），这样图像的全部信息就都使用上了。和前一节使用 LSTM 处理文本数据时一次读取一个单词类似，这里是一次读取一行像素（28 个像素点），然后下一个时间点再传入下一行像素点。这里 n_hidden（LSTM 的隐藏节点数）设为 256，而 n_classes（MNIST 数据集的分类数目）则设为 10。

```
n_input = 28
n_steps = 28
n_hidden = 256
n_classes = 10
```

我们创建输入 x 和学习目标 y 的 place_holder。和使用卷积神经网络做分类时类似，这里输入 x 中每一个样本可直接使用二维的结构，而不必像 MLP 那样需要转为一维结构。不过这里的样本的二维的含义，和卷积网络中空间的二维不同，我们的样本被理解为一个时间序列，第一个维度是时间点 n_steps，第二个维度是每个时间点的数据 n_input。同时，我们设创建最后的 Softmax 层的 weights 和 biases，这里直接使用 tf.random_normal 初始化这些参数。因为是双向 LSTM，有 forward 和 backwrad 两个 LSTM 的 cell，所以 weights 的参数量也翻倍，变为 2*n_hidden。

```
x = tf.placeholder("float", [None, n_steps, n_input])
y = tf.placeholder("float", [None, n_classes])


weights = tf.Variable(tf.random_normal([2*n_hidden, n_classes]))
biases = tf.Variable(tf.random_normal([n_classes]))
```

下面就定义 Bidirectional LSTM 网络的生成函数。我们先对数据进行一些处理，把形状为（batch_size，n_steps，n_input）的输入变成长度为 n_steps 的列表，而其中元素形状为(batch_size，n_input)。然后输入进行转置，使用 tf.transpose(x, [1, 0, 2])将第一个维度 batch_size 和第二个维度 n_steps 进行交换。接着使用 tf.reshape 将输入 x 变形为 (n_steps*batch_size, n_input)的形状，再使用 tf.split 将 x 拆成长度为 n_steps 的列表，列表中每个 tensor 的尺寸都是(batch_size，n_input)，这样符合 LSTM 单元的输入格式。下面使用 tf.contrib.rnn.BasicLSTMCell 分别创建 forward 和 backward 的 LSTM 单元，它们的隐藏节点数都设为 n_hidden，而 forget_bias 都设为 1。然后直接将正向的 lstm_fw_cell 和反向的 lstm_bw_cell 传入 Bi-RNN 接口 tf.nn.bidirectional_rnn 中，生成双向 LSTM，并传入 x 作为输入。最后对双向 LSTM 的输出结果 outputs 做一个矩阵乘法并加上偏置，这里的参数即为前面定义的 weights 和 biases。

```
def BiRNN(x, weights, biases):

    x = tf.transpose(x, [1, 0, 2])
    x = tf.reshape(x, [-1, n_input])
    x = tf.split(x, n_steps)

    lstm_fw_cell = tf.contrib.rnn.BasicLSTMCell(n_hidden, forget_ bias=1.0)
    lstm_bw_cell = tf.contrib.rnn.BasicLSTMCell(n_hidden, forget_ bias=1.0)

    outputs, _, _ = tf.contrib.rnn.static_bidirectional_rnn(lstm_fw_cell,
                        lstm_bw_ cell, x, dtype=tf.float32)
    return tf.matmul(outputs[-1], weights) + biases
```

我们使用刚才定义好的函数生成我们的 Bidirectional LSTM 网络，对最后输出的结果使用 tf.nn.softmax_cross_entropy_with_logits 进行 Softmax 处理并计算损失，然后使用 tf.reduce_mean 计算平均 cost。我们定义优化器为 Adam，学习速率即为前面定义的 learning_rate。再使用 tf.argmax 得到模型预测的类别，然后用 tf.equal 判断是否预测正确，最后用 tf.reduce_mean 求得平均准确率。

```
pred = BiRNN(x, weights, biases)


cost = tf.reduce_mean(tf.nn.softmax_cross_entropy_with_logits(logits=pred,
                                                              labels=y))
optimizer = tf.train.AdamOptimizer(learning_rate=learning_rate).minimize(
                cost)


correct_pred = tf.equal(tf.argmax(pred,1), tf.argmax(y,1))
accuracy = tf.reduce_mean(tf.cast(correct_pred, tf.float32))


init = tf.global_variables_initializer()
```

　　下面开始执行训练和测试操作。第一步是执行初始化参数，然后定义一个训练的循环，保持总训练样本数（迭代次数*batch_size）小于之前设定的值。在每一轮训练迭代中，我们使用 mnist.train.next_batch 拿到一个 batch 的数据并使用 reshape 改变其形状。接着，将包含输入 x 和训练目标 y 的 feed_dict 传入，执行一次训练操作并更新模型参数。每当迭代数为 display_step 的整数倍时，我们计算一次当前 batch 数据的预测准确率和 loss 并展示出来。

```
with tf.Session() as sess:
    sess.run(init)
    step = 1
    while step * batch_size < max_samples:
        batch_x, batch_y = mnist.train.next_batch(batch_size)
        batch_x = batch_x.reshape((batch_size, n_steps, n_input))
        sess.run(optimizer, feed_dict={x: batch_x, y: batch_y})
        if step % display_step == 0:
            acc = sess.run(accuracy, feed_dict={x: batch_x, y: batch_y})
            loss = sess.run(cost, feed_dict={x: batch_x, y: batch_y})
```

```
        print("Iter " + str(step*batch_size) + ", Minibatch Loss= " + \
            "{:.6f}".format(loss) + ", Training Accuracy= " + \
            "{:.5f}".format(acc))
    step += 1
print("Optimization Finished!")
```

全部训练迭代结束后，我们使用训练好的模型，对 mnist.test.images 中全部的测试数据进行预测，并将准确率展示出来。

```
test_len = 10000
test_data = mnist.test.images[:test_len].reshape((-1, n_steps, n_input))
test_label = mnist.test.labels[:test_len]
print("Testing Accuracy:",
    sess.run(accuracy, feed_dict={x: test_data, y: test_label}))
```

在完成了 40 万个样本的训练后，我们看一下模型在训练集和测试集上的表现。在训练集上我们的预测准确率非常高，基本都是 1，而在包含 10000 个样本的测试集上也有 0.983 的准确率。

```
Iter 394240, Minibatch Loss= 0.025686, Training Accuracy= 0.99219
Iter 395520, Minibatch Loss= 0.001847, Training Accuracy= 1.00000
Iter 396800, Minibatch Loss= 0.009049, Training Accuracy= 1.00000
Iter 398080, Minibatch Loss= 0.015611, Training Accuracy= 1.00000
Iter 399360, Minibatch Loss= 0.009190, Training Accuracy= 1.00000
Optimization Finished!
Testing Accuracy: 0.983
```

Bidirectional LSTM Classifier 在 MNIST 数据集上的表现虽然不如卷积神经网络，但也达到了一个很不错的水平。Bi-RNN 乃至双向 LSTM 网络在时间序列分类任务上能达到较好的表现，是因为它能做到同时利用时间序列的历史和未来信息，结合上下文信息，对结果进行综合判定。虽然在图片这种空间结构显著的数据上不如卷积神经网络，但在无空间结构的单纯的时间序列上，相信 Bi-RNN 和 Bi-LSTM 会更具优势。

8

TensorFlow 实现深度 强化学习

8.1 深度强化学习简介

强化学习（Reinforcement Learning）是机器学习的一个重要分支，主要用来解决连续决策的问题。强化学习可以在复杂的、不确定的环境中学习如何实现我们设定的目标。强化学习的应用场景非常广，几乎包括了所有需要做一系列决策的问题，比如控制机器人的电机让它执行特定任务，给商品定价或者库存管理、玩视频游戏或棋牌游戏等。强化学习也可以应用到有序列输出的问题中，因为它可以针对一系列变化的环境状态，输出一系列对应的行动。举个简单的例子，围棋（乃至全部棋牌类游戏）可以归结为一个强化学习问题，我们需要学习在各种局势下如何走出最好的招法。

一个强化学习问题包含三个主要概念，即环境状态（Environment State）、行动（Action）和奖励（Reward），而强化学习的目标就是获得最多的累计奖励。在围棋中，环境状态就是我们已经下出来的某个局势，行动是指我们在某个位置落子，奖励则是当前这步棋获得的目数（围棋中存在不确定性，在结束对弈后计算的目数是准确的，棋局中获得的目数是估计的），而最终目标就是在结束对弈时总目数超过对手，赢得胜利。我们要让强化学习模型根据环境状态、行动和奖励，学习出最佳的策略，并以最终结果为目标，不能只看某个行动当下带来的利益（比如围棋中通过某一手棋获得的实地），还要看到这个行动未来能带来的价值（比如围棋中外势可以带来的潜在价值）。我们回顾一下，AutoEncoder 属于无监督学习，而 MLP、CNN 和 RNN 都属于监督学习，但强化学习跟这两种都不同。它不像无监督学习那样完全没有学习目标，也不像监督学习那样有非常明确的目标（即 label），强化学习的目标一般是变化的、不明确的，甚至可能不存在绝对正确的标签。

强化学习已经有几十年的历史，但是直到最近几年深度学习技术的突破，强化学习才有了比较大的进展。Google DeepMind 结合强化学习与深度学习，提出 DQN[61]（Deep Q-Network，深度 Q 网络），它可以自动玩 Atari 2600 系列的游戏，并取得了超过人类的水平。而 DeepMind 的 AlphaGo[62] 结合了策略网络（Policy Network）、估值网络（Value Network，也即 DQN）与蒙特卡洛搜索树（Monte Carlo Tree Search），实现了具有超高水平的围棋对战程序，并战胜了世界冠军李世石。DeepMind 使用的这些深度强化学习模型（Deep Reinforcement Learning）本质上也是神经网络，主要分为策略网络和估值网络两种。深度强化学习模型对环境没有特别强的限制，可以很好地推广到其他环境，因此对强化学习的研究和发展具有非常重大的意义。下面我们来看看深度强化学习的一些实际应用例子。

无人驾驶是一个非常复杂、非常困难的强化学习任务，在深度学习出现之前，几乎不可能实现。如图 8-1 所示，无人驾驶汽车通过摄像头、雷达、激光测距仪、传感器等对环境进行观测，获取到许多丰富的环境信息，然后通过深度强化学习模型中的 CNN、RNN 等对环境信息进行处理、抽象和转化，再结合强化学习算法框架预测出最应该执行的动作（加速、减速、转换方向等），来实现自动驾驶。无人驾驶汽车每次执行的动作，都会让它到目的地的路程更短，这就是每次行动的奖励。当然，其最终目标是安全地顺利地到达目的地，这样可以获得最多的奖励。

图 8-1　自动驾驶包含了对环境物体的识别及对汽车移动的连续控制

深度强化学习的另一个重要应用是操控复杂的机械装置。一般情况下，我们需要给机械装置编写逻辑非常复杂的控制代码来让它们执行具体的操作，比如控制机械臂拾取小零件。如果要拾取某个特定形状的小零件，需要单独设计一套逻辑，来控制电机进行一系列运转，进而驱动机械臂各个关节转动，最终拾取物体。但是这种做法拾取物体的成功率并不高，而且如果换了一个形状的零件，或者零件的位置发生比较大的变化，那就需要重新设计逻辑。利用深度强化学习算法，我们可以让机器自己学习如何拾取物体，如图 8-2 所示，省去了大量的编程工作。深度强化学习模型中前几层可使用卷积网络，然后可以使用卷积网络对摄像头捕获的图像进行处理和分析，让模型能"看见"环境并识别出物体位置，再通过强化学习框架，学习如何通过一系列动作来最高效地拾取物体。另外，当有新零件出现时，只需要再让机器学习一段时间，就可以掌握抓取新零件的方法，并且这个学习过程可以自动完成，无须人工干预。事实上，通过深度强化学习我们甚至可以让模型学会自动驾驶直升机，这是 Andrew Ng 在讲解强化学习时提到的例子。

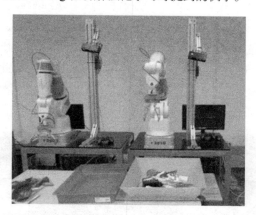

图 8-2　使用深度强化学习模型控制机械臂拾取小零件

同时，我们也可以使用深度强化学习自动玩游戏，如图 8-3 所示，用 DQN 可学习自动玩 *Flappy Bird*。DQN 前几层通常也是卷积层，因此具有了对游戏图像像素(raw pixels)直接进行学习的能力。前几层卷积可理解和识别游戏图像中的物体，后层的神经网络则对 Action 的期望价值进行学习，结合这两个部分，可以得到能根据游戏像素自动玩 *Flappy Bird* 的强化学习策略。而且，不仅是这类简单的游戏，连非常复杂的包含大量战术策略的《星际争霸 2》也可以被深度强化学习模型掌握。目前，DeepMind 就在探索如何通过深度强化学习训练一个可以战胜《星际争霸 2》世界冠军的人工智能，这之后的进展让我们拭目以待。

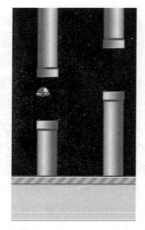

图 8-3　使用深度强化学习自动玩 *Flappy Bird*

深度强化学习最具有代表性的一个里程碑自然是 AlphaGo。在 2016 年，Google DeepMind 的 AlphaGo 以 4:1 的比分战胜了人类的世界冠军李世石，如图 8-4 所示。围棋可以说是棋类游戏中最为复杂的，19×19 的棋盘给它带来了 3^{361} 种状态，除去其中非法的违反游戏规则的状态，也有远超整个宇宙中原子数目的状态数。因此，计算机是无法通过像深蓝那样的暴力搜索来战胜人类的，要在围棋这个项目上战胜人类，就必须给计算机抽象思维的能力，而 AlphaGo 做到了这一点。

图 8-4　AlphaGo 代表了深度强化学习技术的巅峰

在 AlphaGo 中使用了快速走子（Fast Rollout）、策略网络、估值网络和蒙特卡洛搜索树等技术。图 8-5 所示为 AlphaGo 的几种技术单独使用时的表现，横坐标为步数，纵坐标为预测的误差（可以理解为误差越低模型效果越好），其中简单的快速走子策略虽然效果比较一般，但是已经远胜随机策略。估值网络和策略网络的效果都非常好，相对来说，策略网络的性能更胜一筹。AlphaGo 融合了所有这些策略，取得了比单一策略更好的性能，在实战中表现出了惊人的水平。

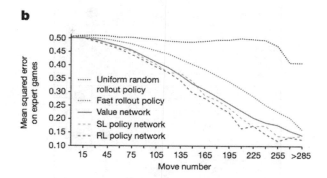

图 8-5   AlphaGo 中随机策略、快速走子、估值网络和策略网络（SL 和 RL 两种）的性能表现

Policy-Based（或者 Policy Gradients）和 Value-Based（或者 Q-Learning）是强化学习中最重要的两类方法，其主要区别在于 Policy-Based 的方法直接预测在某个环境状态下应该采取的 Action，而 Value Based 的方法则预测某个环境状态下所有 Action 的期望价值（Q 值），之后可以通过选择 Q 值最高的 Action 执行策略。这两种方法的出发点和训练方式都有不同，一般来说，Value Based 方法适合仅有少量离散取值的 Action 的环境，而 Policy-Based 方法则更通用，适合 Action 种类非常多或者有连续取值的 Action 的环境。而结合深度学习后，Policy-Based 的方法就成了 Policy Network，而 Value-Based 的方法则成了 Value Network。

图 8-6 所示为 AlphaGo 中的策略网络预测出的当前局势下应该采取的 Action，图中标注的数值为策略网络输出的应该执行某个 Action 的概率，即我们应该在某个位置落子的概率。

图 8-7 所示为 AlphaGo 中估值网络预测出的当前局势下每个 Action 的期望价值。估值网络不直接输出策略，而是输出 Action 对应的 Q 值，即在某个位置落子可以获得的期望价值。随后，我们可以直接选择期望价值最大的位置落子，或者选择其他位置进行探索。

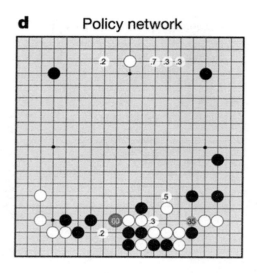

图 8-6 AlphaGo 中的策略网络，输出在某个位置落子的概率

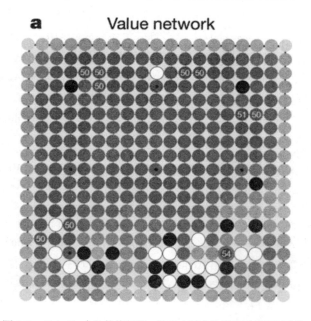

图 8-7 AlphaGo 中的估值网络，输出在某个位置落子的期望价值

在强化学习中，我们也可以建立额外的 model 对环境状态的变化进行预测。普通的强化学习直接根据环境状态预测出行动策略，或行动的期望价值。如果根据环境状态和采取

的行动预测接下来的环境状态，并利用这个信息训练强化学习模型，那就是 model-based RL。对于复杂的环境状态，比如视频游戏的图像像素，要预测这么大量且复杂的环境信息是非常困难的。如果环境状态是数量不大的一些离散值（m），并且可采取的行动也是数量较小的一些离散值(n)，那么环境 model 只是一个简单的 m×n 的转换矩阵。对于一个普通的视频游戏环境，假设图像像素为 64×64×3，可选行动有 18 种，那么我们光存储这个转换矩阵就需要大的难以想象的内存空间（$256^{64×64×3}×18$）。对于更复杂的环境，我们就更难使用 model 预测接下来的环境状态。而 model-free 类型的强化学习则不需要对环境状态进行任何预测，也不考虑行动将如何影响环境。model-free RL 直接对策略或者 Action 的期望价值进行预测，因此计算效率非常高。当然，如果有一个良好的 model 可以高效、准确地对环境进行预测，会对训练 RL 带来益处；但是一个不那么精准的 model 反而会严重干扰 RL 的训练。因此，对大多数复杂环境，我们主要使用 model-free RL，同时供给更多的样本给 RL 训练，用来弥补没有 model 预测环境状态的问题。

8.2　TensorFlow 实现策略网络

前面提到了强化学习中非常重要的 3 个要素是 Environment State、Action 和 Reward。在环境中，强化学习模型的载体是 Agent，它负责执行模型给出的行动。环境是 Agent 无法控制的，但是可以进行观察；根据观察的结果，模型给出行动，交由 Agent 来执行；而 Reward 是在某个环境状态下执行了某个 Action 而获得的，是模型要争取的目标。在很多任务中，Reward 是延迟获取的（Delayed），即某个 Action 除了可以即时获得 Reward，也可能跟未来获得的 Reward 有很大关系。

所谓策略网络，即建立一个神经网络模型，它可以通过观察环境状态，直接预测出目前最应该执行的策略（Policy），执行这个策略可以获得最大的期望收益（包括现在的和未来的 Reward）。与普通的监督学习不同，在强化学习中，可能没有绝对正确的学习目标，样本的 feature 不再和 label 一一对应。对某一个特定的环境状态，我们并不知道它对应的最好的 Action 是什么，只知道当前 Action 获得的 Reward 还有试验后获得的未来的 Reward。我们需要让强化学习模型通过试验样本自己学习什么才是某个环境状态下比较好的 Action，而不是告诉模型什么才是比较好的 Action，因为我们也不知道正确的答案（即样本没有绝对正确的 label，只有估算出的 label）。我们的学习目标是期望价值，即当前获得的 Reward，加上未来潜在的可获取的 reward。为了更好地让策略网络理解未来的、潜在的 Reward，策略网络不只是使用当前的 Reward 作为 label，而是使用 Discounted Future

Reward，即把所有未来奖励依次乘以衰减系数γ。这里的衰减系数一般是一个略小于但接近 1 的数，防止没有损耗地积累导致 Reward 目标发散，同时也代表了对未来奖励的不确定性的估计。

$$r = r_1 + \gamma r_2 + \gamma^2 r_3 + \cdots + \gamma^{n-1} r_n$$

我们使用被称为 Policy Gradients 的方法来训练策略网络。Policy Gradients 指的是模型通过学习 Action 在 Environment 中获得的反馈，使用梯度更新模型参数的过程。在训练过程中，模型会接触到好 Action 及它们带来的高期望价值，和差 Action 及它们带来的低期望价值，因此通过对这些样本的学习，我们的模型会逐渐增加选择好 Action 的概率，并降低选择坏 Action 的概率，这样就逐渐完成了我们对策略的学习。和 Q-Learning 或估值网络不同，策略网络学习的不是某个 Action 对应的期望价值 Q，而是直接学习在当前环境应该采取的策略，比如选择每个 Action 的概率（如果是有限个可选 Action，好的 Action 应该对应较大概率，反之亦然），或者输出某个 Action 的具体数值（如果 Action 不是离散值，而是连续值）。因此策略网络是一种 End-to-End（端对端）的方法，可以直接产生最终的策略。

Policy Based 的方法相比于 Value-Based，有更好的收敛性（通常可以保证收敛到局部最优，且不会发散），同时对高维或者连续值的 Action 非常高效（训练和输出结果都更高效），同时能学习出带有随机性的策略。例如，在石头剪刀布的游戏中，任何有规律的策略都会被别人学习到并且被针对，因此完全随机的策略反而可以立于不败之地（起码不会输给别的策略）。在这种情况下，可以利用策略网络学到随机出剪刀、石头、布的策略（三个 Action 的概率相等）。

我们需要使用 Gym[63] 辅助我们进行策略网络的训练。Gym 是 OpenAI 推出的开源的强化学习的环境生成工具。OpenAI 是 Tesla 和 Space X 的老板马斯克发起的非营利性的人工智能研究机构。其主要任务是研究安全、开放的人工智能技术，并且确保人工智能技术可以被广泛地、公平地普及，并服务社会。Gym 是 OpenAI 贡献出来的非常重要的开源项目，它的主要作用是为研究者和开发者提供一个方便的强化学习任务环境，例如文字游戏、棋类游戏、视频图像游戏等，并且让用户可以和其他人的强化学习算法进行效率、性能上的比较。

对于强化学习的研究，之前主要受制于两个因素。其一是缺乏高质量的 Benchmark，对于图像识别、监督学习等问题，我们有 ImageNet 这样的经过标注的超大规模数据集，可以让各种算法在上面进行测试。在强化学习中同样需要大量的、丰富的任务环境，而目前任务环境不仅稀缺，而且设置一个环境的过程也非常烦琐；其二是我们没有一个通用的环境标准，强化学习的相关论文很难进行横向比较，不同任务使用的环境定义、reward 的函数、可用的 Action 都会有区别，而且不同任务的难度可能差异非常大，比如围棋就比国际象棋难很多。Gym 则非常好地解决了这两个问题，提供了大量的标准化的环境，可以用来公平地横向对比强化学习模型的性能。Gym 的用户可以上传模型效果和训练日志到 OpenAI Gym Service 的接口，随后可以参与某个任务的排名，和其他研究者比较模型的效果，并分享算法的思路给其他研究者。

OpenAI Gym 对用户开发模型的方式没有任何限制，它跟其他机器学习库，例如 TensorFlow 和 Theano，都完全兼容。用户可以使用 Python 语言和任何 Python 的 Library 编写强化学习模型的 Agent，比如可以创建一些简单的经验规则，或者使用 State-Action 一一对应的策略表，当然也可以使用深度神经网络模型来做训练模型。

在 Gym 中，有两个核心的概念，一个是 Environment，指我们的任务或者问题，另一个就是 Agent，即我们编写的策略或算法。Agent 会将执行的 Action 传给 Environment，Environment 接受某个 Action 后，再将结果 Observation（即环境状态）和 Reward 返回给 Agent。Gym 中提供了完整的 Environment 的接口，而 Agent 则是完全由用户编写。目前，Gym 一共包含了几个大类的环境，分别是 Algorithmic（算法）、Atari 游戏（使用了 Arcade Learning Environment）、Board Games（棋牌类游戏，其中围棋包含了 9×9 和 19×19 两种规模，目前使用的对抗程序为 Pachi）、Box2D（二维的物理引擎）、Classic Control（经典的控制类问题）、MuJoCo（另一个高效的物理引擎，可以实现非常细节的物理模拟，包括碰撞，可以用来控制 2D 或者 3D 的机器人执行一些任务操作），以及 Toy Text（文本类型）的任务。其中某些任务环境需要额外安装一些依赖库或者程序，我们可以执行 full install 来安装全部环境的依赖程序。

Gym 中环境的接口是 Env 类，其中有几个重要的方法。使用 env=gym.make('Copy-v0') 创建某个任务的环境；使用 env.reset() 初始化环境，并返回初始的 observation，即 state；使用 env.step(action) 在当前状态下执行一步 Action，并返回 observation、reward、done（完成标记）、info（调试信息，但一般不应让 Agent 使用该信息）；使用 env.render() 方法可以渲染出一帧的任务图像，很多任务的 observation 就是一帧图像，此时 Agent 直接从图像像素中学习信息和策略。

下面我们就以 Gym 中的 CartPole 环境作为具体例子。CartPole 任务最早由论文

Neuronlike Adaptive Elements That Can Solve Difficult Learning Control Problem 提出，是一个经典的可用强化学习来解决的控制问题。如图 8-8 所示，CartPole 的环境中有一辆小车，在一个一维的无阻力轨道上行动，在车上绑着一个连接不太结实的杆，这个杆会左右摇晃。我们的环境信息 observation 并不是图像像素，而只是一个有 4 个值的数组，包含了环境中的各种信息，比如小车位置、速度、杆的角度、速度等。我们并不需要知道每个数值对应的具体物理含义，因为我们不是要根据这些数值自己编写逻辑控制小车，而是设计一个策略网络让它自己从这些数值中学习到环境信息，并制定最佳策略。我们可以采取的 Action 非常简单，给小车施加一个正向的力或者负向的力。我们有一个 Action Space 的概念，即 Action 的离散数值空间，比如在 CartPole 里 Action Space 就是 Discrete(2)，即只有 0 或 1，其他复杂一点的游戏可能有更多可以选择的值。我们并不需要知道这里的数值会具体对应哪个 Action，只要模型可以学习到采取这个 Action 之后将会带来的影响就可以，因此 Action 都只是一个编码。CartPole 的任务目标很简单，就是尽可能地保持杆竖直不倾倒，当小车偏离中心超过 2.4 个单位的距离，或者杆的倾角超过 15 度时，我们的任务宣告失败，并自动结束。在每坚持一步后，我们会获得+1 的 reward，我们只需要坚持尽量长的时间不导致任务失败即可。任务的 Reward 恒定，对任何 Action，只要不导致任务结束，都可以获得+1 的 Reward。但是我们的模型必须有远见，要可以考虑到长远的利益，而不只是学习到当前的 Reward。

图 8-8　CartPole 环境中包含一个可以控制移动方向的小车和不稳的杆

当我们使用 env.reset()方法后，就可以初始化环境，并获取到环境的第一个 Observation。此后，根据 Observation 预测出应该采取的 Action，并使用 env.step(action)在环境中执行 Action，这时会返回 Observation（在 CartPole 中是 4 维的抽象的特征，在其他任务中可能是图像像素）、reward（当前这步 Action 获得的即时奖励）、done（任务是否结束的标记，在 CartPole 中是杆倾倒或者小车偏离中心太远，其他游戏中可能是被敌人击中。如果为 True，应该 reset 任务）和 info（额外的诊断信息，比如标识了游戏中一些随机事件的概率，但是不应该用来训练 Agent）。这样我们就进入 Action-Observation 的循环，执行 Action，获得 Observation，再执行 Action，如此往复直到任务结束，并期望在结束时获得尽可能高的奖励。我们可执行的 Action 在 CartPole 中是离散的数值空间，即有限的几种可能，在别的任务中可能是连续的数值，例如在赛车游戏任务中，我们执行的动作是朝某个方向移动，这样我们就有了 0~360 度的连续数值空间可以选择。同时，我们的环境名称后面都带有版本号，比如 V0、V1 等。当环境发生更新或者变化时，我们不会修改之前的环境，而是创建新的版本，这样可以让 Agent 的性能被公平的比较。同时，我们可以调用 env.monitor 方法，对模型的训练过程进行监控和记录，这样之后我们就可以方便地使用 gym.upload 将训练日志上传到 gym service 进行展示，并与他人的算法进行比较。一般来说，对比较简单的问题，我们的评测标准是需要多少步训练就可以稳定地达到理想的分数，并希望需要的训练步数越少越好；对于比较复杂的问题，我们并不知道理想的分数是多少，因此一般是希望获得的分数越高越好。用户可以上传算法到 gym 并让同行审议，其中如果提出非常有效的新算法、新技巧，并且能被其他研究者复现，那对相关领域的研究会有很大价值。

下面就使用 TensorFlow 创建一个基于策略网络的 Agent 来解决 CartPole 问题。我们先安装 OpenAI Gym。本节代码主要来自 DeepRL-Agents[64] 的开源实现。

```
pip install gym
```

接着，载入 NumPy、TensorFlow 和 gym。这里用 gym.make('CartPole-v0')创建 CartPole 问题的环境 env。

```
import numpy as np
import tensorflow as tf
import gym
env = gym.make('CartPole-v0')
```

先测试在 CartPole 环境中使用随机 Action 的表现，作为接下来对比的 baseline。首先，我们使用env.reset()初始化环境，然后进行 10 次随机试验，这里调用 env.render()将 CartPole 问题的图像渲染出来。使用 np.random.randint(0,2)产生随机的 Action，然后用 env.step()执行随机的 Action，并获取返回的 observation、reward 和 done。如果 done 标记为 True，则代表这次试验结束，即倾角超过 15 度或者偏离中心过远导致任务失败。在一次试验结束后，我们展示这次试验累计的奖励 reward_sum 并重启环境。

```
env.reset()
random_episodes = 0
reward_sum = 0
while random_episodes < 10:
```

```
env.render()
observation, reward, done, _ = env.step(np.random.randint(0,2))
reward_sum += reward
if done:
    random_episodes += 1
    print("Reward for this episode was:",reward_sum)
    reward_sum = 0
    env.reset()
```

可以看到随机策略获得的奖励总值差不多在 10~40 之间，均值应该在 20~30，这将作为接下来用来对比的基准。我们将任务完成的目标设定为拿到 200 的 Reward，并希望通过尽量少次数的试验来完成这个目标。

```
Reward for this episode was: 12.0
Reward for this episode was: 17.0
Reward for this episode was: 20.0
Reward for this episode was: 44.0
Reward for this episode was: 28.0
Reward for this episode was: 19.0
Reward for this episode was: 13.0
Reward for this episode was: 30.0
Reward for this episode was: 20.0
Reward for this episode was: 26.0
```

我们的策略网络使用简单的带有一个隐含层的 MLP。先设置网络的各个超参数，这里隐含节点数 H 设为 50，batch_size 设为 25，学习速率 learning_rate 为 0.1，环境信息 observation 的维度 D 为 4，gamma 即 Reward 的 discount 比例设为 0.99。在估算 Action 的期望价值（即估算样本的学习目标）时会考虑 Delayed Reward，会将某个 Action 之后获得的所有 Reward 做 discount 并累加起来，这样可以让模型学习到未来可能出现的潜在 Reward。注意，一般 discount 比例要小于 1，防止 Reward 被无损耗地不断累加导致发散，这样也可以区分当前 Reward 和未来 Reward 的价值（当前 Action 直接带来的 Reward 不需要 discount，而未来的 Reward 因存在不确定性所以需要 discount）。

```
H = 50
batch_size = 25
```

```
learning_rate = 1e-1
D = 4
gamma = 0.99
```

下面定义策略网络的具体结构。这个网络将接受 observations 作为输入信息，最后输出一个概率值用以选择 Action（我们只有两个 Action，向左施加力或者向右施加力，因此可以通过一个概率值决定）。我们创建输入信息 observations 的 placeholder，其维度为 D。然后使用 tf.contrib.layers.xavier_initializer 初始化算法创建隐含层的权重 W1，其维度为[D, H]。接着用 tf.matmul 将环境信息 observation 乘上 W1 再使用 ReLU 激活函数处理得到隐含层输出 layer1，这里注意我们并不需要加偏置。同样用 xavier_initializer 算法创建最后 Sigmoid 输出层的权重 W2，将隐含层输出 layer1 乘以 W2 后，使用 Sigmoid 激活函数处理得到最后的输出概率。

```
observations = tf.placeholder(tf.float32, [None,D] , name="input _x")
W1 = tf.get_variable("W1", shape=[D, H],
                     initializer=tf.contrib.layers.xavier_initializer())
layer1 = tf.nn.relu(tf.matmul(observations,W1))
W2 = tf.get_variable("W2", shape=[H, 1],
                     initializer=tf.contrib.layers.xavier_initializer())
score = tf.matmul(layer1,W2)
probability = tf.nn.sigmoid(score)
```

这里模型的优化器使用 Adam 算法。我们分别设置两层神经网络参数的梯度的 placeholder——W1Grad 和 W2Grad，并使用 adam.apply_gradients 定义我们更新模型参数的操作 updateGrads。之后计算参数的梯度，当积累到一定样本量的梯度，就传入 W1Grad 和 W2Grad，并执行 updateGrads 更新模型参数。这里注意，深度强化学习的训练和其他神经网络一样，也使用 batch training 的方式。我们不逐个样本地更新参数，而是累计一个 batch_size 的样本的梯度再更新参数，防止单一样本随机扰动的噪声对模型带来不良影响。

```
adam = tf.train.AdamOptimizer(learning_rate=learning_rate)
W1Grad = tf.placeholder(tf.float32,name="batch_grad1")
W2Grad = tf.placeholder(tf.float32,name="batch_grad2")
batchGrad = [W1Grad,W2Grad]
updateGrads = adam.apply_gradients(zip(batchGrad,tvars))
```

　　下面定义函数 discount_rewards，用来估算每一个 Action 对应的潜在价值 discount_r。因为 CartPole 问题中每次获得的 Reward 都和前面的 Action 有关，属于 delayed reward。因此需要比较精准地衡量每一个 Action 实际带来的价值时，不能只看当前这一步的 Reward，而要考虑后面的 Delayed Reward。那些能让 Pole 长时间保持在空中竖直的 Action，应该拥有较大的期望价值，而那些最终导致 Pole 倾倒的 Action，则应该拥有较小的期望价值。我们判断越靠后的 Action 的期望价值越小，因为它们更可能是导致 Pole 倾倒的原因，并且判断越靠前的 Action 的期望价值越大，因为它们长时间保持了 Pole 的竖直，和倾倒的关系没有那么大。我们倒推整个过程，从最后一个 Action 开始计算所有 Action 应该对应的期望价值。输入数据 r 为每一个 Action 实际获得的 Reward，在 CartPole 问题中，除了最后结束时的 Action 为 0，其余均为 1。下面介绍具体的计算方法，我们定义每个 Action 除直接获得的 Reward 外的潜在价值为 running_add，running_add 是从后向前累计的，并且需要经过 discount 衰减。而每一个 Action 的潜在价值，即为后一个 Action 的潜在价值乘以衰减系数 gamma 再加上它直接获得的 reward，即 running_add*gamma+r[t]。这样从最后一个 Action 开始不断向前累计计算，即可得到全部 Action 的潜在价值。这种对潜在价值的估算方法符合我们的期望，越靠前的 Action 潜在价值越大。

```python
def discount_rewards(r):
    discounted_r = np.zeros_like(r)
    running_add = 0
    for t in reversed(range(r.size)):
        running_add = running_add * gamma + r[t]
        discounted_r[t] = running_add
    return discounted_r
```

　　我们定义人工设置的虚拟 label（下文会讲解其生成原理，其取值为 0 或 1）的 placeholder——input_y，以及每个 Action 的潜在价值的 placeholder——advangtages。这里 loglik 的定义略显复杂，我们来看一下 loglik 到底代表什么。Action 取值为 1 的概率为 probability（即策略网络输出的概率），Action 取值为 0 的概率为 1-probability，label 取值与 Action 相反，即 label=1-Action。当 Action 为 1 时，label 为 0，此时 loglik=tf.log(probability)，Action 取值为 1 的概率的对数；当 Action 为 0 时，label 为 1，此时 loglik=tf.log(1-probability)，即 Action 取值为 0 的概率的对数。所以，loglik 其实就是当前 Action 对应的概率的对数，我们将 loglik 与潜在价值 advantages 相乘，并取负数作为损失，即优化目标。我们使用优化器优化时，会让能获得较多 advantages 的 Action 的概率变大，并让能获得较少 advantages

的 Action 的概率变小，这样能让损失变小。通过不断的训练，我们便能持续加大能获得较多 advantages 的 Action 的概率，即学习到一个能获得更多潜在价值的策略。最后，使用 tf.trainable_variables()获取策略网络中全部可训练的参数 tvars，并使用 tf.gradients 求解模型参数关于 loss 的梯度。

```
input_y = tf.placeholder(tf.float32,[None,1], name="input_y")
advantages = tf.placeholder(tf.float32,name="reward_signal")
loglik = tf.log(input_y*(input_y - probability) + \
            (1 - input_y)*(input_y + probability))
loss = -tf.reduce_mean(loglik * advantages)

tvars = tf.trainable_variables()
newGrads = tf.gradients(loss,tvars)
```

在正式进入训练过程前，我们先定义一些参数，xs 为环境信息 observation 的列表，ys 为我们定义的 label 的列表，drs 为我们记录的每一个 Action 的 Reward。我们定义累计的 Reward 为 reward_sum，总试验次数 total_episodes 为 10000，直到达到获取 200 的 Reward 才停止训练。

```
xs,ys,drs = [],[],[]
reward_sum = 0
episode_number = 1
total_episodes = 10000
```

我们创建默认的 Session，初始化全部参数，并在一开始将 render 的标志关闭。因为 render 会带来比较大的延迟，所以一开始不太成熟的模型还没必要去观察。先初始化 CartPole 的环境并获得初始状态。然后使用 sess.run 执行 tvars 获取所有模型参数，用来创建储存参数梯度的缓冲器 gradBuffer，并把 gardBuffer 全部初始化为零。接下来的每次试验中，我们将收集参数的梯度存储到 gradBuffer 中，直到完成了一个 batch_size 的试验，再将汇总的梯度更新到模型参数。

```
with tf.Session() as sess:
    rendering = False
    init = tf.global_variables_initializer()
    sess.run(init)
```

```
observation = env.reset()

gradBuffer = sess.run(tvars)
for ix,grad in enumerate(gradBuffer):
    gradBuffer[ix] = grad * 0
```

下面进入试验的循环，最大循环次数即为 total_episodes。当某个 batch 的平均 Reward 达到 100 以上时，即 Agent 表现良好时，调用 env.render()对试验环境进行展示。先使用 tf.reshape 将 observation 变形为策略网络输入的格式，然后传入网络中，使用 sess.run 执行 probability 获得网络输出的概率 tfprob，即 Action 取值为 1 的概率。接下来我们在（0，1）间随机抽样，若随机值小于 tfprob，则令 Action 取值为 1，否则令 Action 取值为 0，即代表 Action 取值为 1 的概率为 tfprob。

```
while episode_number <= total_episodes:

    if reward_sum/batch_size > 100 or rendering == True :
        env.render()
        rendering = True

    x = np.reshape(observation,[1,D])

    tfprob = sess.run(probability,feed_dict={observations: x})
    action = 1 if np.random.uniform() < tfprob else 0
```

然后将输入的环境信息 observation 添加到列表 xs 中。这里我们制造虚拟的 label——y，它取值与 Action 相反，即 y=1-action，并将其添加到列表 ys 中。然后使用 env.step 执行一次 Action，获取 observation、reward、done 和 info，并将 reward 累加到 reward_sum，同时将 reward 添加到列表 drs 中。

```
xs.append(x)
y = 1 - action
ys.append(y)

observation, reward, done, info = env.step(action)
reward_sum += reward
```

```
drs.append(reward)
```

当 done 为 True，即一次试验结束时，将 episode_numer 加 1。同时使用 np.vstack 将几个列表 xs、ys、drs 中的元素纵向堆叠起来，得到 epx、epy 和 epr，并将 xs、ys、drs 清空以备下次试验使用。这里注意，epx、epy、drs 即为一次试验中获得的所有 observation、label、reward 的列表。我们使用前面定义好的 discount_rewards 函数计算每一步 Action 的潜在价值，并进行标准化（减去均值再除以标准差），得到一个零均值标准差为 1 的分布。这么做是因为 discount_reward 会参与到模型损失的计算，而分布稳定的 discount_rewad 有利于训练的稳定。

```
if done:
    episode_number += 1
    epx = np.vstack(xs)
    epy = np.vstack(ys)
    epr = np.vstack(drs)
    xs,ys,drs = [],[],[]

    discounted_epr = discount_rewards(epr)
    discounted_epr -= np.mean(discounted_epr)
    discounted_epr /= np.std(discounted_epr)
```

我们将 epx、epy 和 discounted_epr 输入神经网络，并使用操作 newGrads 求解梯度。再将获得的梯度累加到 gradBuffer 中去。

```
tGrad = sess.run(newGrads,feed_dict={observations: epx,
                input_y: epy, advantages: discounted_epr})
for ix,grad in enumerate(tGrad):
    gradBuffer[ix] += grad
```

当进行试验的次数达到 batch_size 的整倍数时，gradBuffer 中就累计了足够多的梯度，因此使用 updateGrads 操作将 gradBuffer 中的梯度更新到策略网络的模型参数中，并清空 gradBuffer，为计算下一个 batch 的梯度做准备。这里注意，我们是使用一个 batch 的梯度更新参数，但是每一个梯度是使用一次试验中全部样本（一个 Action 对应一个样本）计算出来的，因此一个 batch 中的样本数实际上是 25（batch_size）次试验的样本数之和。

同时，我们展示当前的试验次数 episode_number，和 batch 内每次试验平均获得的 reward。当我们 batch 内每次试验的平均 reward 大于 200 时，我们的策略网络就成功完成了任务，并将终止循环。如果没有达到目标，则清空 reward_sum，重新累计下一个 batch 的总 reward。同时，在每次试验结束后，将任务环境 env 重置，方便下一次试验。

```python
            if episode_number % batch_size == 0:
                sess.run(updateGrads,feed_dict={W1Grad: gradBuffer[0],
                                                W2Grad:gradBuffer[1]})
                for ix,grad in enumerate(gradBuffer):
                    gradBuffer[ix] = grad * 0

                print('Average reward for episode %d : %f.' % \
                    (episode_ number,reward_sum/batch_size))

                if reward_sum/batch_size > 200:
                    print("Task solved in",episode_number, 'episodes!')
                    break

                reward_sum = 0

            observation = env.reset()
```

下面是我们模型的训练日志，可以看到策略网络在仅经历了 200 次试验，即 8 个 batch 的训练和参数更新后，就实现了我们的目标，达到了 batch 内平均 230 的 reward，顺利完成预设的目标。有兴趣的读者可以尝试修改策略网络的结构、隐含节点数、batch_size、学习速率等参数来尝试优化策略网络的训练，加快其学习到好策略的速度。

```
Average reward for episode 25 : 19.200000.
Average reward for episode 50 : 30.680000.
Average reward for episode 75 : 41.360000.
Average reward for episode 100 : 52.160000.
Average reward for episode 125 : 70.680000.
Average reward for episode 150 : 84.520000.
Average reward for episode 175 : 153.320000.
```

```
Average reward for episode 200 : 230.400000.
Task solved in 200 episodes!
```

8.3　TensorFlow 实现估值网络

在强化学习中，除了 Policy Based 直接选择 Action 的方法，还有一种学习 Action 对应的期望价值（Expected Utility）的方法，称为 Q-Learning[65]。Q-Learning 最早于 1989 年由 Watkins 提出，其收敛性于 1992 年由 Watkins 和 Dayan 共同证明。Q-Learning 学习中的期望价值指从当前的这一步到所有后续步骤，总共可以期望获取的最大价值（即 Q 值，也可称为 Value）。有了这个 Action→Q 的函数，我们的最佳策略就是在每一个 state 下，选择 Q 值最高的 Action。和 Policy Based 方法一样，Q-Learning 不依赖环境模型。在有限马尔科夫决策过程（Markov Decision Process）中，Q-Learning 被证明最终可以找到最优的策略。

Q-Learning 的目标是求解函数$Q(s_t, a_t)$，即根据当前环境状态，估算 Action 的期望价值。Q-Learning 训练模型的基本思路也非常简单，它以（状态、行为、奖励、下一个状态）构成的元组$(s_t, a_t, r_{t+1}, s_{t+1})$为样本进行训练，其中$s_t$为当前的状态，$a$为当前状态下执行的 Action，$r_{t+1}$为在执行 Action 后获得的奖励，$s_{t+1}$为下一个状态。其中特征是（$s_t, a_t$），而学习目标（即期望价值）则是$r_{t+1} + \gamma \cdot \max_a Q(s_{t+1}, a)$，这个学习目标即是当前 Action 获得的 Reward 加上下一步可获得的最大期望价值。学习目标中包含了 Q-Learning 的函数本身，所以这其中使用了递归求解的思想。下一步可获得的最大期望价值被乘以一个γ，即衰减系数 discount factor，这个参数决定了未来奖励在学习中的重要性。如果 discount factor 为 0，那么模型将学习不到任何未来奖励的信息，将会变得短视，只关注当前的利益；如果 discount factor 大于等于 1，那算法很可能无法收敛，期望价值将被不断累加并且没有衰减（即 discount），这样期望价值很可能会发散。因此，discount factor 一般会被设为一个比 1 稍小的值。我们可以把整个 Q-Learning 学习的过程写成下面这个式子：

$$Q_{new}(s_t, a_t) \leftarrow (1 - \alpha) \cdot Q_{old}(s_t, a_t) + \alpha \cdot \left(r_{t+1} + \gamma \cdot \max_a Q(s_{t+1}, a) \right)$$

简单描述这个公式是，将旧的 Q-Learning 函数$Q_{old}(s_t, a_t)$，向着学习目标（当前获得的 Reward 加上下一步可获得的最大期望价值）按一个较小的学习速率α学习，得到新的 Q-Learning 函数$Q_{new}(s_t, a_t)$。其中学习速率决定了我们使用新获取的样本信息覆盖之前掌握到的信息的比率，通常设为一个比较小的值，可以保证学习过程的稳定，同时确保最后的收敛性。同时，Q-Learning 需要一个初始值Q_0，而比较高的初始值可以鼓励模型多进行探索。

我们用来学习 Q-Learning 的模型可以是神经网络，这样得到的模型即是估值网络。如果其中的神经网络比较深，那就是 DQN。DQN 这一说法，是由 Google DeepMind 发表于 Nature 的论文 *Human-level control through deep reinforcement learning* 提出的，在这篇论文中 DeepMind 使用 DQN 创建了达到人类专家水平的可以玩 Atari 2600 系列游戏的 Agent。相比于早期 Q-Learning 使用的简单模型，DeepMind 的 DQN 有了很多方面的改进。下面我们将逐一介绍目前 state of the art 的 DQN 中的一些 Trick。

第 1 个 Trick，我们需要在 DQN 中引入卷积层。我们不再是输入一些数值类的特征让模型学习，而是直接让模型通过 Atari 这类游戏的视频图像了解环境信息并学习策略。这样就必须让 DQN 能理解它所接收到的图像，即具有一定的图像识别能力，因此我们就需要用到前几章提到的卷积神经网络。卷积神经网络的具体原理前面几章讲解过，它利用可提取空间结构信息的卷积层来抽取特征。卷积层可以提取图像中重要目标的特征并传给后面的层来做分类或者回归，比如第 6 章中的 VGG Net 和 Inception Net。但 DQN 不同，它使用卷积层不是用来对图像做分类，而是进行强化学习的训练，其目标是根据环境图像输出决策。通常在设计 DQN 时，如果输入是图像，那么最前面几层一般都会设置成卷积层，如图 8-9 所示。本节将要实现的 DQN 的前 4 层也都是卷积层。

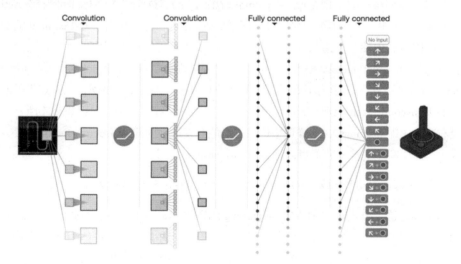

图 8-9　Deep Q-Network 中的多层卷积结构

第 2 个 Trick 是 Experience Replay。因为深度学习需要大量的样本，所以传统的 Q-Learning 的 online update 的方法（逐一对新样本学习的方式）可能不太适合 DQN。因此，我们需要增大样本量，并且像 VGGNet 或 Inception Net 那样进行多个 epoch 的训练，对图像进行反复利用。我们引入一种被称为 Experience Replay 的技术，它的主要思想就是储存 Agent 的 Experience（即样本），并且每次训练时随机抽取一部分样本供给网络学习。这样我们能比较稳定地完成学习任务，避免只短视地学习到最新接触到的样本，而是综合地、反复地利用过往的大量样本进行学习。我们会创建一个用来储存 Experience 的缓存 buffer，它里面可以储存一定量的比较新的样本。当容量满了以后，会用新样本替换最旧的样本，这可以保证大部分样本有相近的概率被抽到，如果不替换旧的，那么从一开始就获得的旧样本，在整个训练过程中被抽到的概率会比新样本高很多。每次需要训练样本时，就直接从 buffer 中随机抽取一定量的样本给 DQN 训练，这样可以保持对样本较高的利用率，同时可以让模型学习到比较新的一批样本。

第 3 个 Trick，我们可以再使用第二个 DQN 网络来辅助训练，这个辅助网络一般称为 target DQN，它的意义是辅助我们计算目标 Q 值，即提供学习目标公式里的 $\max_a Q(s_{t+1}, a)$。我们之所以要拆分为两个网络，一个用来制造学习目标，一个用来进行实际训练，原因很简单，是为了让 Q-Learning 训练的目标保持平稳。强化学习及 Q-Learning 不像普通的监督学习，它的学习目标每次都是变化的，因为学习目标的一部分是模型本身输出的。每次更新模型参数都会导致我们的学习目标发生变化，如果更新很频繁、幅度很大，我们的训练过程就会非常不稳定并且失控。这样 DQN 的训练就会陷入目标 Q 值与预测 Q 值的反馈循环中（陷入震荡发散，难以收敛）。为了降低这种影响，需要让目标 Q 值尽量平稳，因此需要一个比较稳定的 target DQN 辅助网络计算目标 Q 值。我们让 target DQN 进行低频率或者缓慢的学习，这样它输出的目标 Q 值的波动也会比较小，可以减小对训练过程的影响。

第 4 个 Trick，如果在分拆出 target DQN 的方法上更进一步，那就是 Double DQN。DeepMind 的研究者在论文 *Deep Reinforcement Learning with Double Q-Learning* 中发现，传统的 DQN 通常会高估 Action 的 Q 值。如果这种高估不是均匀的，可能会导致本来次优的某个 Action 总是被高估而超过了最优的 Action，那将给训练和选择 Action 带来很大的麻烦，我们可能永远都发现不了最优的 Action。因此，在 DeepMind 这篇论文中提出了可以在 DQN 中也使用 Double Q-Learning 的方法。我们之前是让 target DQN 完全负责生成目标 Q 值，即先产生 $Q(s_{t+1}, a)$，再通过 $\max_a$ 选择最大的 Q 值。Double DQN 则是修改了第二步，不是直接选择 target DQN 上最大的 Q 值，而是在我们的主 DQN 上通过其最大 Q 值选择 Action，再去获取这个 Action 在 target DQN 上的 Q 值。这样我们的主网络负责选择 Action，而这个被选定的 Action 的 Q 值则由 target DQN 生成。被选择的 Q 值，不一定总是最大的 Q 值，这样就避免了被高估的次优 Action 总是超过最优的 Action，导致我们发现不了真正最好的 Action。我们的学习目标因此可以写成下面的式子。

$$Target = r_{t+1} + \gamma \cdot Q_{target}\left(s_{t+1}, argmax_a\left(Q_{main}(s_{t+1}, a)\right)\right)$$

第 5 个 Trick 是 Dueling DQN，也是 DQN 的一个重大改进，在 Google 的论文 *Dueling Network Architectures for Deep Reinforcement Learning* 中被首次提出。Dueling DQN 将 Q 值的函数 $Q(s_t, a_t)$ 拆分为两部分，一部分是静态的环境状态本身具有的价值 $V(s_t)$，称为 Value；另一部分是动态的通过选择某个 Action 额外带来的价值 $A(a_t)$，称为 Advantage。我们的 Q 值将由这两部分组合而成，可以写成下面这个公式。

$$Q(s_t, a_t) = V(s_t) + A(a_t)$$

Dueling 的目标就是让网络可以分别计算环境本身的 Value 和选择 Action 带来的 Advantage，这里的 Advantage 是某个 Action 与其他 Action 的比较，因此我们将它设计为零均值的。如图 8-10 所示，上面那部分是传统的 DQN 网络，下面的就是 Dueling DQN 了，在网络的最后部分，不再是直接输出 Action 数量（假定为 n）的 Q 值，而是输出一个 Value 值及 n 个 Advantage 值，然后将 V 值分别加到每一个 Advanatge 值上，得到最后的结果。这样做的目的是让 DQN 的学习目标更明确，如果当前的期望价值主要是由环境状态决定的，那么 Value 值很大，而所有 Advantage 的波动都不大；如果期望价值主要由 Action 决定，那么 Value 值很小，而 Advantage 波动会很大，分解这两个部分会让我们的学习目标更稳定、更精确，让 DQN 对环境状态的估计能力更强。

下面我们就实现带有前面几个 Trick 的 DQN。使用的任务环境是叫作 GridWorld 的导航类游戏，如图 8-11 所示。GridWorld 中包含一个 hero（实际为蓝色，这里以白色显示）4 个 goal（实际为绿色，这里以浅灰表示）和 2 个 fire（实际为红色，这里以深灰表示）。我们的目标就是控制 hero 移动，每次向上、下、左、右等方向移动一步，尽可能多地触碰 goal（奖励值为 1），同时避开 fire（奖励值为-1）。游戏的目标是在限定步数内拿到最多的分数。我们的 Agent 将直接通过 GridWorld 的图像学习控制 hero 移动的最优策略。

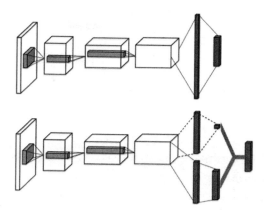

图 8-10　Dueling DQN 拆分了 value function 和 advantage function

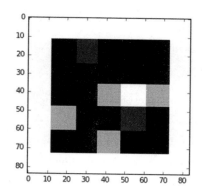

图 8-11　GridWorld 游戏环境示例

　　下面开始创建 GridWorld 任务的环境。首先是载入各种依赖的库，这次需要载入的库相对较多，其中 itertools 可以方便地进行迭代操作，scipy.misc 和 matplotlib.pyplot 可以绘图。同时因为训练时间较长，我们也载入 os 用来定期储存模型文件。本节代码主要来自DeepRL-Agents 的开源实现 [66]。

```
import numpy as np
import random
import itertools
import scipy.misc
import matplotlib.pyplot as plt
import tensorflow as tf
```

```
import os
%matplotlib inline
```

先是创建环境内物体对象的 class，环境物体包括以下几个属性：coordinates（x,y 坐标）、size（尺寸）、intensity（亮度值）、channel（RGB 颜色通道）、reward（奖励值），以及 name（名称）。

```
class gameOb():
    def __init__(self,coordinates,size,intensity,channel,reward,name):
        self.x = coordinates[0]
        self.y = coordinates[1]
        self.size = size
        self.intensity = intensity
        self.channel = channel
        self.reward = reward
        self.name = name
```

然后创建 GridWorld 环境的 class，其初始化方法只需要传入一个参数，即环境的 size。我们将环境的长和宽都设为输入的 size，同时将环境的 Action Space 设为 4，并初始化环境的物体对象的列表。调用 self.reset() 方法重置整个环境，得到初始的 observation（即 GridWorld 的图像），并使用 plt.imshow 将 observation 展示出来。

```
class gameEnv():
    def __init__(self, size):
        self.sizeX = size
        self.sizeY = size
        self.actions = 4
        self.objects = []
        a = self.reset()
        plt.imshow(a,interpolation="nearest")
```

接下来定义环境的 reset 方法。我们将创建所有 GridWorld 中的物体，包括 1 个 hero（用户控制的对象）、4 个 goal（reward 为 1）、2 个 fire（reward 为-1），并把他们添加到物体对象的列表 self.objects。创建物体的位置时使用 self.newPosition()，该方法会随机选择一个没有被占用的新位置。所有物体的 size 和 intensity 均为 1，其中 hero 的 channel 为 2

（蓝色），goal 的 channel 为 1（绿色），fire 的 channel 为 0（红色）。最后我们使用 self.renderEnv() 将 GridWorld 的图像绘制出来，即 state。

```
def reset(self):
    self.objects = []
    hero = gameOb(self.newPosition(),1,1,2,None,'hero')
    self.objects.append(hero)
    goal = gameOb(self.newPosition(),1,1,1,1,'goal')
    self.objects.append(goal)
    hole = gameOb(self.newPosition(),1,1,0,-1,'fire')
    self.objects.append(hole)
    goal2 = gameOb(self.newPosition(),1,1,1,1,'goal')
    self.objects.append(goal2)
    hole2 = gameOb(self.newPosition(),1,1,0,-1,'fire')
    self.objects.append(hole2)
    goal3 = gameOb(self.newPosition(),1,1,1,1,'goal')
    self.objects.append(goal3)
    goal4 = gameOb(self.newPosition(),1,1,1,1,'goal')
    self.objects.append(goal4)
    state = self.renderEnv()
    self.state = state
    return state
```

这里我们实现移动英雄角色的方法，我们传入的值为 0、1、2、3 这四个数字，分别代表上、下、左、右。函数根据输入来操作英雄的移动，但如果移动到该方向会导致英雄出界，则不会进行任何移动。

```
def moveChar(self,direction):
    hero = self.objects[0]
    heroX = hero.x
    heroY = hero.y
    if direction == 0 and hero.y >= 1:
        hero.y -= 1
    if direction == 1 and hero.y <= self.sizeY-2:
        hero.y += 1
```

```
if direction == 2 and hero.x >= 1:
    hero.x -= 1
if direction == 3 and hero.x <= self.sizeX-2:
    hero.x += 1
self.objects[0] = hero
```

然后定义刚才提到的 newPosition 方法，它可以选择一个跟现有物体不冲突的位置。itertools.product 方法可以得到几个变量的所有组合，使用这个方法创建环境 size 允许的所有位置的集合 points，并获取目前所有物体位置的集合 currentPositions，再从 points 中去掉 currentPositions，剩下的就是可用的位置。最后使用 np.random.choice 随机抽取一个可用位置并返回。

```
def newPosition(self):
    iterables = [ range(self.sizeX), range(self.sizeY)]
    points = []
    for t in itertools.product(*iterables):
        points.append(t)
    currentPositions = []
    for objectA in self.objects:
        if (objectA.x,objectA.y) not in currentPositions:
            currentPositions.append((objectA.x,objectA.y))
    for pos in currentPositions:
        points.remove(pos)
    location = np.random.choice(range(len(points)),replace=False)
    return points[location]
```

下面定义 checkGoal 函数，用来检查 hero 是否触碰了 goal 或者 fire。我们先从 objects 中获取 hero，并将其他物体对象放到 others 列表中。然后遍历 others 列表，如果有物体和坐标与 hero 完全一致，那么可判定为触碰。接下来根据触碰到的是什么物体，我们销毁该物体，并调用 self.newPosition()方法在随机位置重新生成一个该物体，并返回这个物体的 reward 值（goal 为 1，fire 为-1）。

```
def checkGoal(self):
    others = []
    for obj in self.objects:
```

```
        if obj.name == 'hero':
            hero = obj
        else:
            others.append(obj)
    for other in others:
        if hero.x == other.x and hero.y == other.y:
            self.objects.remove(other)
            if other.reward == 1:
                self.objects.append(gameOb(self.newPosition(),1,1,1,1,
                                        'goal'))
            else:
                self.objects.append(gameOb(self.newPosition(),1,1,0,-1,
                                        'fire'))
            return other.reward,False
    return 0.0,False
```

先创建一个长宽为 size+2，颜色通道数为 3 的图片，初始值全部为 1，代表全为白色。
然后把最外边一圈内部的像素的颜色值全部赋为 0，代表黑色。遍历物体对象的列表
self.objects，并设置这些物体的亮度值。同时，使用 scipy.misc.imresize 将图像从原始大小
resize 为 84×84×3 的尺寸，即一个正常的游戏图像尺寸。

```
def renderEnv(self):
    a = np.ones([self.sizeY+2,self.sizeX+2,3])
    a[1:-1,1:-1,:] = 0
    hero = None
    for item in self.objects:
        a[item.y+1:item.y+item.size+1,item.x+1:item.x+item.size+1,
            item.channel] = item.intensity
    b = scipy.misc.imresize(a[:,:,0],[84,84,1],interp='nearest')
    c = scipy.misc.imresize(a[:,:,1],[84,84,1],interp='nearest')
    d = scipy.misc.imresize(a[:,:,2],[84,84,1],interp='nearest')
    a = np.stack([b,c,d],axis=2)
    return a
```

最后定义在 GridWorld 环境中执行一步 Action 的方法。输入的参数为 Action，先使用 self.moveChar(action)移动 hero 的位置，再使用 self.checkGoal()检测 hero 是否有触碰物体，并得到 reward 和 done 标记。然后使用 self.renderEnv 获取环境的图像 state，最后返回 state、reward 和 done。

```
def step(self,action):
    self.moveChar(action)
    reward,done = self.checkGoal()
    state = self.renderEnv()
    return state,reward,done
```

接下来调用刚才写好的 gameEnv 类的初始化方法，并设置 size 为 5，创建一个 5×5 大小的 GridWorld 环境，每一次创建的 GridWorld 环境都是随机生成的。读者可以尝试使用不同尺寸的 GridWorld，小尺寸的环境会相对容易学习，大尺寸的则较难，训练时间也更长。

```
env = gameEnv(size=5)
```

下面便是我们创建好的 5×5 的 GridWorld 环境图像，如图 8-12 所示，因为黑白印刷的原因，其中白色代表 hero，浅灰色代表 goal（reward 为 1），深灰色代表 fire（reward 为-1）。我们的任务目标是在指定步数（每一步可以选择向上、下、左、右移动）内获得尽可能多的分数，我们每触碰一个物体，将会销毁该物体并在其他位置重建。因此，Agent 的目标就是避开 fire，同时多触碰 goal。我们还需要规划最优路线，在有限步数内收集尽可能多的 goal。当然，这些策略都是 DQN 需要自己通过试验来学习的。

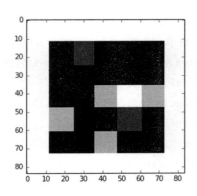

图 8-12　5×5 的 GridWorld 环境，白色为 hero，浅灰色为 goal，深灰色为 fire

下面我们就开始设计 DQN（Deep Q-Network）网络，相对上一节的简单例子，本节的网络更复杂一些，并且使用了卷积层，可以直接从环境的原始像素中学习策略。输入 scalarInput 是被扁平化的长为 84×84×3=21168 的向量，需要先将其恢复成[-1, 84, 84, 3] 尺寸的图片 ImageIn。我们使用 tf.contrib.layers.convolution2d 创建第 1 个卷积层，卷积核尺寸为 8×8，步长为 4×4，输出通道数（filter 的数量）为 32，padding 模式为 VALID（以下所有层 padding 模式均为 VALID），bias 初始化器为空。因为使用了 4×4 的步长和 VALID 模式的 padding，所以第一层卷积的输出维度为 20×20×32。第 2 个卷积层尺寸为 4×4，步长为 2×2，输出通道数为 64，这一层的输出维度为 9×9×64。第 3 层卷积层尺寸为 3×3，步长为 1×1，输出通道数为 64，这一层输出维度为 7×7×64。第 4 层卷积尺寸为 7×7，步长为 1×1，输出通道数一下涨到了 512，这一层的空间尺寸只允许在一个位置进行卷积，因此最后的输出维度变为 1×1×512。

```
class Qnetwork():
    def __init__(self,h_size):
        self.scalarInput =  tf.placeholder(shape=[None,21168],
                                            dtype=tf.float32)
        self.imageIn = tf.reshape(self.scalarInput,shape=[-1,84,84,3])
        self.conv1 = tf.contrib.layers.convolution2d(
            inputs=self.imageIn,num_outputs=32,
            kernel_size=[8,8],stride=[4,4],
            padding='VALID', biases_initializer=None)
        self.conv2 = tf.contrib.layers.convolution2d(
            inputs=self.conv1,num_outputs=64,kernel_size=[4,4],stride=[2,2],
            padding='VALID', biases_initializer=None)
        self.conv3 = tf.contrib.layers.convolution2d(
            inputs=self.conv2,num_outputs=64,kernel_size=[3,3],stride=[1,1],
            padding='VALID', biases_initializer=None)
        self.conv4 = tf.contrib.layers.convolution2d(
            inputs=self.conv3,num_outputs=512,
            kernel_size=[7,7],stride=[1,1],
            padding='VALID', biases_initializer=None)
```

接下来，使用 tf.split() 将第 4 个卷积层的输出 conv4 平均拆分成两段，streamAC 和

streamVC，即 Dueling DQN 中的 Advantage Function（Action 带来的价值）和 Value Function（环境本身的价值）。这里注意 tf.split 函数的第 2 个参数代表要拆分成几段，第 3 个参数代表要拆分的是第几个维度。然后分别使用 tf.contrib.layers.flatten 将 streamAC 和 streamVC 转为扁平的 steamA 和 streamV。下面创建 streamA 和 streamV 的线性全连接层参数 AW 和 VW，我们直接使用 tf.random_normal 初始化它们的权重，再使用 tf.matmul 做全连接层的矩阵乘法，得到 self.Advantage 和 self.Value。因为 Advantage 是针对 Action 的，因此输出数量为 Action 的数量，而 Value 则是针对环境统一的，输出数量为 1。我们的 Q 值则由 Value 和 Advantage 复合而成，即 Value 加上减去均值的 Advantage。Advantage 减去均值的操作使用的是 tf.subtract，均值计算使用的是 tf.reduce_mean 函数（reduce_indices 为 1，即代表 Action 数量的维度）。最后输出的 Action 即为 Q 值最大的 Action，这里使用 tf.argmax 求出这个 Action。

```
self.streamAC,self.streamVC = tf.split(self.conv4,2,3)
self.streamA = tf.contrib.layers.flatten(self.streamAC)
self.streamV = tf.contrib.layers.flatten(self.streamVC)
self.AW = tf.Variable(tf.random_normal([h_size//2,env.actions]))
self.VW = tf.Variable(tf.random_normal([h_size//2,1]))
self.Advantage = tf.matmul(self.streamA,self.AW)
self.Value = tf.matmul(self.streamV,self.VW)

self.Qout = self.Value + tf.subtract(self.Advantage,tf.reduce_mean(
    self.Advantage,reduction_indices=1,keep_dims=True))
self.predict = tf.argmax(self.Qout,1)
```

我们定义 Double DQN 中的目标 Q 值 targetQ 的输入 placeholder，以及 Agent 的动作 actions 的输入 placeholder。在计算目标 Q 值时，action 由主 DQN 选择，Q 值则由辅助的 target DQN 生成。在计算预测 Q 值时，我们将 scalar 形式的 actions 转为 onehot 编码的形式，然后将主 DQN 生成的 Qout 乘以 actions_onehot，得到预测 Q 值（Qout 和 actions 都来自主 DQN）。

```
self.targetQ = tf.placeholder(shape=[None],dtype=tf.float32)
self.actions = tf.placeholder(shape=[None],dtype=tf.int32)
self.actions_onehot = tf.one_hot(self.actions,env.actions,
                                 dtype=tf.float32)
```

```
self.Q = tf.reduce_sum(tf.multiply(self.Qout, self.actions_onehot),
                        reduction_indices=1)
```

接下来定义 loss，使用 tf.square 和 tf.reduce_mean 计算 targetQ 和 Q 的均方误差，并使用学习速率为 1e-4 的 Adam 优化器优化预测 Q 值和目标 Q 值的偏差。

```
self.td_error = tf.square(self.targetQ - self.Q)
self.loss = tf.reduce_mean(self.td_error)
self.trainer = tf.train.AdamOptimizer(learning_rate= 0.0001)
self.updateModel = self.trainer.minimize(self.loss)
```

接下来实现前面提到的 Experience Replay 策略。我们定义 experience_buffer 的 class，其初始化需要定义 buffer_size 即存储样本的最大容量，并创建 buffer 的列表。然后定义向 buffer 中添加元素的方法，如果超过了 buffer 的最大容量，就清空前面最早的一些样本，并在列表末尾添加新元素。然后定义对样本进行抽样的方法，这里直接使用 random.sample()函数随机抽取一定数量的样本。

```
class experience_buffer():
    def __init__(self, buffer_size = 50000):
        self.buffer = []
        self.buffer_size = buffer_size

    def add(self,experience):
        if len(self.buffer) + len(experience) >= self.buffer_size:
            self.buffer[0:(len(experience)+len(self.buffer)) - \
                self.buffer_size] = []
        self.buffer.extend(experience)

    def sample(self,size):
        return np.reshape(np.array(random.sample(self.buffer,size)),
                        [size,5])
```

下面定义将 84×84×3 的 states 扁平化为 1 维向量的函数 processState，这样做的主要目的是后面堆叠样本时会比较方便。

```
def processState(states):
```

```
return np.reshape(states,[21168])
```

这里的 updateTargetGraph 函数是更新 target DQN 模型参数的方法（主 DQN 则是直接使用 DQN class 中的 self.updateModel 方法更新模型参数）。我们的输入变量 tfVars 是 TensorFlow Graph 中的全部参数，tau 是 target DQN 向主 DQN 学习的速率。函数 updateTargetGraph 会取 tfVars 中前一半参数，即主 DQN 的模型参数，再令辅助的 target DQN 的参数朝向主 DQN 的参数前进一个很小的比例（即 tau，一般设为 0.001），这样做是让 target DQN 缓慢地学习主 DQN。我们在训练时，目标 Q 值不能在几次迭代间波动太大，否则训练会非常不稳定并且失控，陷入目标 Q 值和预测 Q 值之间的反馈循环中。因此，需要使用稳定的目标 Q 值训练主网络，所以我们使用一个缓慢学习的 target DQN 网络输出目标 Q 值，并让主网络来优化目标 Q 值和预测 Q 值间的 loss，再让 target DQN 跟随主 DQN 并缓慢学习。函数 updateTargetGraph 会创建更新 target DQN 模型参数的操作，而函数 updateTarget 则直接执行这些操作。

```
def updateTargetGraph(tfVars,tau):
    total_vars = len(tfVars)
    op_holder = []
    for idx,var in enumerate(tfVars[0:total_vars//2]):
        op_holder.append(tfVars[idx+total_vars//2].assign((var.value() * \
            tau) + ((1-tau)*tfVars[idx+total_vars//2].value())))
    return op_holder

def updateTarget(op_holder,sess):
    for op in op_holder:
        sess.run(op)
```

下面是 DQN 网络及其训练过程的一些参数。batch_size 即每次从 experience buffer 中获取多少样本，设为 32；更新频率 update_freq，即每隔多少 step 执行一次模型参数更新，设为 4；Q 值的衰减系数（ discount factor ）y 设为 0.99；startE 为起始的执行随机 Action 的概率；endE 为最终的执行随机 Action 的概率（在训练时，我们始终需要一些随机 Action 进行探索，实际预测时则没有必要）；anneling_steps 是从初始随机概率降到最终随机概率所需要的步数；num_episodes 指总共进行多少次 GridWorld 环境的试验；pre_train_steps 代表正式使用 DQN 选择 Action 前进行多少步随机 Action 的测试；max_epLength 是每个 episode 进行多少步 Action；load_model 代表是否读取之前训练的模型；path 是模型储存的路径；h_size 是 DQN 网络最后的全连接层的隐含节点数；tau 是 target DQN 向主 DQN 学习的速率。

```
batch_size = 32
update_freq = 4
y = .99
startE = 1
endE = 0.1
anneling_steps = 10000.
num_episodes = 10000
pre_train_steps = 10000
max_epLength = 50
load_model = False
path = "./dqn"
h_size = 512
tau = 0.001
```

我们使用前面写好的 Qnetwork 类初始化 mainQN 和辅助的 targetQN，并初始化所有模型参数。同时，使用 trainables 获取所有可训练的参数，并使用 updateTargetGraph 创建更新 target DQN 模型参数的操作。

```
mainQN = Qnetwork(h_size)
targetQN = Qnetwork(h_size)
init = tf.global_variables_initializer()

trainables = tf.trainable_variables()
targetOps = updateTargetGraph(trainables,tau)
```

我们使用前面定义的 experience_buffer 创建 experience replay 的 class，设置当前随机 Action 的概率 e，并计算 e 在每一步应该衰减的值 stepDrop。接着初始化储存每一个 episode 的 reward 的列表 rList，总步数为 total_steps。然后创建模型训练的保存器（Saver），并检查保存目录是否存在。

```
myBuffer = experience_buffer()

e = startE
```

```
stepDrop = (startE - endE)/anneling_steps

rList = []
total_steps = 0

saver = tf.train.Saver()
if not os.path.exists(path):
    os.makedirs(path)
```

接下来创建默认的 Session，如果 load_model 标志为 True，那么检查模型文件路径的 checkpoint，读取并载入之前已保存的模型。接着，我们执行参数初始化的操作，并执行更新 targetQN 模型参数的操作。然后创建进行 GridWorld 试验的循环，并创建每个 episode 内部的 experience_buffer，这些内部的 buffer 不会参与当前迭代的训练，训练只会使用之前 episode 的样本。同时，初始化环境得到第一个环境信息 s，并使用 processState() 函数将其扁平化。我们初始化默认的 done 标记 d、episode 内总 reward 值 rAll，以及 episode 内的步数 j。

```
with tf.Session() as sess:
    if load_model == True:
        print('Loading Model...')
        ckpt = tf.train.get_checkpoint_state(path)
        saver.restore(sess,ckpt.model_checkpoint_path)
    sess.run(init)
    updateTarget(targetOps,sess)
    for i in range(num_episodes+1):
        episodeBuffer = experience_buffer()
        s = env.reset()
        s = processState(s)
        d = False
        rAll = 0
        j = 0
```

接着创建一个内层循环，每一次迭代执行一次 Action。当总步数小于 pre_train_steps 时，强制使用随机 Action，相当于只从随机 Action 学习，但不去强化其过程。达到

pre_train_steps 后，我们会保留一个较小的概率去随机选择 Action。若不随机选择 Action，则传入当前状态 s 给主 DQN，预测得到应该执行的 Action。然后使用 env.step() 执行一步 Action，并得到接下来的状态 s1、reward 和 done 标记。我们使用 processState 对 s1 进行扁平化处理，然后将 s、a、r、s1、d 等结果传入 episodeBuffer 中存储。

```
while j < max_epLength:
    j+=1
    if np.random.rand(1) < e or total_steps < pre_train_steps:
        a = np.random.randint(0,4)
    else:
        a = sess.run(mainQN.predict,
                    feed_dict={mainQN.scalarInput:[s]})[0]
    s1,r,d = env.step(a)
    s1 = processState(s1)
    total_steps += 1
    episodeBuffer.add(np.reshape(np.array([s,a,r,s1,d]),[1,5]))
```

当总步数超过 pre_train_steps 时，我们持续降低随机选择 Action 的概率 e，直到达到其最低值 endE。并且每当总步数达到 update_freq 的整数倍时，我们进行一次训练，即模型参数的更新。首先是从 myBuffer 中 sample 出一个 batch_size 的样本，然后将训练样本中第 3 列信息，即下一个状态 s1，传入 mainQN 并执行 main.predict，得到主模型选择的 Action。再将 s1 传入辅助的 targetQN，并得到 s1 状态下所有 Action 的 Q 值。接下来，使用 mainQN 的输出 Action，选择 targetQN 输出的 Q，得到 doubleQ。这里使用两个 DQN 网络把选择 Action 和输出 Q 值两个操作分隔开来的做法，正是 Double DQN 的方法。然后使用训练样本的第 2 列信息，即当前的 reward，加上 doubleQ 乘以衰减系数 y，得到我们的学习目标 targetQ。接着，传入当前的状态 s，学习目标 targetQ 和这一步实际采取的 Action，执行 updateModel 操作更新一次主模型 mainQN 的参数（即执行一次训练操作）。同时也调用 updateTarget 函数，执行一次 targetQN 模型参数的更新（缓慢地向 mainQN 学习），这样就完整地完成了一次训练过程。同时，在每个 step 结束时，累计当前这步获取的 reward，并更新当前状态为下一步试验做准备。如果 done 标记为 True，我们直接中断这个 episode 的试验。

```
if total_steps > pre_train_steps:
    if e > endE:
```

```
                e -= stepDrop
            if total_steps % (update_freq) == 0:
                trainBatch = myBuffer.sample(batch_size)
                A = sess.run(mainQN.predict,feed_dict={
                    mainQN.scalarInput:np.vstack(trainBatch[:,3])})
                Q = sess.run(targetQN.Qout,feed_dict={
                    targetQN.scalarInput:np.vstack(trainBatch[:,3])})
                doubleQ = Q[range(batch_size),A]
                targetQ = trainBatch[:,2] + y*doubleQ
                _ = sess.run(mainQN.updateModel,feed_dict={
                        mainQN.scalarInput:np.vstack(trainBatch[:,0]),
                        mainQN.targetQ:targetQ,
                        mainQN.actions:trainBatch[:,1]})

                updateTarget(targetOps,sess)
        rAll += r
        s = s1

        if d == True:
            break
```

我们将 episode 内部的 episodeBuffer 添加到 myBuffer 中，用作以后训练抽样的数据集，并将当前 episode 的 reward 添加到 rList 中。然后，每 25 个 episode 就展示一次它们平均的 reward 值，同时每 1000 个 episode 或全部训练完成后，保存当前模型。

```
    myBuffer.add(episodeBuffer.buffer)
    rList.append(rAll)
    if i>0 and i % 25 == 0:
        print('episode',i,', average reward of last 25 episode',
              np.mean(rList[-25:]))
    if i>0 and i % 1000 == 0:
        saver.save(sess,path+'/model-'+str(i)+'.cptk')
        print("Saved Model")
saver.save(sess,path+'/model-'+str(i)+'.cptk')
```

　　在初始的 200 个 episode 内，即完全随机 Action 的前 10000 步内，平均可以获得 reward 在 2 附近，这是基础的 baseline。

```
episode 25 , average reward of last 25 episode 2.52
episode 50 , average reward of last 25 episode 2.32
episode 75 , average reward of last 25 episode 1.68
episode 100 , average reward of last 25 episode 1.92
episode 125 , average reward of last 25 episode 2.16
episode 150 , average reward of last 25 episode 2.28
episode 175 , average reward of last 25 episode 1.6
episode 200 , average reward of last 25 episode 2.36
```

　　这是训练到最后一些 episode 的输出，平均 reward 已经涨到了 22 左右，相比之前的 baseline 是非常大的提升。

```
episode 9750 , average reward of last 25 episode 23.36
episode 9775 , average reward of last 25 episode 22.8
episode 9800 , average reward of last 25 episode 22.36
episode 9825 , average reward of last 25 episode 22.68
episode 9850 , average reward of last 25 episode 22.0
episode 9875 , average reward of last 25 episode 22.96
episode 9900 , average reward of last 25 episode 22.08
episode 9925 , average reward of last 25 episode 21.88
episode 9950 , average reward of last 25 episode 22.08
episode 9975 , average reward of last 25 episode 22.2
```

　　计算每 100 个 episodes 的平均 reward，并使用 plt.plot 展示 reward 变化的趋势。

```
rMat = np.resize(np.array(rList),[len(rList)//100,100])
rMean = np.average(rMat,1)
plt.plot(rMean)
```

　　如图 8-13 所示，我们可以看到从第 1000 个 episode 开始，reward 快速提升，到第 4000 个 episode 时基本达到了高峰，后面进入平台期，没有太大提升。

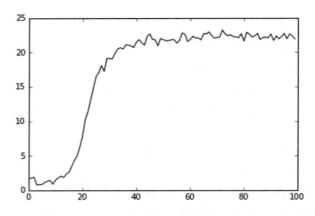

图 8-13 训练过程中 reward 的变化趋势

　　本节讲述了 DQN 的基本原理和使用 DQN 的几个非常重要的 Trick。目前 DQN 的研究仍在快速发展中，已经有越来越多新的技术被应用到 DQN 中。DQN 首次被提出了，在 Atari 2600 游戏中展示出了惊人的表现，并直接引发了深度强化学习的热潮。相信在未来，DQN 或 Value Network 会继续在更多地方发挥出强大的作用。

TensorBoard、多 GPU 并行及分布式并行

9.1　TensorBoard

TensorBoard 是 TensorFlow 官方推出的可视化工具，如图 9-1 所示，它可以将模型训练过程中的各种汇总数据展示出来，包括标量（Scalars）、图片（Images）、音频（Audio）、计算图（Graphs）、数据分布（Distributions）、直方图（Histograms）和嵌入向量（Embeddings）。我们在使用 TensorFlow 训练大型深度学习神经网络时，中间的计算过程可能非常复杂，因此为了理解、调试和优化我们设计的网络，可以使用 TensorBoard 观察训练过程中的各种可视化数据。如果要使用 TensorBoard 展示数据，我们需要在执行 TensorFlow 计算图的过程中，将各种类型的数据汇总并记录到日志文件中。然后使用 TensorBoard 读取这些日志文件，解析数据并生成数据可视化的 Web 页面，让我们可以在浏览器中观察各种汇总数据。下面我们将通过一个简单的 MNIST 手写数字识别的例子，讲解各种类型数据的汇总和展示的方法。

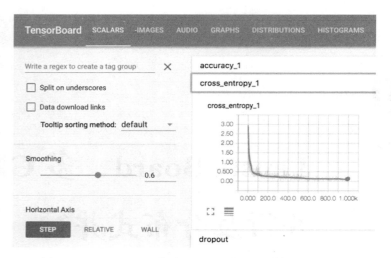

图 9-1　TensorBoard——基于 Web 的 TensorFlow 数据可视化工具

我们首先载入 TensorFlow，并设置训练的最大步数为 1000，学习速率为 0.001，dropout 的保留比率为 0.9。同时，设置 MNIST 数据的下载地址 data_dir 和汇总数据的日志存放路径 log_dir。这里的日志路径 log_dir 非常重要，会存放所有汇总数据供 TensorBoard 展示。本节代码主要来自 TensorFlow 的开源实现 [67]。

```
import tensorflow as tf
from tensorflow.examples.tutorials.mnist import input_data
max_steps=1000
learning_rate=0.001
dropout=0.9
data_dir='/tmp/tensorflow/mnist/input_data'
log_dir='/tmp/tensorflow/mnist/logs/mnist_with_summaries'
```

我们使用 input_data.read_data_sets 下载 MNIST 数据，并创建 TensorFlow 的默认 Session。

```
mnist = input_data.read_data_sets(data_dir,one_hot=True)
sess = tf.InteractiveSession()
```

为了在 TensorBoard 中展示节点名称，我们设计网络时会经常使用 with tf.name_scope 限定命名空间，在这个 with 下的所有节点都会被自动命名为 input/xxx 这样的格式。下面定义输入 x 和 y 的 placeholder，并将输入的一维数据变形为 28×28 的图片储存到另一个

tensor，这样就可以使用 tf.summary.image 将图片数据汇总给 TensorBoard 展示了。

```
with tf.name_scope('input'):
  x = tf.placeholder(tf.float32, [None, 784], name='x-input')
  y_ = tf.placeholder(tf.float32, [None, 10], name='y-input')

with tf.name_scope('input_reshape'):
  image_shaped_input = tf.reshape(x, [-1, 28, 28, 1])
  tf.summary.image('input', image_shaped_input, 10)
```

同时，定义神经网络模型参数的初始化方法，权重依然使用我们常用的 truncated_normal 进行初始化，偏置则赋值为 0.1。

```
def weight_variable(shape):
  initial = tf.truncated_normal(shape, stddev=0.1)
  return tf.Variable(initial)


def bias_variable(shape):
  initial = tf.constant(0.1, shape=shape)
  return tf.Variable(initial)
```

再定义对 Variable 变量的数据汇总函数，我们计算出 Variable 的 mean、stddev、max 和 min，对这些标量数据使用 tf.summary.scalar 进行记录和汇总。同时，使用 tf.summary.histogram 直接记录变量 var 的直方图数据。

```
def variable_summaries(var):
  with tf.name_scope('summaries'):
    mean = tf.reduce_mean(var)
    tf.summary.scalar('mean', mean)
    with tf.name_scope('stddev'):
      stddev = tf.sqrt(tf.reduce_mean(tf.square(var - mean)))
    tf.summary.scalar('stddev', stddev)
    tf.summary.scalar('max', tf.reduce_max(var))
    tf.summary.scalar('min', tf.reduce_min(var))
    tf.summary.histogram('histogram', var)
```

然后我们设计一个 MLP 多层神经网络来训练数据，在每一层中都会对模型参数进行数据汇总。因此，我们定义创建一层神经网络并进行数据汇总的函数 nn_layer。这个函数的输入参数有输入数据 input_tensor、输入的维度 input_dim、输出的维度 output_dim 和层名称 layer_name，激活函数 act 则默认使用 ReLU。在函数内，先是初始化这层神经网络的权重和偏重，并使用前面定义的 variable_summaries 对 variable 进行数据汇总。然后对输入做矩阵乘法并加偏置，再将未进行激活的结果使用 tf.summary.histogram 统计直方图。同时，在使用激活函数后，再使用 tf.summary.histogram 统计一次。

```python
def nn_layer(input_tensor, input_dim, output_dim, layer_name,
             act=tf.nn.relu):
  with tf.name_scope(layer_name):
    with tf.name_scope('weights'):
      weights = weight_variable([input_dim, output_dim])
      variable_summaries(weights)
    with tf.name_scope('biases'):
      biases = bias_variable([output_dim])
      variable_summaries(biases)
    with tf.name_scope('Wx_plus_b'):
      preactivate = tf.matmul(input_tensor, weights) + biases
      tf.summary.histogram('pre_activations', preactivate)
    activations = act(preactivate, name='activation')
    tf.summary.histogram('activations', activations)
    return activations
```

我们使用刚刚定义好的 nn_layer 创建一层神经网络，输入维度是图片的尺寸（784=28×28），输出的维度是隐藏节点数 500。再创建一个 Dropout 层，并使用 tf.summary.scalar 记录 keep_prob。然后再使用 nn_layer 定义神经网络的输出层，其输入维度为上一层的隐含节点数 500，输出维度为类别数 10，同时激活函数为全等映射 identity，即暂不使用 Softmax，在后面会处理。

```python
hidden1 = nn_layer(x, 784, 500, 'layer1')


with tf.name_scope('dropout'):
  keep_prob = tf.placeholder(tf.float32)
```

```
tf.summary.scalar('dropout_keep_probability', keep_prob)
dropped = tf.nn.dropout(hidden1, keep_prob)

y = nn_layer(dropped, 500, 10, 'layer2', act=tf.identity)
```

这里使用 tf.nn.softmax_cross_entropy_with_logits()对前面输出层的结果进行 Softmax 处理并计算交叉熵损失 cross_entropy。我们计算平均的损失，并使用 tf.summary.scalar 进行统计汇总。

```
with tf.name_scope('cross_entropy'):
  diff = tf.nn.softmax_cross_entropy_with_logits(logits=y, labels=y_)
  with tf.name_scope('total'):
    cross_entropy = tf.reduce_mean(diff)
tf.summary.scalar('cross_entropy', cross_entropy)
```

下面使用 Adma 优化器对损失进行优化，同时统计预测正确的样本数并计算正确率 accuray，再使用 tf.summary.scalar 对 accuracy 进行统计汇总。

```
with tf.name_scope('train'):
  train_step = tf.train.AdamOptimizer(learning_rate).minimize(cross_entropy)
with tf.name_scope('accuracy'):
  with tf.name_scope('correct_prediction'):
    correct_prediction = tf.equal(tf.argmax(y, 1), tf.argmax(y_, 1))
  with tf.name_scope('accuracy'):
    accuracy = tf.reduce_mean(tf.cast(correct_prediction, tf.float32))
tf.summary.scalar('accuracy', accuracy)
```

因为我们之前定义了非常多的 tf.summary 的汇总操作，逐一执行这些操作太麻烦，所以这里使用 tf.summary.merger_all()直接获取所有汇总操作，以便后面执行。然后，定义两个 tf.summary.FileWriter（文件记录器）在不同的子目录，分别用来存放训练和测试的日志数据。同时，将 Session 的计算图 sess.graph 加入训练过程的记录器，这样在 TensorBoard 的 GRAPHS 窗口中就能展示整个计算图的可视化效果。最后使用 tf.global_variables_initializer().run()初始化全部变量。

```
merged = tf.summary.merge_all()
train_writer = tf.summary.FileWriter(log_dir + '/train', sess.graph)
```

```
test_writer = tf.summary.FileWriter(log_dir + '/test')
tf.global_variables_initializer().run()
```

接下来定义 feed_dict 的损失函数。该函数先判断训练标记，如果训练标记为 True，则从 mnist.train 中获取一个 batch 的样本，并设置 dropout 值；如果训练标记为 False，则获取测试数据，并设置 keep_prob 为 1，即等于没有 dropout 效果。

```
def feed_dict(train):
  if train:
    xs, ys = mnist.train.next_batch(100)
    k = dropout
  else:
    xs, ys = mnist.test.images, mnist.test.labels
    k = 1.0
  return {x: xs, y_: ys, keep_prob: k}
```

最后一步，实际执行具体的训练、测试及日志记录的操作。首先使用 tf.train.Saver() 创建模型的保存器。然后进入训练的循环中，每隔 10 步执行一次 merged（数据汇总）、accuracy（求测试集上的预测准确率）操作，并使用 test_writer.add_sumamry 将汇总结果 summary 和循环步数 i 写入日志文件；同时每隔 100 步，使用 tf.RunOptions 定义 TensorFlow 运行选项，其中设置 trace_level 为 FULL_TRACE，并使用 tf.RunMetadata() 定义 TensorFlow 运行的元信息，这样可以记录训练时运算时间和内存占用等方面的信息。再执行 merged 数据汇总操作和 train_step 训练操作，将汇总结果 summary 和训练元信息 run_metadata 添加到 train_writer。平时，则只执行 merged 操作和 train_step 操作，并添加 summary 到 train_writer。所有训练全部结束后，关闭 train_writer 和 test_writer。

```
saver = tf.train.Saver()
for i in range(max_steps):
  if i % 10 == 0:
    summary, acc = sess.run([merged, accuracy], feed_dict=feed_dict(False))
    test_writer.add_summary(summary, i)
    print('Accuracy at step %s: %s' % (i, acc))
  else:
    if i % 100 == 99:
      run_options = tf.RunOptions(trace_level=tf.RunOptions.FULL_TRACE)
```

```
        run_metadata = tf.RunMetadata()
        summary, _ = sess.run([merged, train_step], feed_dict=feed_dict(True),
                          options=run_options, run_metadata=run_metadata)
        train_writer.add_run_metadata(run_metadata, 'step%03d' % i)
        train_writer.add_summary(summary, i)
        saver.save(sess, log_dir+"/model.ckpt", i)
        print('Adding run metadata for', i)
      else:
        summary, _ = sess.run([merged, train_step], feed_dict=feed_dict(True))
        train_writer.add_summary(summary, i)
train_writer.close()
test_writer.close()
```

之后切换到 Linux 命令行下，执行 TensorBoard 程序，并通过--logdir 指定 TensorFlow 日志路径，然后 TensorBoard 就可以自动生成所有汇总数据可视化的结果了。

```
tensorboard --logdir=/tmp/tensorflow/mnist/logs/mnist_with_summaries
```

执行上面的命令后，出现一条提示信息，复制其中的网址到浏览器，就可以看到数据可视化的图表了。

```
Starting TensorBoard b'39' on port 6006
(You can navigate to http://192.168.233.101:6006)
```

首先打开标量 SCALARS 的窗口，并单击打开 accuracy 的图表，如图 9-2 所示。其中可以看到两条曲线，分别是 train 和 test 中 accuray 随训练步数变化的趋势。我们可以调整 Smoothing 参数，控制对曲线的平滑处理，数值越小越接近实际值，但波动较大；数值越大则曲线越平缓。单击图表左下方的按钮，可以放大这个图片，单击它右边的按钮则可以调整坐标轴的范围，以便更清楚地展示。

切换到图像 IMAGES 窗口，如图 9-3 所示，可以看到 MNIST 数据集中的图片。不只是原始数据，所有在 tf.sumamry.image()中汇总的图片数据都可以在这里看到，包括进行了各种光学畸变后的图片，或是神经网络的中间节点的输出。

图 9-2　TensorBoard　SCALARS 变量展示效果

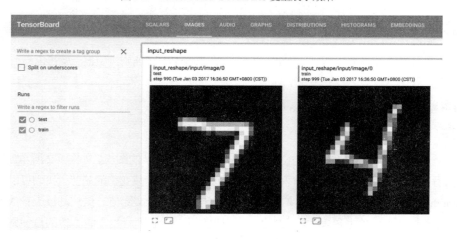

图 9-3　TensorBoard　IMAGES 图片展示效果

　　进入计算图 GRAPHS 窗口,可以看到整个 TensorFlow 计算图的结构,如图 9-4 所示。这里展示了网络 forward 的 inference 的流程,以及 backward 训练更新参数的流程。我们在代码中创建的只有 forward 正向过程:input → layer1 → dropout → layer2 → cross_entropy、accuracy 的,而训练中 backward 的求解梯度、更新参数等操作是 TensorFlow 帮我们自动创建的。图中实线代表数据上的依赖关系,虚线代表控制条件上的依赖关系。单击某个节点的窗口,可以查看它的属性、输入及输出,并且可以看到输出 tensor 的尺寸。

我们也可以单击节点右上角的 "+" 号按钮，展开这个 node 的内部细节。例如，单击 layer2 可以看到内部的 weights、biases、矩阵乘法操作、向量加法操作，以及激活函数计算的操作，这些操作都归属于 tf.name_scope('layer2')这个命名空间（name scope）。所有在一个命名空间中的节点都会被折叠在一起，在设计网络时，我们要尽可能精细地使用命名空间对节点名称进行规范，这样会展示出更清晰的结构。同时，在 TensorBoard 中，我们可以右键单击一个节点并选择删除它，这不会真的在计算图中中删除它，但是可以简化我们的视图，以便更好地观察网络结构。我们也可以切换配色风格，一种是基于结构的，相同的结构的节点有一样的颜色；另一种是基于运算硬件的，在同一个运算硬件上的节点有一样的颜色。同时，我们可以单击左边面板的 Session runs，选择我们之前记录过 run_metadata 的训练元信息，这样可以查看某轮迭代计算的时间消耗、内存占用等情况。

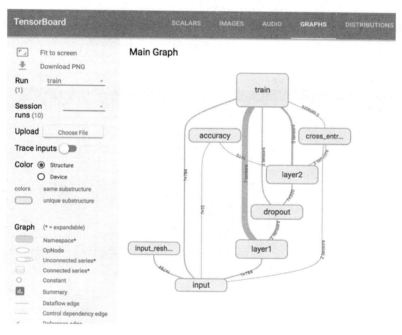

图 9-4　TensorBoard GRAPHS 计算图展示效果

切换到 DISTRIBUTIONS 窗口，如图 9-5 所示，可以查看之前记录的各个神经网络层输出的分布，包括在激活函数前的结果及在激活函数后的结果。这样能观察到神经网络节点的输出是否有效，会不会存在过多的被屏蔽的节点（dead neurons）。

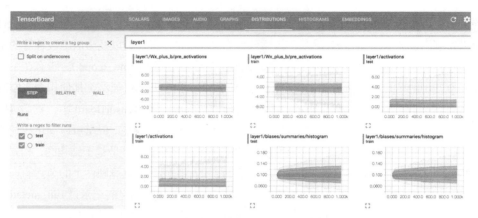

图 9-5　TensorBoard DISTRIBUTIONS 变量分布展示效果

也可以将 DISTRIBUTIONS 的图示结构转为直方图的形式。单击 HISTOGRAMS 窗口，如图 9-6 所示，可以将每一步训练后的神经网络层的输出的分布以直方图的形式展示出来。

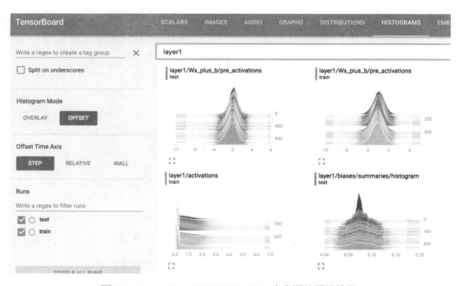

图 9-6　TensorBoard HISTOGRAMS 直方图的展示效果

单击 EMBEDDINGS 窗口，如图 9-7 所示，可以看到降维后的嵌入向量的可视化效果，这是 TensorBoard 中的 Embedding Projector 功能。虽然在 MNIST 数据的训练中是没有嵌入向量的，但是只要我们使用 tf.save.Saver 保存了整个模型，就可以让 TensorBoard 自动对模型中所有二维的 Variable 进行可视化（TensorFlow 中只有 Variable 可以被保存，而 Tensor 不可以，因此我们需要把想可视化的 Tensor 转为 Variable）。我们可以选择 T-SNE 或者 PCA 等算法对数据的列（特征）进行降维，并在 3D 或者 2D 的坐标中进行可视化展示。如果我们的模型是 Word2Vec 计算或 Language Model，那么 TensorBoard 的 EMEBEDDINGS 可视化功能会变得非常有用。

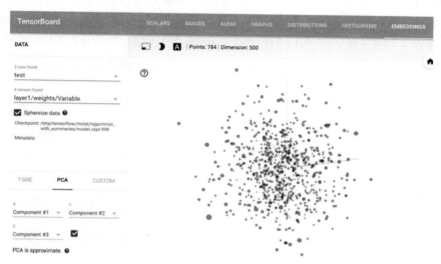

图 9-7　TensorBoard EMBEDDINGS 向量嵌入展示效果

9.2　多 GPU 并行

　　TensorFlow 中的并行主要分为模型并行和数据并行。模型并行需要根据不同模型设计不同的并行方式，其主要原理是将模型中不同计算节点放在不同硬件资源上运算。比较通用的且能简便地实现大规模并行的方式是数据并行，其思路我们在第 1 章讲解过，是同时使用多个硬件资源来计算不同 batch 的数据的梯度，然后汇总梯度进行全局的参数更新。

　　数据并行几乎适用于所有深度学习模型，我们总是可以利用多块 GPU 同时训练多个 batch 数据，运行在每块 GPU 上的模型都基于同一个神经网络，网络结构完全一样，并且共享模型参数。本节我们主要讲解同步的数据并行，即等待所有 GPU 都计算完一个 batch 数据的梯度后，再统一将多个梯度合在一起，并更新共享的模型参数，这种方法类似于使用了一个较大的 batch。使用数据并行时，GPU 的型号、速度最好一致，这样效率最高。

而异步的数据并行，则不等待所有 GPU 都完成一次训练，而是哪个 GPU 完成了训练，就立即将梯度更新到共享的模型参数中。通常来说，同步的数据并行比异步的模式收敛速度更快，模型的精度更高。

下面就讲解使用多 GPU 的同步数据并行来训练卷积神经网络的例子，使用的数据集为 CIFAR-10。首先载入各种依赖的库，其中包括 TensorFlow Models 中 cifar10 的类（我们在第 5 章下载了这个库，现在只要确保 Python 执行路径在 models/tutorials/image/cifar10 下即可），它可以下载 CIFAR-10 数据并进行一些数据预处理。本节我们不再重头设计一个 CNN，而是直接使用一个现成的 CNN，并侧重于讲解如何使用数据并行训练这个 CNN。本节代码主要来自 TensorFlow 的开源实现 [68]。

```
import os.path
import re
import time
import numpy as np
import tensorflow as tf
import cifar10
```

我们设置 batch 大小为 128，最大步数为 100 万步（中间可以随时停止，模型定期保存），使用的 GPU 数量为 4（取决于当前机器上有多少可用显卡）。

```
batch_size=128
max_steps=1000000
num_gpus=4
```

然后定义计算损失的函数 tower_loss。我们先使用 cifar10.distorted_inputs 产生数据增强后的 images 和 labels，并调用 cifar10.inference 生成卷积网络（注意，我们需要为每个 GPU 生成单独的网络，这些网络的结构完全一致，并且共享模型参数）。通过 cifar10.inference 生成的卷积网络和 5.3 节中的卷积网络一致，读者若想了解网络结构的具体细节，可参考 5.3 节中的内容。然后，根据卷积网络和 labels，调用 cifar10.loss 计算损失函数（这里不直接返回 loss，而是储存到 collection 中），并用 tf.get_collection('losses',scope) 获取当前这个 GPU 上的 loss（通过 scope 限定了范围），再使用 tf.add_n 将所有损失叠加到一起得到 total_loss。最后返回 total_loss 作为函数结果。

```
def tower_loss(scope):
  images, labels = cifar10.distorted_inputs()
```

```
logits = cifar10.inference(images)
_ = cifar10.loss(logits, labels)
losses = tf.get_collection('losses', scope)
total_loss = tf.add_n(losses, name='total_loss')
return total_loss
```

下面定义函数 average_gradients，它负责将不同 GPU 计算出的梯度进行合成。函数的输入参数 tower_grads 是梯度的双层列表，外层列表是不同 GPU 计算得到的梯度，内层列表是某个 GPU 内计算的不同 Variable 对应的梯度，最内层元素为(grads, variable)，即 tower_grads 的基本元素为二元组（梯度，变量）。其具体形式为[[(grad0_gpu0, var0_gpu0), (grad1_gpu0, var1_gpu0),...],[(grad0_gpu1, var0_gpu1), (grad1_gpu1, var1_gpu1),...],...]。我们先创建平均梯度的列表 average_grads，它负责将梯度在不同 GPU 间进行平均。然后使用 zip(*tower_grads)将这个双层列表转置，变成[[(grad0_gpu0, var0_gpu0), (grad0_gpu1, var0_gpu1),...],[(grad1_gpu0, var1_gpu0), (grad1_gpu1, var1_gpu1),...],...]的形式，然后使用循环遍历其元素。每个循环中获取的元素 grad_and_vars，是同一个 Variable 的梯度在不同 GPU 上的计算结果，即[(grad0_gpu0, var0_gpu0), (grad0_gpu1, var0_gpu1),...]。对同一个 Variable 的梯度在不同 GPU 计算出的副本，需要计算其梯度的均值，如果这个梯度是一个 N 维的向量，需要在每个维度上都进行平均。我们先使用 tf.expand_dims 给这些梯度添加一个冗余的维度 0，然后把这些梯度放到列表 grad 中，接着使用 tf.concat 将它们在维度 0 上合并，最后使用 tf.reduce_mean 针对维度 0 上求平均，即将其他维度全部平均。最后将平均后的梯度跟 Variable 组合得到原有的二元组（梯度，变量）格式，并添加到列表 average_grads 中。当所有梯度都求完均值后，我们返回 average_grads。

```
def average_gradients(tower_grads):
  average_grads = []
  for grad_and_vars in zip(*tower_grads):
    grads = []
    for g, _ in grad_and_vars:
      expanded_g = tf.expand_dims(g, 0)
      grads.append(expanded_g)

    grad = tf.concat(grads, 0)
    grad = tf.reduce_mean(grad, 0)
```

```
    v = grad_and_vars[0][1]
    grad_and_var = (grad, v)
    average_grads.append(grad_and_var)
  return average_grads
```

下面定义训练的函数。先设置默认的计算设备为 CPU，用来进行一些简单的计算。然后使用 global_step 记录全局训练的步数，并计算一个 epoch 对应的 batch 数，以及学习速率衰减需要的步数 decay_steps。我们使用 tf.train.exponential_decay 创建随训练步数衰减的学习速率，这里第 1 个参数为初始学习速率，第 2 个参数为全局训练的步数，第 3 个参数为每次衰减需要的步数，第 4 个参数为衰减率，staircase 设为 True 代表是阶梯式的衰减。然后设置优化算法为 GradientDescent，并传入随步数衰减的学习速率。

```
def train():
  with tf.Graph().as_default(), tf.device('/cpu:0'):
    global_step = tf.get_variable('global_step', [],
                                  initializer=tf.constant_initializer(0),
                                  trainable=False)

    num_batches_per_epoch = cifar10.NUM_EXAMPLES_PER_EPOCH_FOR_TRAIN / \
                            batch_size
    decay_steps = int(num_batches_per_epoch * cifar10.NUM_EPOCHS_PER_DECAY)

    lr = tf.train.exponential_decay(cifar10.INITIAL_LEARNING_RATE,
                                    global_step,
                                    decay_steps,
                                    cifar10.LEARNING_RATE_DECAY_FACTOR,
                                    staircase=True)

    opt = tf.train.GradientDescentOptimizer(lr)
```

我们定义储存各 GPU 计算结果的列表 tower_grads。然后创建一个循环，循环次数为 GPU 数量，在每一个循环内，使用 tf.device 限定使用第几个 GPU，如 gpu0、gpu1，然后使用 tf.name_scope 将命名空间定义为 tower_0、tower_1 的形式。对每一个 GPU，使用前面定义好的函数 tower_loss 获取其损失，然后调用 tf.get_variable_scope().reuse_variables()
重用参数，让所有 GPU 共用一个模型及完全相同的参数。再使用 opt.compute_gradients(loss)
计算单个 GPU 的梯度，并将求得的梯度添加到梯度列表 tower_grads。最后使用前面写好
的函数 average_gradients 计算平均梯度，并使用 opt.apply_gradients 更新模型参数。这样
就完成了多 GPU 的同步训练和参数更新。

```
tower_grads = []
for i in range(num_gpus):
  with tf.device('/gpu:%d' % i):
    with tf.name_scope('%s_%d' % (cifar10.TOWER_NAME, i)) as scope:
      loss = tower_loss(scope)
      tf.get_variable_scope().reuse_variables()
      grads = opt.compute_gradients(loss)
      tower_grads.append(grads)

grads = average_gradients(tower_grads)
apply_gradient_op = opt.apply_gradients(grads, global_step=global_step)
```

我们创建模型的保存器 saver，将 Session 的 allow_soft_placement 参数设置为 True（有
些操作只能在 CPU 进行，不使用 soft_placement 可能导致运行出错），初始化全部参数，
并调用 tf.train.start_queue_runners() 准备好大量的数据增强后的训练样本，防止后面的训练
被阻塞在生成样本上。

```
saver = tf.train.Saver(tf.all_variables())
init = tf.global_variables_initializer()
sess = tf.Session(config=tf.ConfigProto(allow_soft_placement=True))
sess.run(init)
tf.train.start_queue_runners(sess=sess)
```

下面进入训练的循环，最大迭代次数为 max_steps。在每一步中执行一次更新梯度的
操作 apply_gradient_op（即一次训练操作）和计算损失的操作 loss，同时使用 time.time()
记录耗时。每隔 10 步，展示一次当前 batch 的 loss，以及每秒钟可训练的样本数和每个
batch 训练所需要花费的时间。每隔 1000 步，使用 Saver 保存整个模型文件。

```
for step in range(max_steps):
```

```
    start_time = time.time()
    _, loss_value = sess.run([apply_gradient_op, loss])
    duration = time.time() - start_time

    if step % 10 == 0:
        num_examples_per_step = batch_size * num_gpus
        examples_per_sec = num_examples_per_step / duration
        sec_per_batch = duration / num_gpus

        format_str = ('step %d, loss = %.2f (%.1f examples/sec; %.3f '
                      'sec/batch)')
        print (format_str % (step, loss_value, examples_per_sec,
                             sec_per_batch))

    if step % 1000 == 0 or (step + 1) == max_steps:
        saver.save(sess, '/tmp/cifar10_train/model.ckpt', global_step=step)
```

我们将主函数后全部定义完后，使用 cifar10.maybe_download_and_extract()下载完整的 CIFAR-10 数据，并调用 train()函数开始训练。

```
cifar10.maybe_download_and_extract()
train()
```

下面展示的结果即为训练过程中显示的日志，loss 从最开始的 4 点几，到第 70 万步时，大致降到了 0.07。我们的训练速度很快，平均每个 batch 的耗时仅为 0.021s，平均每秒可以训练 6000 个样本，差不多正好是单 GPU 的 4 倍。因此在单机多 GPU 的情况下，使用 TensorFlow 实现的数据并行效率是非常高的。

```
step 729470, loss = 0.07 (6043.4 examples/sec; 0.021 sec/batch)
step 729480, loss = 0.07 (6200.1 examples/sec; 0.021 sec/batch)
step 729490, loss = 0.08 (6055.5 examples/sec; 0.021 sec/batch)
step 729500, loss = 0.09 (5986.7 examples/sec; 0.021 sec/batch)
step 729510, loss = 0.07 (6075.3 examples/sec; 0.021 sec/batch)
step 729520, loss = 0.06 (6630.1 examples/sec; 0.019 sec/batch)
step 729530, loss = 0.09 (6788.4 examples/sec; 0.019 sec/batch)
```

```
step 729540, loss = 0.08 (6464.4 examples/sec; 0.020 sec/batch)
step 729550, loss = 0.06 (6548.5 examples/sec; 0.020 sec/batch)
step 729560, loss = 0.08 (6900.3 examples/sec; 0.019 sec/batch)
step 729570, loss = 0.08 (6381.3 examples/sec; 0.020 sec/batch)
step 729580, loss = 0.07 (6101.0 examples/sec; 0.021 sec/batch)
```

9.3　分布式并行

　　TensorFlow 的分布式并行基于 gRPC 通信框架,其中包括一个 master 负责创建 Session,还有多个 worker 负责执行计算图中的任务。我们需要先创建一个 TensorFlow Cluster 对象,它包含了一组 task(每个 task 一般是一台单独的机器)用来分布式地执行 TensorFlow 的计算图。一个 Cluster 可以切分为多个 job,一个 job 是指一类特定的任务,比如 parameter server (ps)、worker,每一个 job 里可以包含多个 task。我们需要为每一个 task 创建一个 server,然后连接到 Cluster 上,通常每个 task 会执行在不同的机器上,当然也可以一台机器上执行多个 task(控制不同的 GPU)。Cluster 对象通过 tf.train.ClusterSpec 来初始化,初始化信息是一个 Python 的 dict,例如 tf.train.ClusterSpec({"ps": ["192.168.233.201:2222"], "worker":["192.168.233.202:2222","192.168.233.203:2222"]}),这代表设置了一个 parameter server 和两个 worker,分别在三台不同机器上。对每个 task,我们需要给它定义自己的身份,比如对这个 ps 我们将设置 server = tf.train.Server(cluster, job_name="ps", task_index=0),将这台机器的 job 定义为 ps,并且是 ps 中的第 0 台机器。此外,通过在程序中使用诸如 with tf.device("/job:worker/task:7"),可以限定 Variable 存放在哪个 task 或哪台机器上。

　　TensorFlow 的分布式有几种模式,比如 In-graph replication 模型并行,将模型的计算图的不同部分放在不同机器上执行;而 Between-graph replication 则是数据并行,每台机器使用完全相同的计算图,但是计算不同的 batch 数据。此外,我们还有异步并行和同步并行,异步并行指每机器独立计算梯度,一旦计算完就更新到 parameter server 中,不等其他机器;同步并行指等所有机器都完成对梯度的计算后,将多个梯度合成并统一更新模型参数。一般来说,同步并行训练时,loss 下降的速度更快,可达到的最大精度更高,但是同步并行有木桶效应,速度取决于最慢的那个机器,所以当设备速度一致时,效率比较高。

下面我们就用 TensorFlow 实现包含 1 个 paramter server 和 2 个 worker 的分布式并行训练程序，并以 MNIST 手写数据识别任务作为示例。这里需要写一个完整的 Python 文件，并在不同机器上以不同的 task 执行。首先载入 TensorFlow 和所有依赖库。本节代码主要来自 TensorFlow 的开源实现 [69]。

```
import math
import tempfile
import time
import tensorflow as tf
from tensorflow.examples.tutorials.mnist import input_data
```

这里使用 tf.app.flags 定义标记，用以在命令行执行 TensorFlow 程序时设置参数。在命令行中指定的参数会被 TensorFlow 读取，并直接转为 flags。设定数据储存目录 data_dir 默认为/tmp/mnist-data，隐藏节点数默认为 100，训练最大步数 train_steps 默认为 1000000，batch size 默认为 100，学习速率为默认 0.01。

```
flags = tf.app.flags
flags.DEFINE_string("data_dir", "/tmp/mnist-data",
                    "Directory for storing mnist data")
flags.DEFINE_integer("hidden_units", 100,
                     "Number of units in the hidden layer of the NN")
flags.DEFINE_integer("train_steps", 1000000,
                     "Number of (global) training steps to perform")
flags.DEFINE_integer("batch_size", 100, "Training batch size")
flags.DEFINE_float("learning_rate", 0.01, "Learning rate")
```

然后设定是否使用同步并行的标记 sync_replicas 默认为 False，在命令行执行时可以设为 True 开启同步并行。同时，设定需要累计多少个梯度来更新模型的值默认为 None，这个参数代表进行同步并行时，一共积攒多少个 batch 的梯度才进行一次参数更新，设为 None 则使用 worker 的数量，即所有 worker 都完成一个 batch 的训练后再更新模型参数。

```
flags.DEFINE_boolean("sync_replicas", False,
                     "Use the sync_replicas (synchronized replicas) mode, "
                     "wherein the parameter updates from workers are "
                     "aggregated before applied to avoid stale gradients")
```

```
flags.DEFINE_integer("replicas_to_aggregate", None,
                     "Number of replicas to aggregate before parameter "
                     "update is applied (For sync_replicas mode only; "
                     "default: num_workers)")
```

再定义 ps 的地址，这里默认为 192.168.233.201:2222，读者应该根据集群的实际情况配置，下同。将 worker 的地址设置为 192.168.233.202:2222 和 192.168.233.203:2222。同时，设置 job_name 和 task_index 的 FLAG，这样在命令行执行时，可以输入这两个参数。

```
flags.DEFINE_string("ps_hosts","192.168.233.201:2222",
                    "Comma-separated list of hostname:port pairs")
flags.DEFINE_string("worker_hosts",
                    "192.168.233.202:2222,192.168.233.203:2222",
                    "Comma-separated list of hostname:port pairs")
flags.DEFINE_string("job_name", None,"job name: worker or ps")
flags.DEFINE_integer("task_index", None,
                     "Worker task index, should be >= 0. task_index=0 is "
                     "the master worker task the performs the variable "
                     "initialization ")
```

将 flags.FLAGS 直接命名为 FLAGS，简化使用。同时，设置图片尺寸 IMAGE_PIXELS 为 28。

```
FLAGS = flags.FLAGS
IMAGE_PIXELS = 28
```

接下来编写程序的主函数 main，首先使用 input_data.read_data_sets 下载并读取 MNIST 数据集，并设置为 one_hot 编码格式。同时，检测命令行输入的参数，确保有 job_name 和 task_index 这两个必备的参数。显示出 job_name 和 task_index，并将 ps 和 worker 的所有地址解析成列表 ps_spec 和 worker_spec。

```
def main(unused_argv):
  mnist = input_data.read_data_sets(FLAGS.data_dir, one_hot=True)

  if FLAGS.job_name is None or FLAGS.job_name == "":
    raise ValueError("Must specify an explicit `job_name`")
```

```
if FLAGS.task_index is None or FLAGS.task_index =="":
  raise ValueError("Must specify an explicit `task_index`")

print("job name = %s" % FLAGS.job_name)
print("task index = %d" % FLAGS.task_index)


ps_spec = FLAGS.ps_hosts.split(",")
worker_spec = FLAGS.worker_hosts.split(",")
```

先计算总共的 worker 数量，然后使用 tf.train.ClusterSpec 生成一个 TensorFlow Cluster 的对象，传入的参数是 ps 的地址信息和 worker 的地址信息。再使用 tf.train.Server 创建当前机器的 server，用以连接到 Cluster。如果当前节点是 parameter server，则不再进行后续的操作，而是使用 server.join 等待 worker 工作。

```
num_workers = len(worker_spec)
cluster = tf.train.ClusterSpec({"ps": ps_spec, "worker": worker_spec})
server = tf.train.Server(
    cluster, job_name=FLAGS.job_name, task_index=FLAGS.task_index)
if FLAGS.job_name == "ps":
  server.join()
```

这里判断当前机器是否为主节点，即 task_index 是否为 0。然后定义当前机器的 worker_device，格式为"job:worker/task:0/gpu:0"。我们假定有两台机器，并且每台机器有 1 块 GPU，则总共需要两个 worker。如果一台机器有多块 GPU，可以通过一个 task 管理多个 GPU 或者使用多个 task 分别管理。下面使用 tf.train.replica_device_setter()设置 worker 的资源，其中 worker_device 为计算资源，ps_device 为存储模型参数的资源。我们通过 replica_device_setter 将模型参数部署在独立的 ps 服务器 "/job:ps/cpu:0"，并将训练操作部署在"/job:worker/task:0/gpu:0"，即本机的 GPU。最后再创建记录全局训练步数的变量 global_step。

```
is_chief = (FLAGS.task_index == 0)
worker_device = "/job:worker/task:%d/gpu:0" % FLAGS.task_index
with tf.device(
    tf.train.replica_device_setter(
        worker_device=worker_device,
```

```
            ps_device="/job:ps/cpu:0",
            cluster=cluster)):
global_step = tf.Variable(0, name="global_step", trainable= False)
```

接下来，定义神经网络模型，本节的神经网络和 4.4 节的 MLP 全连接网络基本一致。下面使用 tf.truncated_normal 初始化权重，使用 tf.zeros 初始化偏置，创建输入的 placeholder，并使用 tf.nn.xw_plus_b 对输入 x 进行矩阵乘法和加偏置操作，再用 ReLU 激活函数处理，得到第一个隐层的输出 hid。然后使用 tf.nn.xw_plus_b 和 tf.nn.softmax 对第一层的输出 hid 进行处理，得到网络的最终输出 y。最后计算损失 cross_entropy，并定义优化器为 Adam。

```
hid_w = tf.Variable(
    tf.truncated_normal([IMAGE_PIXELS*IMAGE_PIXELS, FLAGS.hidden_units],
                        stddev=1.0 / IMAGE_PIXELS), name="hid_w")
hid_b = tf.Variable(tf.zeros([FLAGS.hidden_units]), name= "hid_b")

sm_w = tf.Variable(
    tf.truncated_normal([FLAGS.hidden_units, 10],
        stddev=1.0 / math.sqrt(FLAGS.hidden_units)), name="sm_w")
sm_b = tf.Variable(tf.zeros([10]), name="sm_b")

x = tf.placeholder(tf.float32, [None, IMAGE_PIXELS * IMAGE_PIXELS])
y_ = tf.placeholder(tf.float32, [None, 10])

hid_lin = tf.nn.xw_plus_b(x, hid_w, hid_b)
hid = tf.nn.relu(hid_lin)

y = tf.nn.softmax(tf.nn.xw_plus_b(hid, sm_w, sm_b))
cross_entropy = -tf.reduce_sum(y_ * tf.log(tf.clip_by_value(y, 1e-10,
                                                            1.0)))

opt = tf.train.AdamOptimizer(FLAGS.learning_rate)
```

我们判断是否设置了同步训练模式 sync_replicas，如果是同步模式，则先获取同步更新模型参数所需要的副本数 replicas_to_aggregate；如果没有单独设置，则使用 worker 数作为默认值。然后使用 tf.train.SyncReplicasOptimizer 创建同步训练的优化器，它实质上是对原有优化器的一个扩展，我们传入原有优化器及其他参数（replicas_to_aggregate、total_num_replicas、replica_id 等），它就会将原有优化器改造为同步的分布式训练版本。最后，使用普通的（即异步的）或同步的优化器对损失 cross_entropy 进行优化。

```python
if FLAGS.sync_replicas:
  if FLAGS.replicas_to_aggregate is None:
    replicas_to_aggregate = num_workers
  else:
    replicas_to_aggregate = FLAGS.replicas_to_aggregate

  opt = tf.train.SyncReplicasOptimizer(
      opt,
      replicas_to_aggregate=replicas_to_aggregate,
      total_num_replicas=num_workers,
      replica_id=FLAGS.task_index,
      name="mnist_sync_replicas")

train_step = opt.minimize(cross_entropy, global_step=global_step)
```

如果是同步训练模式，并且为主节点，则使用 opt.get_chief_queue_runner 创建队列执行器，并使用 opt.get_init_tokens_op 创建全局参数初始化器。

```python
if FLAGS.sync_replicas and is_chief:
  chief_queue_runner = opt.get_chief_queue_runner()
  init_tokens_op = opt.get_init_tokens_op()
```

下面生成本地的参数初始化操作 init_op，创建临时的训练目录，并使用 tf.train_Supervisor 创建分布式训练的监督器，传入的参数包括 is_chief、train_dir、init_op 等。这个 Supervisor 会管理我们的 task 参与到分布式训练。

```python
init_op = tf.global_variables_initializer()
train_dir = tempfile.mkdtemp()
sv = tf.train.Supervisor(is_chief=is_chief,
                         logdir=train_dir,
                         init_op=init_op,
```

```
                        recovery_wait_secs=1,
                        global_step=global_step)
```

然后设置 Session 的参数，其中 allow_soft_placement 设为 True 代表当某个操作在指定的 device 不能执行时，可以转到其他 device 执行。

```
sess_config = tf.ConfigProto(
    allow_soft_placement=True,
    log_device_placement=False,
    device_filters=["/job:ps",
                    "/job:worker/task:%d" % FLAGS.task_index])
```

如果为主节点，则显示初始化 Session，其他节点则显示等待主节点的初始化操作。然后执行 sv.prepate_or_wait_for_session()，若为主节点则会创建 Session，若为分支节点则会等待。

```
if is_chief:
  print("Worker %d: Initializing session..." % FLAGS.task_index)
else:
  print("Worker %d: Waiting for session to be initialized..." %
        FLAGS.task_index)

sess = sv.prepare_or_wait_for_session(server.target, config=sess_config)

print("Worker %d: Session initialization complete." % FLAGS.task_index)
```

接着，如果处于同步模式并且是主节点，则调用 sv.start_queue_runners 执行队列化执行器 chief_queue_runner，并执行全局的参数初始化器 init_tokens_op。

```
if FLAGS.sync_replicas and is_chief:
  print("Starting chief queue runner and running init_tokens_op")
  sv.start_queue_runners(sess, [chief_queue_runner])
  sess.run(init_tokens_op)
```

下面就正式到了训练过程。我们记录 worker 执行训练的启动时间，初始化本地训练的步数 local_step，然后进入训练循环。在每一步训练中，我们从 mnist.train.next_batch 读取一个 batch 的数据，并生成 feed_dict，再调用 train_step 执行一次训练。当全局训练步数达到我们预设的最大值后，停止训练。

```python
time_begin = time.time()
print("Training begins @ %f" % time_begin)

local_step = 0
while True:
  batch_xs, batch_ys = mnist.train.next_batch(FLAGS.batch_size)
  train_feed = {x: batch_xs, y_: batch_ys}

  _, step = sess.run([train_step, global_step], feed_dict=train_feed)
  local_step += 1

  now = time.time()
  print("%f: Worker %d: training step %d done (global step: %d)" %
        (now, FLAGS.task_index, local_step, step))

  if step >= FLAGS.train_steps:
    break
```

训练结束后，我们展示总训练时间，并在验证数据上计算预测结果的损失 cross_entropy，并展示出来。至此，我们的主函数 main 全部结束。

```python
time_end = time.time()
print("Training ends @ %f" % time_end)
training_time = time_end - time_begin
print("Training elapsed time: %f s" % training_time)

val_feed = {x: mnist.validation.images, y_: mnist.validation.labels}
val_xent = sess.run(cross_entropy, feed_dict=val_feed)
print("After %d training step(s), validation cross entropy = %g" %
      (FLAGS.train_steps, val_xent))
```

这是代码的最后一部分，在主程序中执行 tf.app.run()并启动 main()函数，我们将全部代码保存为文件 distributed.py。我们需要在 3 台不同的机器上分别执行 distributed.py 启动

3 个 task，在每次执行 distributed.py 时我们需要传入 job_name 和 task_index 指定 worker 的身份。

```
if __name__ == "__main__":
  tf.app.run()
```

我们分别在三台机器 192.168.233.201、192.168.233.202 和 192.168.233.203 上执行下面三行代码。第一台机器执行第一行代码，第二台机器执行第二行代码，下同。这样我们就在三台机器上分别启动了一个 parameter server 及两个 worker。

```
python distributed.py --job_name=ps --task_index=0
python distributed.py --job_name=worker --task_index=0
python distributed.py --job_name=worker --task_index=1
```

如果我们想使用同步模式，只需要将上面的代码加上--sync_replicas=True，就可以自动开启同步训练。注意，此时 global_step 和异步不同，异步时，全局步数是所有 worker 训练步数之和，同步时则是指有多少轮并行训练。

```
python distributed.py --job_name=ps --task_index=0 --sync_replicas=True
python distributed.py --job_name=worker --task_index=0 --sync_replicas=True
python distributed.py --job_name=worker --task_index=1 --sync_replicas=True
```

下面是我们在 parameter server 上显示出的日志。我们在 192.168.233.201:2222 上顺利开启了 PS 的服务。

```
I tensorflow/core/distributed_runtime/rpc/grpc_channel.cc:197] Initialize Gr
pcChannelCache for job ps -> {0 -> localhost:2222}
I tensorflow/core/distributed_runtime/rpc/grpc_channel.cc:197] Initialize Gr
pcChannelCache for job worker -> {0 -> 192.168.233.202:2223, 1 -> 192.168.23
3.203:2224}
I tensorflow/core/distributed_runtime/rpc/grpc_server_lib.cc:206] Started se
rver with target: grpc://localhost:2222
```

下面是 worker0 在 192.168.233.202 上的训练日志。

```
1484195706.167773: Worker 0: training step 5657 done (global step: 10285)
1484195706.178822: Worker 0: training step 5658 done (global step: 10287)
1484195706.189648: Worker 0: training step 5659 done (global step: 10289)
```

```
1484195706.200894: Worker 0: training step 5660 done (global step: 10291)
1484195706.212560: Worker 0: training step 5661 done (global step: 10293)
1484195706.224736: Worker 0: training step 5662 done (global step: 10295)
1484195706.237565: Worker 0: training step 5663 done (global step: 10297)
1484195706.252718: Worker 0: training step 5664 done (global step: 10299)
```

下面是 worker1 在 192.168.233.203 上的训练日志。

```
1484195714.332566: Worker 1: training step 5269 done (global step: 11569)
1484195714.345961: Worker 1: training step 5270 done (global step: 11571)
1484195714.359124: Worker 1: training step 5271 done (global step: 11573)
1484195714.372848: Worker 1: training step 5272 done (global step: 11575)
1484195714.386048: Worker 1: training step 5273 done (global step: 11577)
1484195714.398567: Worker 1: training step 5274 done (global step: 11579)
1484195714.411631: Worker 1: training step 5275 done (global step: 11581)
1484195714.424619: Worker 1: training step 5276 done (global step: 11583)
```

至此，我们在三台机器上的数据并行模式的分布式训练的示例就结束了，读者可以看到用 TensorFlow 实现分布式训练非常简单。我们可以复用单机版本的网络结构，只是在不同机器上训练不同 batch 的数据，并使用 parameter server 统一管理模型参数。另外，分布式 TensorFlow 的运行效率也非常高，在 16 台机器上可以获得 15 倍于单机的速度，非常适合大规模神经网络的训练。

10

TF.Learn 从入门到精通

TF.Learn 是 TensorFlow 中的一个很重要的模块，它包括各种类型的深度学习及流行的机器学习算法。这个模块是从之前比较热门的 TensorFlow 官方 Scikit Flow 项目迁移过来的，发起者是谷歌的员工 Illia Polosukhin 及本书作者之一唐源。代码的风格采用数据科学界比较热门的 Scikit-learn 风格，旨在帮助数据科学从业者更好、更快地适应和接受 TensorFlow 的代码。它囊括了许多 TensorFlow 的代码和设计模式，从而使用户能够更快地开始搭建自己的机器学习模型来实现不同的应用。同时，用户也能极大地避免代码重复，更好地把精力放在搭建更精确的模型上。自从 TensorFlow v0.9 版本发布之后，TF.Learn 能够无缝地和其他 contrib 模块结合起来使用，比如 contrib.losses、contrib.layer、contrib.metrics，等等（我们会在第 11 章系统地介绍 contrib 模块）。第 10 章和第 11 章将使用 TensorFlow 0.11.0-rc0 版本作为示例讲解，其他版本的代码可能会出现不兼容的现象。

10.1 分布式 Estimator

本节我们介绍 Estimator 的分布式特性、自定义模型的用法、Estimator 的架构，并介绍怎样建立自己的分布式机器学习 Estimator。

10.1.1 分布式 Estimator 自定义模型介绍

Estimator 包括各种各样的机器学习和深度学习的类，用户能直接使用这些高阶类，同时可以根据实际的应用需求快速创建自己的子类。有了 graph_actions 模块的帮助，Estimator 很大一部分在训练和评估模型时需要用到的复杂的分布式逻辑都被实现和浓缩，使用者就不再需要把精力放在很复杂的 Supervisor 和 Coordinator 分布式训练具体实现细节和逻辑上面。

Estimator 接受自定义模型，目前它接受以下几组不同的函数签名。

（1）(features, targets) -> (predictions, loss, train_op)

（2）(features, targets, mode) -> (predictions, loss, train_op)

（3）(features, targets, mode, params) -> (predictions, loss, train_op)

我们以第一组函数签名举例说明，以下是一个简单的自定义的模型。

```python
import tensorflow as tf
from tensorflow.contrib import layers
from tensorflow.contrib import learn


def my_model(features, target):
    target = tf.one_hot(target, 3, 1, 0)
    features = layers.stack(features, layers.fully_connected, [10, 20, 10])
    prediction, loss = \
        tf.contrib.learn.models.logistic_regression_zero_init(features,
                                                              target)
    train_op = tf.contrib.layers.optimize_loss(
        loss, tf.contrib.framework.get_global_step(), optimizer='Adagrad',
        learning_rate=0.1)
    return {'class': tf.argmax(prediction, 1), 'prob': prediction}, loss, \
            train_op
```

这个自定义模型接受两个参数：features 和 targets。features 是数据的特征，targets 是数据特征每一行的目标或者分类的标识，利用 tf.one_hot 对 targets 进行读热编码（One-hot Encoding），让接下来损失函数的计算更方便。接下来，用 layers.stack 叠加多层

layers.fully_connected 完全连接的深度神经网络，每一层分别有 10、20、10 个隐藏节点，通过不同层的转换和训练，得到新的数据特征。TF.Learn 里面的 models 模块有很多经常使用的模型（比如逻辑回归），这里我们用 models.logistic_regression_zero_init 加一层，以 0 作为初始参数值的逻辑回归模型，这也是深度学习里比较常用的一种方法，从而得到最后的预测值和损失值。最后，使用 contrib.layers.optimize_loss 函数对损失值进行优化，可以根据需要选择不同的优化函数和学习率，optimize_loss 会得到一个训练算子（Training Operator），在每次训练迭代时会被用来优化模型的参数和决定模型发展的方向。这个自定义模型函数需要返回一些要求的值，比如预测值及预测概率、损失值和训练算子。读者可以比较灵活地使用 Python 的字典来返回预测值及预测概率，也可以只返回预测值和预测概率中的一个，这样做的主要目的是在之后能够更方便地使用 estimator.predict 函数。

接下来，我们把定义好的模型运用到比较常用的 iris 数据进行分类。

```
from sklearn import datasets, cross_validation

iris = datasets.load_iris()
x_train, x_test, y_train, y_test = cross_validation.train_ test_split(
  iris.data, iris.target, test_size=0.2, random_state=35)


classifier = learn.Estimator(model_fn=my_model)
classifier.fit(x_train, y_train, steps=700)

predictions = classifier.predict(x_test)
```

我们利用 Scikit-learn 的 datasets 引入数据，并用 cross_validation 把数据分为训练和评估。接下来把我们定义好的 my_model 直接放进 learn.Estimator 就可以使用 Scikit-learn 风格的 fit 和 predict 函数。通过快速和简单地定义自己的模型函数，能直接利用 Estimator 的各种功能，也能够直接进行分布式模型训练，完全不用担心许多实现的细节[比如不同的线程之间的交流和主监督（Master Supervisor）的建立]。

目前我们只介绍了其中一种自定义函数签名，其他的函数签名大同小异。简单来说，模式（Mode）可以被用来定义函数的使用阶段，例如 training、evaluation ,以及 prediction。这些常用的模式可以在 ModeKeys 里面找到。一些比较复杂的深度学习模型可能会包含一些特殊的层，例如 batch normalization 层要求一些计算只发生在训练期间，而评估期间需要跳过那些计算，所以可以在自定义函数里加一些条件语句来实现这样的复杂逻辑。params 是可以由自定义模型来调节的参数，读者使用 fit 函数时可以给更多的参数。具体细节请参考 TF.Learn 的官方文档。

10.1.2 建立自己的机器学习 Estimator

10.1.1 节我们简单介绍了怎样用自定义的模型使用 Estimator，接下来，我们来了解 Estimator 的一些基本架构及如何通过实现自己的 Estimator 子类建立自己的机器学习分布式 Estimator。

BaseEstimator 是最抽象也是最基本的实现 TensorFlow 模型的训练和评估的类。它提供了许多简单易用的功能，比如用 fit() 对模型进行训练，用 partial_fit() 进行线上训练，用 evaluate() 评估模型，用 predict() 使用模型并对新的数据进行预测，等等。它利用了许多包含在 graph_actions 里很复杂的逻辑进行模型的训练和预测。前面章节简单提到过它包含了许多类似 Supervisor、Coordinator、QueueRunner 的使用，从而使它能够进行分布式地训练和预测。它也使用了许多 learn.DataFeeder 或者 learn.DataFrame 的类来自动识别、处理和迭代不用类型的数据。再加上 estimators.tensor_signature 的帮助对数据进行兼容性的判断[比如稀疏张量（Sparse Tensor）]，使数据的读入更加方便和稳定。与此同时，BaseEstimator 也对 learn.monitors 及模型的存储等进行了初始化设置。learn.monitors 是用来监测模型的训练的，在接下来的章节里我们也会对它进行简单的介绍。

虽然 BaseEstimator 已经提供了大多数建立和评估模型要求的逻辑，但它却把 _get_train_ops()、_get_eval_ops() 和 _get_predict_ops() 等实现留给了它的子类，从而让它的子类能够更自由地实现自定义的一些逻辑处理。10.1.1 节中我们使用到的 Estimator 刚好提供了怎样实现 BaseEstimator 那些未实现方法的样本。

我们以 Estimator 为例，它的 _get_train_ops() 接受 features 和 targets 为参数，使用自定义的模型函数返回一个 Operation 和损失 Tensor 的 Tuple，这个函数会被用来在每个训练迭代时对模型的参数进行优化。如果想实现自己的 Estimator，你有绝对的自由来决定训练的逻辑。例如，如果想实现一个非监督学习模型的 Estimator，那么可以在这个函数里对 targets 进行忽略。

和 _get_train_ops() 类似，_get_eval_ops() 让 BaseEstimator 的子类来使用自定义的 metrics 评估每个模型训练的迭代。在 TensorFlow 高阶的模块里，比如 contrib.metrics，可以找到许多直接使用的 metrics，第 11 章会对这个模块进行简单的介绍。自定义的 metrics

函数需要返回一个 Tensor 对象的 Python 字典来代表评估 Operation，每次迭代时都会被用到。以下是 Estimator 的_get_train_ops()的实现：

```
predictions, loss, _ = self._call_model_fn(features, targets, ModeKeys.EVAL)
result = {'loss': contrib.metrics.streaming_mean(loss)}
```

先用到自定义的模型对新的数据进行预测和计算损失值，用 ModeKeys 中的 EVAL 表明这个函数只会在评估时被用到，然后用到了 contrib.metrics 模块里的 streaming_mean 对 loss 计算平均流，也就是在之前计算过的平均值基础上加上这次迭代的损失值再计算平均值。

_get_predict_ops()是用来实现自定义的预测的，例如在这个函数里可以对预测的结果进行进一步的处理。再比如，把预测概率转换成简单的预测结果，把概率进行平滑加工（Smoothing），等等。这个函数需要返回一个 Tensor 对象的 Python 字典来代表预测 Operation。一旦这个函数被实现，就可以很轻松地使用 Estimator 的 predict()函数，充分利用 Estimator 的分布式功能，完全不用担心一些复杂的内部实现逻辑。如果想建立非监督模型，也可以很快地在这个基础之上实现一个类似 Scikit-learn 里面的 transform()函数。

在 TF.Learn 的模块里也可以找到许多自定义机器学习 Estimator 的例子，例如逻辑回归（LogisticRegressor）。由于 Estimator 已经提供了绝大部分需要的实现，LogisticRegressor 只需要提供自己的 metrics（例如 AUC、accuracy、precision，以及 recall，只用来处理二分类的问题），所以可以很快地在 LogisticRegressor 的基础上写一个子类来实现一个更个性化的二分类的 Estimator，完全不需要担心其他逻辑的实现。

TF.Learn 里的随机森林模型 TensorForestEstimator 把许多很细节的实现放到了 contrib.tensor_forest 里，只利用和暴露一些比较高阶的，需要用到的成分到 TensorForestEstimator 里，这样用户就能更轻松地使用这个高阶机器学习模块。下面的代码中，它所有的超参数都通过 contrib.tensor_forest.ForestHParams 被传到构造函数的 params 里，然后在构造函数里使用 params.fill()建造随机森林的 TensorFlow 图，也就是 tensor_forest.RandomForestGraphs。

```
class TensorForestEstimator(estimator.BaseEstimator):
"""An estimator that can train and evaluate a random forest."""

def __init__(self, params, device_assigner=None, model_dir=None,
```

```
            graph_builder_class=tensor_forest.RandomForestGraphs,
            master='', accuracy_metric=None,
            tf_random_seed=None, config=None):
    self.params = params.fill()
    self.accuracy_metric = (accuracy_metric or
        ('r2' if self.params.regression else 'accuracy'))
    self.data_feeder = None
    self.device_assigner = (
        device_assigner or tensor_forest.RandomForestDeviceAssigner())
    self.graph_builder_class = graph_builder_class
    self.training_args = {}
    self.construction_args = {}


    super(TensorForestEstimator, self).__init__(model_dir=model_dir,
                                                config=config)
```

由于很多实现太复杂而且通常需要非常有效率，它的很多细节都用 C++实现了单独的 Kernel。它的 _get_predict_ops() 函数首先使用 tensor_forest 内部 C++ 实现的 data_ops.ParseDataTensorOrDict()函数检测和转换读入的数据到可支持的数据类型，然后利用 RandomForestGraphs 的 inference_graph 函数得到预测的 Operation。

```
def _get_predict_ops(self, features):
    graph_builder = self.graph_builder_class(
        self.params, device_assigner=self.device_assigner, training=False,
        **self.construction_args)
    features, spec = data_ops.ParseDataTensorOrDict(features)
    _assert_float32(features)
    return graph_builder.inference_graph(features, data_spec= spec)
```

类似地，它的 _get_train_ops() 和 _get_eval_ops() 函数分别调用了 RandomForestGraphs.training_loss() 和 RandomForestGraphs.inference_graph() 函数，它使用了 data_ops.ParseDataTensorOrDict 和 data_ops.ParseLabelTensorOrDict 分别检测和转换 features 和 targets 到可兼容的数据类型。

希望以上关于 Estimator 架构的介绍和几个例子能够帮助读者更好地了解 Estimator。

一旦读者建立好了自己的机器学习 Estimator 或者准备好使用 Estimator，可以轻松地在多台机器上、多个服务器上进行分布式的模型训练，10.1.3 节会介绍 RunConfig 来帮助读者更好地调节程序运行时参数。

10.1.3　调节 RunConfig 运行时参数

RunConfig 是 TF.Learn 里的一个类，用来帮助用户调节程序运行时参数，例如用 num_cores 选择使用的核的数量，用 num_ps_replicas 调节参数服务器的数量，用 gpu_memory_fraction 控制使用的 GPU 存储的百分比，等等。

值得注意的是，RunConfig 里 master 这个参数是用来指定训练模型的主服务器地址的，task 是用来设置任务 ID 的，每个任务 ID 控制一个训练模型参数服务器的 replica。以下是一个例子，读者可以先初始化一个 RunConfig 对象，再把这个对象传进 Estimator 里。

```
config = tf.contrib.learn.RunConfig(task=0, master="",
                                    gpu_memory_fraction=0.8)
est = tf.contrib.learn.Estimator(model_fn=custom_model, config= config)
```

以上例子是使用 RunConfig 参数的默认值在本地运行一个简单的模型，只使用一个任务 ID 和 80%的 GPU 存储作为参数传进 Estimator 里。当读者运行时，这些运行时参数会被自动运用上，不用担心 ConfigProto、GPUOptions 之类的使用细节。读者可以快速地改变这些参数来实现分布式模型的训练及参数服务器的使用，10.1.4 节会简单介绍。注意，这些 API 未来会有改动，所以最新的使用方法请参考 TF.Learn 官方文档。

10.1.4　Experiment 和 LearnRunner

Experiment 是一个简单易用的建立模型实验的类，它包含了建模所需要的所有信息，例如 Estimator、训练数据、评估数据、评估指标、监督器、评估频率，等等。可以选择在当地运行，也可以和 RunConfig 配合进行分布式地试验。LearnRunner 是用来方便做实验的一个模块。接下来我们举个简单的例子说明。

先用 tf.app.flags 定义一些可以从命令行传入的参数，例如数据、模型、输出文件的路径、训练和评估的步数等。这里有几个值得注意的参数。schedule 是指想做的试验类型，比如使用 local_run()在当地做试验，可能的一些选项是 Experiment 里面的一些函数名字，例如 run_std_server()可以在标准服务器上做试验。master_grpc_url 是主要的 GRPC TensorFlow 服务器。num_parameter_servers 是参数服务器的数量，等等。

```
flags = tf.app.flags
flags.DEFINE_string("data_dir", "/tmp/census-data",
                    "Directory for storing the cesnsus data data")
flags.DEFINE_string("model_dir", "/tmp/census_wide_and_deep_model",
                    "Directory for storing the model")
flags.DEFINE_string("output_dir", "", "Base output directory.")
flags.DEFINE_string("schedule", "local_run",
                    "Schedule to run for this experiment.")
flags.DEFINE_string("master_grpc_url", "",
                    "URL to master GRPC tensorflow server, e.g.,"
                    "grpc://127.0.0.1:2222")
flags.DEFINE_integer("num_parameter_servers", 0,
                    "Number of parameter servers")
flags.DEFINE_integer("worker_index", 0, "Worker index (>=0)")
flags.DEFINE_integer("train_steps", 1000, "Number of training steps")
flags.DEFINE_integer("eval_steps", 1, "Number of evaluation steps")

FLAGS = flags.FLAGS
```

接下来写一个建立 Experiment 对象的函数，在这个函数里首先使用之前设置好的一些 FLAGS 建立好 RunConfig 及想要建立的机器学习模型 Estimator，这里我们建立广度深度结合分类器（DNNLinearCombinedClassifier）。注意，我们省略了 input_train_fn 和 input_test_fn 的定义，这两个方程会定义数据的来源、提供训练，以及评估所用的数据。我们在接下来的机器学习 Estimator 里都会用到。不同的数据有不同的导入方法，在这里我们就不详细介绍了。

```
def create_experiment_fn(output_dir):
    config = run_config.RunConfig(master=FLAGS.master_grpc_url,
                num_ps_replicas=FLAGS.num_parameter_servers,
                task=FLAGS.worker_index)

    estimator = tf.contrib.learn.DNNLinearCombinedClassifier(
                model_dir=FLAGS.model_dir,
                linear_feature_columns=wide_columns,
```

```
                        dnn_feature_columns=deep_columns,
                        dnn_hidden_units=[5],
                        config=config)
    return tf.contrib.learn.Experiment(
                    estimator=estimator,
                    train_input_fn=data_source.input_train_fn,
                    eval_input_fn=data_source.input_test_fn,
                    train_steps=FLAGS.train_steps,
                    eval_steps=FLAGS.eval_steps)
```

然后就可以把 create_experiment_fn()函数传入 LearnRunner 里进行不同类型的试验，例如当地试验或者服务器试验，以及把试验的结果存储到不同的路径中，代码如下。

```
learn_runner.run(experiment_fn=create_experiment_fn,
                    output_dir=FLAGS.output_dir,
                    schedule=FLAGS.schedule)
```

10.2　深度学习 Estimator

TF.Learn 里包含了许多深度学习 Estimator 的实现，高阶的 API 让用户使用起来更方便。本节介绍一些基本的高阶深度学习 API 及它们和 TensorFlow 其他模块结合使用的例子。

10.2.1　深度神经网络

TF.Learn 里包含简单易用的深度神经网络 Estimator，例如分类问题可以使用 DNNClassifier，下面我们介绍一个最简单的例子。先在_input_fn()里建立数据，这里使用 layers 模块建立两个特征列——年龄和语言（后面我们将详细介绍它们的使用方法）。

```
def _input_fn(num_epochs=None):
    features = {'age': tf.train.limit_epochs(tf.constant([[.8],[.2],[.1]]),
                                    num_epochs=num_epochs),
                'language': tf.SparseTensor(values=['en', 'fr', 'zh'],
                                    indices=[[0, 0],[0, 1],[2, 0]],
                                    shape=[3, 2])}
```

```
    return features, tf.constant([[1], [0], [0]], dtype=tf.int32)

language_column = tf.contrib.layers.sparse_column_with_hash_bucket(
                    'language', hash_bucket_size=20)
feature_columns = [
    tf.contrib.layers.embedding_column(language_column, dimension=1),
    tf.contrib.layers.real_valued_column('age')
]
```

接着就把特征列、每层的隐藏神经单元数、标识类别数等传入 DNNClassifier 里来迅速地建立我们的深度神经网络模型。

```
classifier = tf.contrib.learn.DNNClassifier(
    n_classes=2,
    feature_columns=feature_columns,
    hidden_units=[3, 3],
    config=tf.contrib.learn.RunConfig(tf_random_seed=1))
```

然后使用我们习惯的 fit()、evaluate()等方法进行模型的训练和评估。

```
classifier.fit(input_fn=_input_fn, steps=100)
scores = classifier.evaluate(input_fn=_input_fn, steps=1)
```

在许多实际应用中，每行数据都有它们的权重，比如在图片分类运用中，每张图片的标识来自于不同的标识者，它们的可信度不一样，所以每张图片的标识权重也不同。在 DNNClassfier 中，我们可以指定一列为权重列，然后它会帮我们自动分配到训练过程中去。在以下的例子中，我们建立四行数据，每行有不同的权重，我们先把权重列和特征列放在 features 里面。

```
def _input_fn_train():
    target = tf.constant([[1], [0], [0], [0]])
    features = {
        'x': tf.ones(shape=[4, 1], dtype=tf.float32),
        'w': tf.constant([[100.], [3.], [2.], [2.]])
    }
    return features, target
```

然后就可以在 DNNClassifier 中表明权重列的列名，在这里也就是 w，然后表明特征列的列名 x（注意：我们需要将 x 转换为特征列）。

```
classifier = tf.contrib.learn.DNNClassifier(
    weight_column_name='w',
    feature_columns=[tf.contrib.layers.real_valued_column('x')],
    hidden_units=[3, 3],
    config=tf.contrib.learn.RunConfig(tf_random_seed=3))

classifier.fit(input_fn=_input_fn_train, steps=100)
```

我们也可以传入进我们自定义的 metrics 方程_my_metric_op()，需要做的就是操作 predictions 和 targets 进行我们心目中的 metrics 计算，此处只考虑二分类的问题，使用 tf.slice()剪切 predictions 的第二列当作最终的预测值。

```
def _input_fn_train():
    target = tf.constant([[1], [0], [0], [0]])
    features = {'x': tf.ones(shape=[4, 1], dtype=tf.float32),}
    return features, target


def _my_metric_op(predictions, targets):
    predictions = tf.slice(predictions, [0, 1], [-1, 1])
    return tf.reduce_sum(tf.mul(predictions, targets))
```

这里我们举个例子来帮助理解 tf.slice()，假设我们有以下矩阵。

```
input = [[[1, 1, 1], [2, 2, 2]],
        [[3, 3, 3], [4, 4, 4]],
        [[5, 5, 5], [6, 6, 6]]]
```

tf.slice()需要传入输入矩阵 input，剪切的开始元素 begin，以及剪切的 Tensor 的形状 size，size[i]代表了第 i 个维度想剪切的矩阵的 shape，例如 tf.slice(input, [1, 0, 0], [1, 1, 3])可以得到[[[3, 3, 3]]]；tf.slice(input, [1, 0, 0], [1, 2, 3])可以得到[[[3, 3, 3], [4, 4, 4]]]。

我们根据需求任意地在 predictions 和 targets 上操作来实现想要的 metrics 计算，然后就可以在 evaluate()时传入自己定义好的 metrics 函数，TF.Learn 会根据你所指示的 metrics

评估模型。

```
classifier = tf.contrib.learn.DNNClassifier(
    feature_columns=[tf.contrib.layers.real_valued_column('x')],
    hidden_units=[3, 3],
    config=tf.contrib.learn.RunConfig(tf_random_seed=1))

classifier.fit(input_fn=_input_fn_train, steps=100)

scores = classifier.evaluate(
    input_fn=_input_fn_train,
    steps=100,
    metrics={
        'my_accuracy': tf.contrib.metrics.streaming_accuracy,
        ('my_precision', 'classes'): tf.contrib.metrics.streaming_precision,
        ('my_metric', 'probabilities'): _my_metric_op})
```

值得注意的是，我们可以在 evaluate()时提供多个 metrics，其中一个_my_metric_op 是我们之前自定义好的，其他两个是 tf.contrib 里自带的，之后的章节中也会简单提到一些内建的 metrics 的用法。

我们也可以在提供 optimizer 时提供自己定义的函数，例如，可以定义自己的优化函数来包含指数递减的学习率。

```
def optimizer_exp_decay():
    global_step = tf.contrib.framework.get_or_create_global_step()
    learning_rate = tf.train.exponential_decay(
        learning_rate=0.1, global_step=global_step,
        decay_steps=100, decay_rate=0.001)
    return tf.train.AdagradOptimizer(learning_rate=learning_rate)
```

这里用 tf.contrib.framework.get_or_create_global_step()得到目前模型训练到达的全局步数，然后使用 tf.train.exponential_decay()对学习率进行指数递减，这种方法在许多应用中特别常用，尤其是用来避免爆炸梯度之类的问题。

接着可以将这个自定义的优化函数放入 DNNClassifier 里继续使用我们熟悉的方法建

立深度神经网络分类器及它的训练，我们用 iris 数据举个例子。

```
iris = datasets.load_iris()
x_train, x_test, y_train, y_test = train_test_split(iris.data, iris.target,
                                   test_size=0.2, random_state=42)

feature_columns = tf.contrib.learn.infer_real_valued_columns_from_input(
                  x_train)
classifier = tf.contrib.learn.DNNClassifier(feature_columns=feature_columns,
                                            hidden_units=[10, 20, 10],
                                            n_classes=3,
                                            optimizer=optimizer_exp_decay)

classifier.fit(x_train, y_train, steps=800)
```

10.2.2　广度深度模型

　　广度深度模型的 DNNLinearCombinedClassifier 是谷歌最新研究的成果，研究团队将这个模型在 TF.Learn 里面实现，然后开源，这样更有利于其他研究者再次重复实验结果及学习。这个模型被谷歌广泛地利用在各种机器学习应用中，它是深度神经网络和逻辑回归的结合，因为在谷歌的研究中发现，将不同的特征通过两种不同的方式结合起来，更能够体现应用的意义及更有效的推荐结果，这其实也和 Kaggle 竞赛中经常使用的 Ensemble 的方法比较类似。

　　使用的 DNNLinearCombinedClassifier 的方法和之前介绍的 DNNClassifier 及在接下来将介绍的 LinearClassfier 的使用方法类似，唯一的区别是你有更多的参数，并且可以将不同的特征列选择使用到 DNNClassifier 或者 LinearClassfier 中。

```
gender = tf.contrib.layers.sparse_column_with_keys(
    "gender", keys=["female", "male"])
education = tf.contrib.layers.sparse_column_with_hash_bucket(
    "education", hash_bucket_size=1000)
relationship = tf.contrib.layers.sparse_column_with_hash_bucket(
    "relationship", hash_bucket_size=100)
workclass = tf.contrib.layers.sparse_column_with_hash_bucket(
```

```
    "workclass", hash_bucket_size=100)

wide_columns = [gender, education]
deep_columns = [relationship, workclass]

m = tf.contrib.learn.DNNLinearCombinedClassifier(
        model_dir=model_dir,
        linear_feature_columns=wide_columns,
        dnn_feature_columns=deep_columns,
        dnn_hidden_units=[100, 50])
```

我们将 gender、education、relationship、workclass 都转换为 FeatureColumn，这是特征工程中特别重要的一步。然后，将它们分为 wide_columns 和 deep_columns，其中 wide_columns 将被用在 LinearClassifier 中，deep_columns 会被用在 DNNClassifier 中，然后将它们分别传入 DNNLinearCombinedClassifier 建立广度深度模型，这样模型既具有线性特征，也具有深度神经网络特征。官方网站的 Tutorials（https://www.tensorflow.org/tutorials/）上有非常有意思的例子，建议读者去学习并应用到自己的项目中。

10.3 机器学习 Estimator

TF.Learn 里不仅包括了许多流行的深度学习 Estimator，还包括了各种各样的机器学习算法，例如随机森林、支持向量机，等等。这让 TF.Learn 及 TensorFlow 与现有的其他软件包的界限和特色更明显。在谷歌内部的大力支持及外部开源社区的代码贡献下，相信 TF.Learn 会成为未来的分布式 Scikit-learn。接下来，我们将介绍 TF.Learn 里比较流行的机器学习高阶 API。

10.3.1 线性／逻辑回归

使用 TF.Learn 建立大家熟悉的线性或者逻辑回归非常简单，与之前提到的深度神经网络的使用方法类似。

举个简单的例子，假设我们在 input_fn()里建立简单的两个特征列的数据，分别是年龄和语言，以及它们的标识，这里我们用简单的常数代替阐述，使用在后面章节会提到的特征列 API 建立稀疏的语言特征列和真值的特征列。

```python
def input_fn():
    return {
        'age': tf.constant([1]),
        'language': tf.SparseTensor(values=['english'],
                                    indices=[[0, 0]],
                                    shape=[1, 1])
    }, tf.constant([[1]])

language = tf.contrib.layers.sparse_column_with_hash_bucket('language', 100)
age = tf.contrib.layers.real_valued_column('age')
```

然后就可以将这些特征列传入 LinearClassifier 里建立逻辑回归分类器，使用熟悉的 fit()、evaluate()等函数。注意，我们可以使用 get_variable_names()得到所有模型包含的变量的名称：

```python
classifier = tf.contrib.learn.LinearClassifier(
    feature_columns=[age, language])
classifier.fit(input_fn=input_fn, steps=100)
classifier.evaluate(input_fn=input_fn, steps=1)['loss']
classifier.get_variable_names()
```

类似地，我们也可以像前文介绍的那样，使用自定义的优化函数，这里使用 tf.train.FtrlOptimizer()进行优化，也可以对它进行任意改动然后传到 LinearClassifier 里：

```python
classifier = tf.contrib.learn.LinearClassifier(
    n_classes=3,
    optimizer=tf.train.FtrlOptimizer(learning_rate=0.1),
    feature_columns=[feature_column])
```

10.3.2　随机森林

随机森林是在工业界得到广泛应用的一种机器学习算法,它是一个包含多个决策树的分类器及回归算法。在许多实际的运用中，它的效果非常好，尤其是处理不平衡的分类资料集时，它极大地平衡了误差。在许多 Kaggle 数据科学竞赛中，它的延伸版 XGBoost 更是帮助了许多竞赛者取得了优异的成绩。

TF.Learn 里含有随机森林 Estimator，接下来我们用 iris 数据及随机森林 Estimator 进行分类。

```
hparams = tf.contrib.tensor_forest.python.tensor_forest. ForestHParams(
            num_trees=3, max_nodes=1000, num_classes=3, num_features=4)
classifier = tf.contrib.learn.TensorForestEstimator(hparams)
```

在之前的章节中讲解过 TensorForestEstimator 代码的内部架构，首先需要使用 tensor_forest.ForestHParams 设置随机森林的参数，例如多少棵树、节点数目的上限、特征和类别的数目，等等。

```
iris = tf.contrib.learn.datasets.load_iris()
data = iris.data.astype(np.float32)
target = iris.target.astype(np.float32)
classifier.fit(x=data, y=target, steps=100)
```

然后直接传进 TensorForestEstimator 里初始化随机森林 Estimator，接下来，把数据特征列和类别列转换成 float32 的格式，这样能够保证 TensorForestEstimator 的训练更快地拟合。接下来，可以直接使用 Scikit-learn 风格的 fit()等方法。

类似地，我们也可以把这个初始化好的 classifier 运用到 MNIST 图像数据上，这里我们从官方 tutorials 模块里导入 MNIST 数据。

```
from tensorflow.examples.tutorials.mnist import input_data
mnist = input_data.read_data_sets(FLAGS.data_dir, one_hot=False)
```

一般在实际应用中，随机森林容易过拟合，一种常用的防止过拟合的方法就是损失减少的速度变慢或者完全停止减少的情况下，提前停止模型的继续训练。在 TF.Learn 里，我们可以用 Monitor 模块达到这个目的。我们会在接下来的内容中仔细讲解它的各种用法，但是以下我们给出一个常用的 random_forest 模块里自带的 LossMonitor 来迅速地达到我们的目的。我们设定每隔 100 步 Monitor 检查损失减少的速度，如果连续 100 次迭代仍然没有看见损失的减少，Monitor 会让整个模型训练停止，这样在实际应用中是非常有效的。

```
from tensorflow.contrib.learn.python.learn.estimators import random_forest

early_stopping_rounds = 100
```

```
check_every_n_steps = 100
monitor = random_forest.LossMonitor(early_stopping_rounds,
                                     check_every_n_steps)
classifier.fit(x=mnist.train.images, y=mnist.train.labels, batch_size=1000,
               monitors=[monitor])
results = estimator.evaluate(x=mnist.test.images, y=mnist.test.labels,
                             batch_size=1000)
```

10.3.3　K 均值聚类

K 均值聚类是非常常见的一种聚类方法,它的核心是把多维空间里的每个点划分到 K 个聚类中,使得每个点都属于离它最近的均值对应的聚类。TF.Learn 里也包含了 K 均值聚类的 Estimator,我们来看一个简单的例子。

```
import numpy as np

def make_random_centers(num_centers, num_dims):
    return np.round(np.random.rand(num_centers,
        num_dims).astype(np.float32) * 500)

def make_random_points(centers, num_points, max_offset=20):
    num_centers, num_dims = centers.shape
    assignments = np.random.choice(num_centers, num_points)
    offsets = np.round(np.random.randn(num_points,
                num_dims).astype(np.float32) * max_offset)
    return (centers[assignments] + offsets,
            assignments,
            np.add.reduce(offsets * offsets, 1))
```

以上两个函数是利用 NumPy 制造比较适合做聚类的一组数据,make_random_centers 函数来随机生成 num_dims 个维度的数据集聚类的 num_centers 个中心点,make_random_points 函数根据所生成的聚类中心点随便生成 num_points 个点。我们生成二维的 10000 个点,以及 6 个随机的聚类中心点。

```
num_centers = 6
```

```
num_dims = 2
num_points = 10000
true_centers = make_random_centers(num_centers, num_dims)
points, _, scores = make_random_points(true_centers, num_points)
```

接着，可以调用 factorization 模块里 KMeans 里的一些初始化聚类的方法，例如随机初始化 RANDOM_INIT，然后传入 RunConfig 及聚类中心数来初始化 KMeans 的 Estimator 对象，最后就可以像其他 Estimator 一样使用 Scikit-learn 风格的 fit()和 predict()，读者可以通过 KMeans 的 clusters()函数来看训练数据集每个点的聚类分布。

```
from tensorflow.contrib.factorization.python.ops import kmeans as kmeans_ops
from tensorflow.contrib.factorization.python.ops.kmeans import \
    KMeansClustering as KMeans
kmeans = KMeans(num_centers=num_centers,
                initial_clusters=kmeans_ops.RANDOM_INIT,
                use_mini_batch=False,
                config=RunConfig(tf_random_seed=14),
                random_seed=12)
kmeans.fit(x=points, steps=10, batch_size=8)
clusters = kmeans.clusters()

kmeans.predict(points, batch_size=128)
kmeans.score(points, batch_size=128)
kmeans.transform(points, batch_size=128)
```

值得注意的是，KMeans 的 Estimator 有多个经常用到的方法，使用 predict()预测新的数据点的聚类，使用 score()预测每个点和它最近的聚类的距离的总和，以及用 transform()计算每个点和模型判断出来的聚类中心的距离。

10.3.4　支持向量机

支持向量机也是在机器学习应用中经常用到的一类算法，它包括使用各种不同的 kernel 或者不同的距离方程，针对不同特征的数据建立不同的线性及非线性的模型。它们有一个共同的特性就是能够同时最小化经验误差与最大化几何边缘区，所以也被称为最大边缘区分类器。在文本及图像分类等领域得到广泛的使用。TF.Learn 里面的 SVM Estimator

提供了非常简单易用的 API 来建立支持向量机模型。

我们先定义 input_fn() 建立一个有着两个数据特征列、一个 ID 列和一个标识列的模拟数据，然后使用 contrib.layers 里面的 FeatureColumn API 将 feature1 和 feature2 转换为方便和 Estimator 一起使用的 FeatureColumn（我们将在第 11 章中详细介绍这个功能）。

```
def input_fn():
    return {
        'example_id': tf.constant(['1', '2', '3']),
        'feature1': tf.constant([[0.0], [1.0], [3.0]]),
        'feature2': tf.constant([[1.0], [-1.2], [1.0]]),
    }, tf.constant([[1], [0], [1]])


feature1 = tf.contrib.layers.real_valued_column('feature1')
feature2 = tf.contrib.layers.real_valued_column('feature2')
```

然后就可以将这些特征列及 ID 列传入 SVM 来初始化这个支持向量机，许多参数是可调节的，例如在 l1_regularization 和 l2_regularization 中加入一些正规化来防止过度拟合之类的问题，和我们之前在随机森林那一节简单提到过的问题相似，许多机器学习算法在特征列过多而例子不多的情况下很容易发生这样的情况。

```
svm_classifier = tf.contrib.learn.SVM(feature_columns=[feature1, feature2],
                                      example_id_column='example_id',
                                      l1_regularization=0.0,
                                      l2_regularization=0.0)
```

接下来就可以使用熟悉的 fit()、evaluate()、predict() 之类和其他 Estimator 共用的方法了。

```
svm_classifier.fit(input_fn=input_fn, steps=30)
metrics = svm_classifier.evaluate(input_fn=input_fn, steps=1)
loss = metrics['loss']
accuracy = metrics['accuracy']
```

10.4　DataFrame

TF.Learn 还包括了一个单独的 DataFrame 模块，类似于 Pandas、Spark 或者 R 编程语言里面的 DataFrame，它提供了 TF.Learn 所需的读入数据的迭代，包括读入各种数据类型，例如 pandas.DataFrame、tensorflow.Example、NumPy，等等。它包括了 FeedingQueueRunner 等功能来对数据进行分批读入，然后存在一个 Queue 里，以便 Estimator 很容易地取过去用于模型的训练。简单来说，FeedingQueueRunner 在 Estimator 训练时同时进行了更多数据的分批读入，这种多线程的方式使 Estimator 的训练更有效，也使 TF.Learn 的扩展性更强。

以 NumPy 为例，假设我们用 NumPy 的 eye() 建了一个简单的对角矩阵，然后就可以直接使用 TensorFlowDataFrame.from_numpy() 将这个 NumPy 矩阵转换为 TensorFlow 的 DataFrame。

```
import tensorflow.contrib.learn.python.learn.dataframe.tensorflow_dataframe
as df
x = np.eye(20)
tensorflow_df = df.TensorFlowDataFrame.from_numpy(x, batch_size =10)
```

类似地，我们也可以直接像 Pandas 一样读入各种文件类型，这里我们以 csv 文件为例。

```
pandas_df = pd.read_csv(data_path)
tensorflow_df = df.TensorFlowDataFrame.from_csv([data_path],enqueue_size=20,
                    batch_size=10,shuffle=False,
                    default_values=default_values)
```

当使用 TensorFlowDataFrame 读入使用的文件或者数据类型之后，就可以使用 run() 制造一个数据批量 (batch) 的生成器，也就是在 Python 里经常用 yield 生成的 generator，这个生成器维持着数据列名和数据值的字典 mapping。可以调节 number_batches 来选择生成的 batch 的数量，也可以选择性地使用自己的 graph 和 session，这样数据的 batch 会被存在对应 session 的 coordinator 里，以便之后更方便地获取。

```
tensorflow_df.run(num_batches=10, graph=graph, session=sess)
```

我们也可以使用 batch() 重新改变每个 batch 的大小，也可以选择将数据洗一遍来打乱顺序，很多应用都通过这种方式增加数据的随机性。

```
tensorflow_df.batch(batch_size=10, shuffle=true, num_threads=3)
```

还有许多实用的函数，例如用 split() 将 DataFrame 分成多个 DataFrame，用 select_rows() 选择具体某行数据，等等。这里我们就不多介绍了。DataFrame 将会被主要用在 Estimator 里，这样用户就可以把精力放在数据的供给，而不用担心数据的数据类型和文件类型。这一模块以后的变化将会很大，请读者参考最新的官方文档和代码。

10.5　监督器 Monitors

训练模型时，没有程序日志的话整个过程就像是个黑匣子，我们很难知道模型的进展及发展方向，例如模型在进行各种优化，使用 SGD 做优化时，我们无法看到模型是否在拟合及拟合的速度。

当然，用户可以把训练的过程分为几个部分，然后在 fit() 迭代时时不时地打印出一些有用的信息，但是这样的程序往往会很慢。这时，TF.Learn 里自带的 Monitor 就派上用场了，它提供各种 logging 及监督控制训练的过程，这样用户就能更清楚地知道模型是否在进行有效的训练。在之前的章节中我们简单提到过，接下来将给出详细的例子来分析 Monitors 的使用方法。

TensorFlow 有 5 个等级的 log，以严重性最小到最大排列，它们是 DEBUG、INFO、WARN、ERROR，以及 FATAL。当用户选择好 log 的等级之后，只有那个等级和更严重等级的 log 会被打印出来。举例来说，如果等级设置为 ERROR，那么你会看到 ERROR 和 FATAL 等级的 log；如果等级设置为 DEBUG，那么所有等级的 log 都会打印出来。TensorFlow 的默认 log 等级是 WARN，所以如果想在模型训练时看到 log，需要用下面这行代码把等级改到 INFO。

```
tf.logging.set_verbosity(tf.logging.INFO)
```

改了等级之后，你会看到类似以下的 log。注意这些是由一个默认的 Monitor 提供的，每 100 步会打印出一些损失值信息。

```
INFO:tensorflow:Training steps [0,200)
INFO:tensorflow:global_step/sec: 0
INFO:tensorflow:Step 1: loss_1:0 = 2.34635
```

```
INFO:tensorflow:training step 100, loss = 0.18227 (0.001 sec/batch).
INFO:tensorflow:Step 101: loss_1:0 = 0.191003
INFO:tensorflow:Step 200: loss_1:0 = 0.0835024
INFO:tensorflow:training step 200, loss = 0.080932 (0.002 sec/batch).
```

TF.Learn 提供几个方便使用的高阶 Monitor 类，例如用 CaptureVariable 将一个指定的变量的值存储到一个 Collection 里，用 PrintTensor 打印 Tensor 的值，用 SummarySaver 存储 Summary 所需的协议缓冲（Protocol Buffer），ValidationMonitor 在训练时打印多个评估 Metrics，以及监督模型的训练以便提前停止训练防止模型的过度拟合。这些不同的 Monitor 都会在每隔 N 步时执行。

接下来，我们将详细地讲解怎样使用 Monitor，主要以 ValidationMonitor 作为例子。首先，假设手头有 CSV 格式的 iris 数据，我们可以使用 TF.Learn 自带的 learn.datasets.base.load_csv()读入这些 CSV 数据文件。

```
import numpy as np
import tensorflow as tf

iris_train = tf.contrib.learn.datasets.base.load_csv(
    filename="iris_training.csv", target_dtype=np.int)
iris_test = tf.contrib.learn.datasets.base.load_csv(
    filename="iris_test.csv", target_dtype=np.int)
```

接着，定义一个评估模型的 metrics 字典，这里使用 contrib.metrics 模块里面的 streaming_accuracy、streaming_precision，以及 streaming_recall，对模型的准确度、精确度，以及召回率进行评估。

```
validation_metrics = {"accuracy": tf.contrib.metrics.streaming_ accuracy,
                      "precision": tf.contrib.metrics.streaming_precision,
                      "recall": tf.contrib.metrics.streaming_recall}
```

然后用定义好的 validation_metrics 建立一个 validation_monitor，这里需要提供用来评估的数据及目标，提供 every_n_steps 来指示每 50 步以实行一次这个 ValidationMonitor，把之前定义好的 validation_metrics 传入 metrics，用 early_stopping_metric 选择用来提前停止所需要监测的 metric，early_stopping_metric_minimize=True 表明我们需要最小化之前提供的 early_stopping_metric。最后，用 early_stopping_rounds 表明如果超过 200 步训练损失

仍然不减少，ValidationMonitor 会停止 Estimator 的训练。

```
validation_monitor = tf.contrib.learn.monitors.ValidationMonitor(
                    iris_test.data,
                    iris_test.target,
                    every_n_steps=50,
                    metrics=validation_metrics,
                    early_stopping_metric="loss",
                    early_stopping_metric_minimize=True,
                    early_stopping_rounds=200)
```

紧接着，我们建立一个深度神经网络分类器 DNNClassifier，它有三层神经网络，每一层分别有 10、15 和 10 个隐藏单元。我们在分类器进行 fit()时来指定我们定义好的监督器 validation_monitor，注意，也可以指定多个监督器来实现不同功能的监督，例如 [validation_monitor, debug_monitor, print_monitor]。

```
classifier = tf.contrib.learn.DNNClassifier(feature_columns=feature_columns,
            hidden_units=[10, 15, 10],
            n_classes=3,
            model_dir="/iris_model_dir",
            config=tf.contrib.learn.RunConfig(save_checkpoints_secs=2))

classifier.fit(x=iris_train.data,y=iris_train.target,steps=1000,
            monitors=[validation_monitor])
```

接下来，可以使用我们熟悉的 evaluate()或者 predict()用新的数据评估模型的准确度。

```
accuracy_score = classifier.evaluate(x=iris_test.data,
                                    y=iris_test.target)["accuracy"]

new_samples = np.array([[5.2,3.1,6.5,2.2], [2.8,3.2,5.5,3.3]], dtype=float)
y = classifier.predict(new_samples)
```

我们将会得到类似以下的 log，可以观察到模型在 750 步时被终止了，因为损失值没有继续减少。

```
INFO:tensorflow:Validation (step 950): recall = 1.0, accuracy = 0.966667, gl
```

```
obal_step = 932, precision = 1.0, loss = 0.0608345
INFO:tensorflow:Stopping. Best step: 750 with loss = 0.0581324.
```

虽然 ValidationMonitor 提供了很多信息和功能，但是当训练步数很大时，我们很难观察模型的准确率到底是怎么变化的。值得庆幸的是，TF.Learn 生成的 log 及 checkpoint 的文件是能够直接读入 TensorBoard 里进行可视化的。如果在命令行里执行以下几行，就会在给出的地址里看到 TensorBoard 对整个模型训练可视化，如图 10-1 所示。

```
$ tensorboard --logdir=/iris_model_dir/
Starting TensorBoard 22 on port 6006
(You can navigate to http://0.0.0.0:6006)
```

图 10-1   TensorBoard 对模型训练的可视化

TF.Contrib 的其他组件

TF.Contrib 是 TensorFlow 里很重要的一个部分，很大一部分开源社区的贡献都被集中在这里，特别是一些比较新的功能，由于都是一些刚贡献的功能，谷歌会将这些代码暂时放在这里，由谷歌内部及外部的用户一起测试，根据反馈意见改进性能和改善 API 的友好度，等它们的 API 都比较稳定时，会被移到 TensorFlow 的核心模块。

这个模块里提供了机器学习需要的大部分功能，包括统计分布、机器学习层、优化函数、指标，等等。本章将简单介绍其中的一些功能让大家了解 TensorFlow 的涵盖范围和感受到社区积极地参与和贡献度。注意这部分功能在未来会不断变动和改进，如果是写生产代码的话，请以最新的官方教程和 API 指南作为最权威的参考。

11.1　统计分布

在 TF.contrib.distributions 模块里有许多的统计分布，例如 Bernoulli、Beta、Binomial、Gamma、Exponential、Normal、Poisson、Uniform，等等。这些统计分布大多数都是统计研究和应用中经常用到的，也是各种统计及机器学习模型的基石，许多的概率模型和图形模型（例如 Bayesian 模型）都非常依赖这些统计分布。

每个不同的统计分布有着不同的特征和函数，但是它们都是从同样的子类 Distribution

扩展开来的，Distribution 是建立和组织随机变量和统计分布的一个最基础的类，它有着许多有用的属性及类函数，例如用 is_continuous 表明这个随机变量分布是不是连续的，用 allow_nan_stats 表示这个分布是否接受 nan 的数据，用 sample() 从这个分布里取样，用 prob() 计算随机变量密度函数，用 cdf() 求累积分布函数，以及用 entropy()、mean()、std()、variance() 得到统计分布的平均值和方差之类的特征。如果想贡献自己的统计分布类，需要实现一些对应以上的方程，例如_mean()、_std() 和_variance()，也需要实现_is_continuous 之类表明这个变量分布的属性。

我们接下来以实现好的 Gamma 分布为例来说明这个模块的大概使用方法。首先，从 contrib.distributions 里导入 Gamma 分布，然后初始化 alpha 和 beta 的 tf.constant，这些 constant 被用于建立 Gamma 分布，我们可以通过 batch_shape().eval() 得到每个样本的形状，这里例子的样本形状 shape1 是 (5,)，我们也可以使用 get_batch_shape() 得到样本形状，但是是以 tf.TensorShape 的类出现的，这个例子里 shape2 是 tf.TensorShape(5)，两种方法各有所长，需要依据具体应用的需求来使用。

```
from tensorflow.contrib.distributions import Gamma
import tensorflow as tf
alpha = tf.constant([3.0] * 5)
beta = tf.constant(11.0)
gamma = Gamma(alpha=alpha, beta=beta)
shape1 = gamma.batch_shape().eval()
shape2 = gamma.get_batch_shape()
```

然后，可以用 log_pdf() 函数取对应的一些值的 log 转换后的概率密度函数，我们把 6 个值放在 numpy.array 里，然后得到相应的 log 概率密度函数值。

```
x = np.array([2.5, 2.5, 4.0, 0.1, 1.0, 2.0], dtype=np.float32)
log_pdf = gamma.log_pdf(x)
```

也可以建立多维的 Gamma 分布，和一维的类似，只需要传入多维的 alpha 和 beta 参数就可以建立多维的 Gamma 分布。同样，我们可以对多维的 x 取得相应的 log 概率密度函数值。

```
batch_size = 6
alpha = tf.constant([[2.0, 4.0]] * batch_size)
beta = tf.constant([[3.0, 4.0]] * batch_size)
```

```
x = np.array([[2.5, 2.5, 4.0, 0.1, 1.0, 2.0]], dtype=np.float32).T
gamma = Gamma(alpha=alpha, beta=beta)
log_pdf = gamma.log_pdf(x)
```

11.2　Layer 模块

Contrib.layer 包含了机器学习算法所需的各种各样的成份和部件，例如卷积层、批标准化层、机器学习指标、优化函数、初始器、特征列，等等。有了这些基础的建设部件，我们可以高效地建立复杂的机器学习及机器学习系统。本章将介绍这个模块里一些主要的部件，来帮助理解 TensorFlow 的各种可能性及灵活性。

11.2.1　机器学习层

contrib.layers 里含有许多常用的深度学习及机器学习的层，例如卷积层、pooling 层、批标准化等，这些都是各种模型必不可少的部分，也是机器学习研究领域最活跃的一部分。

深度学习和计算机视觉里经常用到的二维的平均池是 avg_pool2d。我们用 np.random.uniform 建立宽和高都是 3 的几张假图片，读者可以通过 contrib.layers.avg_pool2d()对图片快速地建立 3×3 的二维平均池，这里 output 的形状是[5，1，1，3]，因为我们对每个 3×3 的区域取计算平均值。

```
height, width = 3, 3
images = np.random.uniform(size=(5, height, width, 3))
output = tf.contrib.layers.avg_pool2d(images, [3, 3])
```

用类似的方法建立卷积层，这里使用同样的图片矩阵，然后用 contrib.layers.convolution2d()建立一个有 32 个 3×3 过滤器的卷积层，也可以改动 stride、padding、activation_fn 等参数建立不同架构的卷积层，使用不同的卷积层激活函数。

```
output = tf.contrib.layers.convolution2d(images, num_outputs=32,
                                         kernel_size=[3, 3])
```

值得注意的是，contrib.layers 会自动建立 op 的名字，例如 output.op.name 的值是 'Conv/Relu'，因为我们使用了 Conv 层及使用了 ReLU 的激活函数，这些 layer 有自己对应的 op 名字，然后会在每个 op 空间存储对应的变量，可以通过

contrib.framework.get_variables_by_name() 得到对应的 op 空间变量的值。例如，可以用 get_variables_by_name 得到我们建立的卷积层的权重，这里权重的形状，也就是 weights_shape 的值，是 [3, 3, 4, 32]。

```
weights = tf.contrib.framework.get_variables_by_name('weights')[0]
weights_shape = weights.get_shape().as_list()
```

接下来我们看看怎么将卷积层 layers.convolution2d() 和批标准化层 layers.batch_norm() 结合使用，我们先建立一些图片的矩阵。

```
images = tf.random_uniform((5, height, width, 32), seed=1)
```

接着，使用 contrib.framework 里面的 arg_scope 减少代码的重复使用，我们将 layers.convolution2d 及一些即将传入的参数放入 arg_scope 中，这些参数通常是接下来会被重复使用的，把它们放在 arg_scope 里就可以避免重复在多个地方传入，这里需要用到的参数是 normalizer_fn 和 normalizer_params，也就是需要用到的标准化方程及它所需要的参数，一旦在 arg_scope 里设置了这些，接下来用到 convolution2d() 时就不用重复传入 normalizer_fn 和 normalizer_params 这两个参数了。

```
with tf.contrib.framework.arg_scope(
    [tf.contrib.layers.convolution2d],
    normalizer_fn=tf.contrib.layers.batch_norm,
    normalizer_params={'decay': 0.9}):
net = tf.contrib.layers.convolution2d(images, 32, [3, 3])
net = tf.contrib.layers.convolution2d(net, 32, [3, 3])
```

可以看到，TensorFlow 自动帮我们建立好了默认的一些层的名字。以上的例子里，我们可以通过 len(tf.contrib.framework.get_variables('Conv/BatchNorm')) 得到第一个 Conv/BatchNorm 层的长度。

再来看一个完全连接的神经网络层 fully_connected() 的例子。首先，建立一些输入的矩阵，用 fully_connected() 建立一个输出 7 个神经单元的神经网络层。

```
height, width = 3, 3
inputs = tf.random_uniform((5, height * width * 3), seed=1)
with tf.name_scope('fe'):
    fc = tf.contrib.layers.fully_connected(inputs, 7,
```

```
                                     outputs_collections='outputs',
                                     scope='fc')
output_collected = tf.get_collection('outputs')[0]
self.assertEquals(output_collected.alias, 'fe/fc')
```

值得注意的一些小细节是，我们利用 tf.name_scope 将截下来的运算放进一个 name_scope 里，这样以后就可以更简单地找到我们想要的某个层的值，我们在 fully_connected()里传入一个 scope，然后就可以通过 "fe/fc"，也就是这个层的别号得到这个层的一些信息。我们通过传入的 outputs_collections，可以直接得到这个层的输出。

在 contrib.layers 里有许多特别方便使用的方法，例如，可以通过 repeat()重复使用同样的参数重复建立某个层，例如 y = repeat(x, 3, conv2d, 64, [3, 3], scope='conv1')是和以下代码等同的。

```
x = conv2d(x, 64, [3, 3], scope='conv1/conv1_1')
x = conv2d(x, 64, [3, 3], scope='conv1/conv1_2')
y = conv2d(x, 64, [3, 3], scope='conv1/conv1_3')
```

可以使用 stack()来使用不同的参数建立多个 fully_connected()层，我们可以建立一个三层的完全连接的神经网络，每层的单元数分别为 32、64 和 128。

```
y = stack(x, fully_connected, [32, 64, 128], scope='fc')
```

以上代码等同于：

```
x = fully_connected(x, 32, scope='fc/fc_1')
x = fully_connected(x, 64, scope='fc/fc_2')
y = fully_connected(x, 128, scope='fc/fc_3')
```

注意，stack 会帮你建立一个新的 scope，通过在 scope 里附加一个增量，例如在 "fc" 的基础上加上 "fc_1"、"fc_2" 等。之前提到的 repeat()也会使用类似的机制建立新的 scope。

我们只简单介绍一些在深度学习中经常使用的层，如果想了解更多、更复杂的层，例如 conv2d_transpose、conv2d_in_plane、separable_conv2d 等，可以参考官方文档。

11.2.2　损失函数

Tf.contrib.losses 模块里包含了各种常用的损失函数，适用于二类分类、多类分类，以及回归模型等各式各样的机器学习算法。接下来，我们将举例说明它们的使用方法。

我们先以绝对差值举例说明，首先用 tf.constant 建立一些 predictions 和 targets 的数列。注意，它们必须是同样的 shape，然后可以选择性地建立权重，因为在许多实际应用中，每个预测值的权重也是特别关键的。

```
predictions = tf.constant([4, 8, 12, 8, 1, 3], shape=(2, 3))
targets = tf.constant([1, 9, 2, -5, -2, 6], shape=(2, 3))
weight = tf.constant([1.2, 0.0], shape=[2,])
```

接着，可以使用 losses.absolute_difference() 计算这组预测的损失值，从而在之后的建模中起到引导性的作用。

```
loss = tf.contrib.losses.absolute_difference(predictions, targets, weight)
```

接下来，来看一个计算 softmax 交叉熵的例子，这种方法多适用于多类分类的机器学习模型。同样地，我们先建立 predictions 和 labels，与之前不一样的是，它们是多维的，也就是 softmax 交叉熵最擅长处理的。然后，使用 losses.softmax_cross_entropy() 计算这组预测中 softmax 交叉熵的值。注意，需要像其他 TensorFlow 的应用一样使用 loss.eval() 运行得到它的值。可以从 loss.op.name 得到 TensorFlow 自动赋值的 op 的名字，这个情况下它是'softmax_cross_entropy_loss/value'。其他的损失函数也是使用这样的命名习俗。

```
predictions = tf.constant([[10.0,0.0,0.0], [0.0,10.0,0.0], [0.0,0.0,10.0]])
labels = tf.constant([[1, 0, 0], [0, 1, 0], [0, 0, 1]])

loss = tf.contrib.losses.softmax_cross_entropy(predictions, labels)
loss.eval()
loss.op.name
```

其他的损失函数的使用方法大同小异，值得注意的是，许多损失函数里有许多的参数可以使用。例如，可以使用 softmax_cross_entropy() 里面的 label_smoothing 将所有的标识进行平滑，从而使在某些应用中计算出来的 softmax 交叉熵更具有实际应用的代表性，使用方法如下。

```
logits = tf.constant([[100.0, -100.0, -100.0]])
labels = tf.constant([[1, 0, 0]])
label_smoothing = 0.1
```

```
loss = tf.contrib.losses.softmax_cross_entropy(logits, labels,
        label_smoothing=label_smoothing)
```

许多应用大部分标识的分布都比较稀疏，可以使用 sparse_softmax _cross_entropy()，
这样计算起来会更有效率。

```
logits = tf.constant([[10.0, 0.0, 0.0], 0.0, 10.0, 0.0], [0.0, 0.0, 10.0]])
labels = tf.constant([[0], [1], [2]], dtype=tf.int64)
loss = tf.contrib.losses.sparse_softmax_cross_entropy(logits, labels)
```

11.2.3 特征列 Feature Column

在很多数据科学和机器学习的应用中，大家都习惯以表格的形式存储和处理数据，然
后将数据输入机器学习模型中。处理数据的方式多种多样，例如 Python 里有大家熟悉的
Pandas 包。数据从各种数据源得来，经过各种方式的清理、筛选、合并，以及特征工程，
然后进行模型的建立。在 TensorFlow 里怎样更好地进行我们的特征工程和建模的工作
呢？

TF.contrib.layers 里有许多高阶的特征列（Feature Column）API，可以让大家的特征
工程更有效率，然后紧密地和 TF.Learn 的 API 结合使用，建立最适合自己数据的模型。
接下来，我们将介绍如何使用这些高阶的特征列 API 及如何和 TF.Learn 结合使用。

数据里一般包含连续特征（Continuous Feature）及类别特征（Categorical Feature）。
像花瓣的长度和宽度这样连续的数值特征称为连续特征，我们可以直接把它们用在模型里。
如果特征代表了类别，例如性别、种族这样的不连续的类别特征，那么往往需要对它们进
行处理，例如将它们数值化，也就是将它们转换为一系列的数值来代表每个不同的类别。
Feature Column API 可以很方便地将各种类型的特征转换为想要的格式。

假设读者已经用类似以下的 learn.datasets 的 API 来读入数据，例如：

```
training_set = learn.datasets.base.load_csv(filename=iris_training,
                                    target_dtype= np.int)
test_set = learn.datasets.base.load_csv(filename=iris_testing,
                                    target_dtype=np.int)
```

接下来就可以用 layers.FeatureColumn 的 API 定义一些特征列，例如，使用
real_valued_column()定义连续的特征（如年龄、收入、开销，以及工作市场）。

```
from tf.contrib import layers
age = layers.real_valued_column("age")
income = layers.real_valued_column("income")
spending = layers.real_valued_column("spending")
hours_of_work = layers.real_valued_column("hours_of_work")
```

紧接着，用 sparse_column_with_keys() 处理像性别这样的类别特征。

```
gender = layers.sparse_column_with_keys(column_name="gender",
                                        keys=["female", "male"])
```

注意，使用 sparse_column_with_keys() 前，必须要知道这个特征所有可能的值，本例中，性别分为男性和女性。如果事先不知道所有可能的值，可以使用 sparse_column_with_hash_bucket() 将特征转换为特征列。以教育程度这样的特征为例，由于对数据不是特别熟悉，无法事先知道所有可能的教育程度，我们可以用哈希表建立这样的特征。

```
education = layers.sparse_column_with_hash_bucket("education",
                                                 hash_bucket_size=1000)
```

sparse_column_with_keys() 及 sparse_column_with_hash_bucket() 都能将数据转换为 SparseColumn，然后可以直接在 TF.Learn 里使用，传入 Estimator 里。

有时，在数据科学的应用中，一些连续的特征可能需要被离散化，从而形成新的类别特征，这样能更好地代表特征和目标分类类别之间的关系。例如年龄是连续特征，分类的类别是职业的类别（如经理、猎头等），往往这些职业的类别和年龄阶段有关，而不是简单的数值年龄。因为 18 岁、19 岁、20 岁往往没有明显的区别，所以有时会将这样的连续特征区间化和离散化，例如将 18 岁～20 岁分为一类。在 FeatureColumn API 里，我们可以很快地进行这样的转换。

```
age_range = layers.bucketized_column(age, boundaries=[18, 25, 30, 35, 40,
                                                      45, 50, 55, 60, 65])
```

在以上的例子里，使用 bucketized_column() 将之前的年龄 SparseColumn 进行进一步的区间化，将年龄段分为 18 岁～25 岁、26 岁～30 岁、31 岁～35 岁，等等。

在许多应用里，一个好的模型不仅需要一些单独的特征列，有时两个或多个特征之间的综合和交互与目标分类类别之间的关系更紧密。有时多个特征之间是相关的，使用特征的交互往往能建立更有效的模型。例如，对年龄、职业和种族这三个特征，我们可以使用 crossed_column()建立交叉特征列：

```
combined = layers.crossed_column([age_range, race, occupation],
                            hash_bucket_size=int(1e7))
```

建立好各式各样的特征列之后，我们可以直接将它们传入不同的 **TF.Learn Estimator**。以下面这个简单的逻辑回归分类模型为例，我们可以使用之前介绍过的 fit()、predict()等方法训练和评估模型。

```
classifier = tf.contrib.learn.LinearClassifier(feature_columns=[
    gender, education, occupation, combined, age_range, race, income,
    spending], model_dir=model_dir)
```

这里我们只是简单地介绍了一些比较常用的函数，在实际应用中有各种各样的需求，例如有时想取一部分特征的加权求和作为一个新的特征列，可以使用 weighted_sum_from_feature_columns()来很快地实现。读者可以在官方文档里找到更多需要的函数。

11.2.4　Embeddings

在许多深度模型应用中，包含许多稀疏的、高维的类别特征向量，我们通常先把它们转换成低维的、稠密的实数值的向量，也通常将它们和连续特征向量联合起来，一起输入进神经网络模型中进行训练和优化损失函数，这些被统一称为嵌入向量（Embedding Vectors）。大部分文本识别都是先将文本转换成嵌入向量，然后对它们进行分析并用在模型训练中。

contrib.layers 模块里的 embedding_column()能迅速将高维稀疏的类别特征向量转换为读者想要的维数的嵌入向量，以下是一个例子。

```
embedding_columns = [
    tf.contrib.layers.embedding_column(title, dimension=8),
    tf.contrib.layers.embedding_column(education, dimension=8),
    tf.contrib.layers.embedding_column(gender, dimension=8),
    tf.contrib.layers.embedding_column(race, dimension=8),
    tf.contrib.layers.embedding_column(country, dimension=8)]
```

这里的 title、education、gender、race，以及 country 都是比较稀疏的类别特征向量，我们通过使用 embedding_column()，把它们转换为低维数的稠密向量，从而更好地归纳数据中的特性，特别是当一组特征中的交互矩阵比较稀疏，级别比较高时，这种方法会使模型更具有概括性且更有效。

接下来，可以直接将它们传入 TF.Learn 的 Estimator 里进行模型的建立、训练，以及评估。例如，可以将 embedding_columns 传入 DNNLinearCombinedClassifier 里的深度神经网络特征列里。

```
est = tf.contrib.learn.DNNLinearCombinedClassifier(
        model_dir=model_dir,
        linear_feature_columns=wide_columns,
        dnn_feature_columns=embedding_columns,
        dnn_hidden_units=[100, 50])
```

embedding_columns()是 contrib.layers 模块里最简单易用的一个，当涉及实际数据时，许多稀疏高维的数据里通常有空的特征及无效的 ID，这时可以使用 safe_embedding_lookup_sparse()安全地建立嵌入向量。这里先用 tf.SparseTensor 建立好稀疏的 ID 及稀疏的权重。

```
indices = [[0, 0], [0, 1], [0, 2], [1, 0], [3, 0], [4, 0], [4, 1]]
ids = [0, 1, -1, -1, 2, 0, 1]
weights = [1.0, 2.0, 1.0, 1.0, 3.0, 0.0, -0.5]
shape = [5, 4]

sparse_ids = tf.SparseTensor(
    tf.constant(indices, tf.int64), tf.constant(ids, tf.int64),
    tf.constant(shape, tf.int64))

sparse_weights = tf.SparseTensor(
    tf.constant(indices, tf.int64), tf.constant(weights, tf.float32),
    tf.constant(shape, tf.int64))
```

接下来，建立嵌入向量的权重 embedding_weights，这取决于词汇量大小、嵌入向量维数，以及 shard 数量。然后，使用 initializer.run()和 eval()初始化嵌入向量的权重，具体细节和参数的说明请参考最新的官方文档。

```
vocab_size=4
embed_dim=4
num_shards=1
embedding_weights = tf.create_partitioned_variables(
    shape=[vocab_size, embed_dim],
    slicing=[num_shards, 1],
    initializer=tf.truncated_normal_initializer(mean=0.0,
                    stddev=1.0 / math.sqrt(vocab_size), dtype=tf.float32))
for w in embedding_weights:
    w.initializer.run()
embedding_weights = [w.eval() for w in embedding_weights]
```

最后，可以使用 safe_embedding_lookup_sparse()将原来的特征向量安全地转换为低维和稠密的特征向量，这里使用 eval()，然后将它们收集到一个 tuple 里。

```
embedding_lookup_result = (tf.contrib.layers.safe_embedding_lookup_sparse(
    embedding_weights, sparse_ids, sparse_weights).eval())
```

11.3　性能分析器 tfprof

TensorFlow 也在 Contrib 模块里提供了自己的性能分析器 tfprof，可以通过它帮助分析模型的架构及衡量系统的性能。它涵盖了许多实用的功能，例如衡量模型的参数、浮点运算、op 执行时间、要求的存储大小、探索模型的结构等。本节将简单地介绍一些功能。

首先，通过以下命令安装 tfprof 命令行的工具。

```
bazel build -c opt tensorflow/contrib/tfprof/...
```

可以通过以下命令查询帮助文件。

```
bazel-bin/tensorflow/contrib/tfprof/tools/tfprof/tfprof help
```

可以执行互动模式，然后指定 graph_path 来分析模型的 shape 和参数。

```
bazel-bin/tensorflow/contrib/tfprof/tools/tfprof/tfprof \
    --graph_path=/graph.pbtxt
```

类似地，我们用 graph_path 和 checkpoint_path 查看 checkpoint 里 Tensor 的数据和相对应的值。

```
bazel-bin/tensorflow/contrib/tfprof/tools/tfprof/tfprof \
    --graph_path=graph.pbtxt \
    --checkpoint_path=model.ckpt
```

与此同时，我们可以多提供一个 run_meta_path 来查看不同 op 请求的存储和计时。

```
bazel-bin/tensorflow/contrib/tfprof/tools/tfprof/tfprof \
    --graph_path=graph.pbtxt \
    --run_meta_path=run_meta \
    --checkpoint_path=model.ckpt
```

值得注意的是，上面用到了 run_meta_path、graph_path 和 checkpoint_path 几个路径，我们是怎么得到这几种类型的文件的呢？

graph_path 的文件是 GraphDef 文本文件，用来在内存里建立模型的代表，例如用 tf.Supervisor 写出来的 graph.pbtxt 就是一个 GraphDef 文本文件的例子。如果不使用 tf.Supervisor，那么可以使用 tf.Graph.as_graph_def()或者其他类似的 API 存储模型的定义到一个 GraphDef 文件里。

run_meta_path 所需的文件是 tensorflow::RunMetadata 的结果，这个方程是用来得到模型中每个 op 所需的存储和时间消耗的，以下简单的几行代码可以写出一个 RunMetadata 文件。

```
run_options = config_pb2.RunOptions(
    trace_level=config_pb2.RunOptions.FULL_TRACE)
run_metadata = config_pb2.RunMetadata()
_ = self._sess.run(..., options=run_options, run_metadata=run_metadata)
with gfile.Open(os.path.join(output_dir, "run_meta"), "w") as f:
    f.write(run_metadata.SerializeToString())
```

checkpoint_path 是模型的 checkpoint，它包含了所有 checkpoint 的变量的 op 类型、shape 和它们的值。

读者也可以提供其他的路径，例如 op_log_path 路径，它是 tensorflow::tfprof::OpLog

的结果，包含了额外的 op 的信息，由于它包含了 op 的组的类别名字，用户可以很简单地综合 op 的一些数据，而不会不小心错过其中一部分 op。以下用一个暴露出来的 API 来很快地写出了一个 OpLog 文件。

```
tf.contrib.tfprof.tfprof_logger.write_op_log(graph, log_dir, op_log=None)
```

　　由于 tfprof 是一个 CLI 命令行的工具，当输入之前的 tfprof 命令按下回车键时，会进入互动模式，再按一下回车键会看到一些类似以下的命令行参数的默认值。

```
tfprof>
-max_depth                    4
-min_bytes                    0
-min_micros                   0
-min_params                   0
-min_float_ops                0
-device_regexes               .*
-order_by                     name
-account_type_regexes         Variable
-start_name_regexes           .*
-trim_name_regexes
-show_name_regexes            .*
-hide_name_regexes            VariableInitialized_[0-9]+,save\/.*,^zeros[0-9_]*
-account_displayed_op_only    false
-select                       params
-viz                          false
-dump_to_file
```

　　然后就可以调节里面的参数，例如用 show_name_regexes 查找 scope 名字正则式为 unit_1_0.*gamma，max_depth 为 5 的变量，查看这些 tensor 的值：

```
tfprof> scope -show_name_regexes unit_1_0.*gamma -select tensor_value \
   -max_depth 5
```

　　读者会得到类似以下符合条件的 tensor 的值：

```
unit_1_0/shared_activation/init_bn/gamma ()
[1.80 2.10 2.06 1.91 2.26 1.86 1.81 1.37 1.78 1.85 1.96 1.54 2.04 2.34 2.22
```

```
1.99 ],
unit_1_0/sub2/bn2/gamma ()
[1.57 1.83 1.30 1.25 1.59 1.14 1.26 0.82 1.19 1.10 1.48 1.01 0.82 1.23 1.21
1.14 ]
```

tfprof 提供了两种类型的分析：scope 和 graph。当读者想查看一些变量和 scope 的值的时候，你可以使用 scope，也就是我们上面阐述过的例子。当读者想查看 op 在 graph 里所花的内存和时间时，可以使用 graph 查看。

类似地，可以改动一些命令行参数，例如使用 start_name_regexes 选择想要查看的 op 的名字，这里我们假设需要查看命名为 cost 的损失 op 的内存和时间花费的情况：

```
tfprof> graph -start_name_regexes cost.* -max_depth 100 -min_micros 10000 \
    -select micros -account_type_regexes .*

init/init_conv/Conv2D (11.75ms/3.10sec)
random_shuffle_queue_DequeueMany (3.09sec/3.09sec)
unit_1_0/sub2/conv2/Conv2D (74.14ms/3.19sec)
unit_1_3/sub2/conv2/Conv2D (60.75ms/3.34sec)
unit_2_4/sub2/conv2/Conv2D (73.58ms/3.54sec)
unit_3_3/sub2/conv2/Conv2D (10.26ms/3.60sec)
```

我们就先简单地介绍以上这些模块，这一部分变化很大，更多的功能还需要读者自己摸索并查看官方文档。

参考文献

1. **Large Scale Distributed Deep Networks**, *NIPS 2012*, Authors: Jeffrey Dean and Greg S. Corrado and Rajat Monga and Kai Chen and Matthieu Devin and Quoc V. Le and Mark Z. Mao and Marc'Aurelio Ranzato and Andrew Senior and Paul Tucker and Ke Yang and Andrew Y. Ng

2. **TensorFlow: Large-Scale Machine Learning on Heterogeneous Systems**, *http://tensorflow.org/*, Authors: Martin Abadi, Ashish Agarwal, Paul Barham, Eugene Brevdo, Zhifeng Chen, Craig Citro, Greg S. Corrado, Andy Davis, Jeffrey Dean, Matthieu Devin, Sanjay Ghemawat, Ian Goodfellow, Andrew Harp, Geoffrey Irving, Michael Isard, Yangqing Jia, Rafal Jozefowicz, Lukasz Kaiser, Manjunath Kudlur, Josh Levenberg, Dan Mane, Rajat Monga, Sherry Moore, Derek Murray, Chris Olah, Mike Schuster, Jonathon Shlens, Benoit Steiner, Ilya Sutskever, Kunal Talwar, Paul Tucker, Vincent Vanhoucke, Vijay Vasudevan, Fernanda Viegas, Oriol Vinyals, Pete Warden, Martin Wattenberg, Martin Wicke, Yuan Yu, and Xiaoqiang Zheng

3. http://eigen.tuxfamily.org/

4. http://www.netlib.org/blas/

5. https://developer.nvidia.com/cublas

6. https://github.com/akrizhevsky/cuda-convnet2

7. https://developer.nvidia.com/cudnn

8. **Caffe: Convolutional Architecture for Fast Feature Embedding**, *https://arxiv.org/abs/1408.5093*, Authors: Yangqing Jia, Evan Shelhamer, Jeff Donahue, Sergey Karayev, Jonathan Long, Ross Girshick, Sergio Guadarrama, Trevor Darrell

9. https://keras.io/

10. **An Introduction to Computational Networks and the Computational Network Toolkit**, *Microsoft Research*, Authors: Dong Yu, Adam Eversole, Mike Seltzer, Kaisheng Yao, Oleksii Kuchaiev, Yu Zhang, Frank Seide, Zhiheng Huang, Brian Guenter, Huaming Wang, Jasha Droppo, Geoffrey Zweig, Chris Rossbach, Jie Gao, Andreas Stolcke, Jon Currey, Malcolm Slaney, Guoguo Chen, Amit Agarwal, Chris Basoglu, Marko Padmilac, Alexey Kamenev, Vladimir Ivanov, Scott Cypher, Hari Parthasarathi, Bhaskar Mitra, Baolin Peng, Xuedong Huang

11. https://github.com/torch/torch7

12. **MXNet: A Flexible and Efficient Machine Learning Library for Heterogeneous Distributed Systems**, *NIPS 2015*, Authors: Tianqi Chen, Mu Li, Yutian Li, Min Lin, Naiyan Wang, Minjie Wang, Tianjun Xiao, Bing Xu, Chiyuan Zhang, and Zheng Zhang

13. https://github.com/autumnai/leaf

14. http://deeplearning.net/software/theano/

15. https://deeplearning4j.org/

16. https://github.com/Lasagne/Lasagne

17. https://github.com/NervanaSystems/neon

18. https://developer.nvidia.com/cuda-zone

19. https://tensorflow.github.io/serving/

20. https://www.continuum.io/downloads

21. http://yann.lecun.com/exdb/mnist/

22. https://github.com/tensorflow/tensorflow/blob/master/tensorflow/examples/tutorials/mnist/mnist_softmax.py

23. **Reducing the dimensionality of data with neural networks**, *Science*, Authors: G. E. Hinton and R. R. Salakhutdinov

24. **Deep belief networks**, *Scholarpedia*, Geoffrey E. Hinton

25. https://github.com/tensorflow/models/blob/master/autoencoder/AdditiveGaussianNoiseAutoencoderRunner.py

26. **Understanding the difficulty of training deep feedforward neural networks**, *AISTATS 2010*, Authors: Xavier Glorot and Yoshua Bengio

27. **Dropout: A Simple Way to Prevent Neural Networks from Overfitting**, *Journal of Machine Learning Research*, Authors: Nitish Srivastava, Geoffrey Hinton, Alex Krizhevsky, Ilya Sutskever, Ruslan Salakhutdinov

28. **Adaptive Subgradient Methods for Online Learning and Stochastic Optimization**, *Journal of Machine Learning Research*, Authors: John Duchi, Elad Hazan, Yoram Singer

29. **Digital selection and analogue amplification coesist in a cortex-inspired silicon circuit**, *Nature*, Authors: Hahnloser, R. Sarpeshkar, M A Mahowald, R. J. Douglas, H.S. Seung

30. **ADAM: A METHOD FOR STOCHASTIC OPTIMIZATION**, *ICLR 2015*, Authors: Diederik P. Kingma and Jimmy Lei Ba

31. **ADADELTA: AN ADAPTIVE LEARNING RATE METHOD**, *https://arxiv.org/abs/1212.5701*, Authors: Matthew D. Zeiler

32. **On the momentum term in gradient descent learning algorithms**, *Neural Networks : The Official Journal of the International Neural Network*, Authors: Ning Qian

33. **A method for unconstrained convex minimization problem with the rate of**

convergence o(1/k2), *Doklady ANSSSR*, Authors: Nesterov, Y.

34. **Fast and Accurate Deep Network Learning by Exponential Linear Units (ELUs)**, *ICLR 2016*, Authors: Djork-Arné Clevert, Thomas Unterthiner, Sepp Hochreiter

35. **Delving Deep into Rectifiers: Surpassing Human-Level Performance on ImageNet Classification**, *https://arxiv.org/abs/1502.01852*, Authors: Kaiming He, Xiangyu Zhang, Shaoqing Ren, Jian Sun

36. **Empirical Evaluation of Rectified Activations in Convolutional Network**, *https://arxiv.org/abs/1505.00853*, Authors: Bing Xu, Naiyan Wang, Tianqi Chen, Mu Li

37. **Observations on the scratch-reflex in the spinal dog**, *Journal of Physiology*, Authors: Sherrington, C. S.

38. **Neocognitron: a neural network model for a mechanism of visual pattern recognition**, *IEEE Transactions on Systems, Man, and Cybernetics*, Authors: Fukushima, K.; Miyake, S.; Ito, T.

39. **Gradient-based learning applied to document recognition**, *Proceedings of the IEEE*, Authors: Y. LeCun, L. Bottou, Y. Bengio, and P. Haffner

40. **ImageNet Classification with Deep Convolutional Neural Networks**, *NIPS 2012*, Authors: Alex Krizhevsky, Ilya Sutskever, Geoffrey E. Hinton

41. https://github.com/tensorflow/tensorflow/blob/master/tensorflow/g3doc/tutorials/mnist/pros/index.md

42. **Learning Multiple Layers of Features from Tiny Images**, *https://www.cs.toronto.edu/~kriz/learning-features-2009-TR.pdf*, Authors: Alex Krizhevsky

43. http://groups.csail.mit.edu/vision/TinyImages/

44. https://github.com/tensorflow/models/tree/master/tutorials/image/cifar10

45. **ImageNet Classification with Deep Convolutional Neural Networks**, *NIPS 2012*, Authors: Alex Krizhevsky, Ilya Sutskever, Geoffrey E. Hinton

46. **VERY DEEP CONVOLUTIONAL NETWORKS FOR LARGE-SCALE IMAGE RECOGNITION**, *ICLR 2015*, Authros: Karen Simonyan and Andrew Zisserman

47. **Going Deeper with Convolutions**, *CVPR 2015*, Authors: Christian Szegedy, Wei Liu, Yangqing Jia, Pierre Sermanet, Scott Reed, Dragomir Anguelov, Dumitru Erhan, Vincent Vanhoucke, Andrew Rabinovich

48. **Deep Residual Learning for Image Recognition**, *https://arxiv.org/abs/1512.03385*, Authors: Kaiming He, Xiangyu Zhang, Shaoqing Ren, Jian Sun

49. **ImageNet Large Scale Visual Recognition Challenge**, *IJCV 2015*, Authors: Olga Russakovsky, Jia Deng, Hao Su, Jonathan Krause, Sanjeev Satheesh, Sean Ma, Zhiheng Huang, Andrej Karpathy, Aditya Khosla, Michael Bernstein, Alexander C. Berg and Li Fei-Fei

50. **ImageNet: A Large-Scale Hierarchical Image Database**, *CVPR 2009*, Authors: J. Deng, W. Dong, R. Socher, L.-J. Li, K. Li and L. Fei-Fei

51. https://github.com/tensorflow/models/blob/master/tutorials/image/alexnet/alexnet_benchmark.py

52. https://github.com/machrisaa/tensorflow-vgg

53. https://github.com/tensorflow/models/blob/master/slim/nets/inception_v3.py

54. https://github.com/tensorflow/models/blob/master/slim/nets/resnet_v2.py

55. **Efficient Estimation of Word Representations in Vector Space**, *https://arxiv.org/abs/1301.3781*, Authors: Tomas Mikolov, Kai Chen, Greg Corrado, Jeffrey Dean

56. https://github.com/tensorflow/tensorflow/blob/master/tensorflow/examples/tutorials/word2vec/word2vec_basic.py

57. **Long short-term memory**, *https://dx.doi.org/10.1162%2Fneco.1997.9.8.1735*, Authors: Sepp Hochreiter, Jürgen Schmidhuber

58. https://github.com/tensorflow/models/blob/master/tutorials/rnn/ptb/ptb_word_lm.py

59. **Bidirectional recurrent neural networks**, *IEEE Transactions on Signal Processing*,

Authors: Mike Schuster and Kuldip K. Paliwal

60. https://github.com/aymericdamien/TensorFlow-Examples/blob/master/examples/3_Neural Networks/bidirectional_rnn.py

61. **Human-level control through Deep Reinforcement Learning**, *Nature*, Authors: Volodymyr Mnih, Koray Kavukcuoglu, David Silver, Andrei A. Rusu, Joel Veness, Marc G. Bellemare, Alex Graves, Martin Riedmiller, Andreas K. Fidjeland, Georg Ostrovski, Stig Petersen, Charles Beattie, Amir Sadik, Ioannis Antonoglou, Helen King, Dharshan Kumaran, Daan Wierstra, Shane Legg, Demis Hassabis

62. **Mastering the game of Go with deep neural networks and tree search**, *Nature*, Authors: David Silver, Aja Huang, Chris J. Maddison, Arthur Guez, Laurent Sifre, George van den Driessche, Julian Schrittwieser, Ioannis Antonoglou, Veda Panneershelvam, Marc Lanctot, Sander Dieleman, Dominik Grewe, John Nham, Nal Kalchbrenner,Ilya Sutskever,Timothy Lillicrap, Madeleine Leach, Koray Kavukcuoglu, Thore Graepel, Demis Hassabis

63. **OpenAI Gym**, *http://arxiv.org/abs/1606.01540*, Greg Brockman and Vicki Cheung and Ludwig Pettersson and Jonas Schneider and John Schulman and Jie Tang and Wojciech Zaremba

64. https://github.com/awjuliani/DeepRL-Agents/blob/master/Policy-Network.ipynb

65. **Learning from Delayed Rewards**, *Ph.D. thesis, Cambridge University*, Authors: Watkins, C.J.C.H.

66. https://github.com/awjuliani/DeepRL-Agents/blob/master/Double-Dueling-DQN.ipynb

67. https://github.com/tensorflow/tensorflow/blob/master/tensorflow/examples/tutorials/mnist/mnist_with_summaries.py

68. https://github.com/tensorflow/models/blob/master/tutorials/image/cifar10/cifar10_multi_gpu_train.py

69. https://github.com/tensorflow/tensorflow/blob/master/tensorflow/tools/dist_test/python/mnist_replica.py